陶庵

张 岱 作 品 集

〔明〕张岱 / 著

林邦钧 / 注评

梦忆

注评

上海古籍出版社

图书在版编目(CIP)数据

陶庵梦忆注评 ／（明）张岱著；林邦钧注评. —上海：上海古籍出版社，2023.1
（张岱作品集）
ISBN 978-7-5732-0498-1

Ⅰ.①陶⋯ Ⅱ.①张⋯ ②林⋯ Ⅲ.①笔记—中国—明代 Ⅳ.①K248.066

中国版本图书馆 CIP 数据核字（2022）第 200152 号

张岱作品集

陶庵梦忆注评

［明］张岱　著

林邦钧　注评

上海古籍出版社出版发行

（上海市闵行区号景路 159 弄 1-5 号 A 座 5F　邮政编码 201101）

（1）网址：www.guji.com.cn

（2）E-mail：guji1@guji.com.cn

（3）易文网网址：www.ewen.co

上海颛辉印刷厂有限公司印刷

开本 890×1240　1/32　印张 12.625　插页 2　字数 302,000

2023 年 1 月第 1 版　2023 年 1 月第 1 次印刷

印数：1—3,100

ISBN 978-7-5732-0498-1

Ⅰ·3665　定价：48.00 元

如有质量问题，请与承印公司联系

前言

　　小品一词，原指节略本佛经。《世说新语·文学》："殷中军读小品。"刘孝标注："释氏《辨空经》有详者焉，有略者焉。详者为大品，略者为小品。"而后来世俗所称小品多指某种特定的文体。其体裁十分多样，可以是游记，可以是书信，也可以是序跋，是铭赞，还可以是传记，是杂感等等，不拘一格。其体制的特点是短小精悍，以小见大，以少总多，小而活泼生动，小而奇曲隽永，小而雅有情趣，小而饶有艺术个性和品位。其内容或发议论、兴感叹，或泄郁愤、抒雅情，或谈掌故、稽史实，或评诗文、鉴文物，皆有感而发；其旨意或赞颂，或谐谑，或悼亡，或刺世，总之，直抒性灵，袒露胸臆。行文多舒卷自如，洒脱自然，意到笔随，生动活泼，不问秦汉，无论唐宋。纵观历代小品文之兴衰，一如潮汐之有时。其勃兴繁荣，往往在王朝衰败、王纲解纽的时代；而其落寞则多在富赡典丽、得王言之体的高头讲章风行的盛世。小品滥觞于儒学渐寝、礼教败坏的魏晋。唐末，时局动荡，"诗风衰落，而小品文放了光辉……正是一塌糊涂的泥塘里的光彩和锋铓"（鲁迅《小品文的危机》）。宋代小品的巨擘，当数风流倜傥、才高命蹇、几遭贬谪的苏轼。而小品文的再度辉煌，则是万历迄明亡的晚明时期。先后出现了李贽、徐渭、汤显祖、三袁兄弟、钟惺、谭元春、屠隆、王思任、陈继儒、李流芳、姚希孟等一大批小品文名家、大家。作品之多，流派之众，风格之卓异，在中国古代散文史上堪称空前绝后，而作为这一小品文创作高潮集大成者的，则是明末清初的张岱。

一、张岱的名士风度

张岱（1597—1684，一说卒于1689年），字宗子、石公，号陶庵、蝶庵、会稽外史等，山阴（今浙江绍兴）人，祖籍四川绵竹，故又自称"蜀人"、"古剑"。张岱出身于世宦之家。高祖张天复，官至云南按察副使，甘肃道行太仆卿。曾祖张元汴，隆庆五年（1571）状元及第，官至翰林院侍读，詹事府左谕德。祖父张汝霖，万历二十三年（1595）进士，官至广西参议。父张燿芳，副榜出身，为鲁藩右长史。张岱的出身，又是书香门第，家学渊源。先辈均是饱学之儒，精通史学、经学、理学、文学、小学和舆地学。天复、元汴父子曾撰修《绍兴府志》、《会稽县志》及《山阴志》，"三志并出，人称谈迁父子"（《家传》）。（下引张岱诗文及评论出自夏咸淳辑录校点上海古籍出版社1991年版《张岱诗文集》者，均只注篇名。）祖父汝霖，"幼好古学，博览群书"（同上），至老，手不释卷。曾积三十年之精神，撰修《韵山》，后因与《永乐大典》类同而辍笔（《陶庵梦忆·韵山》）。张氏三世藏书，岱"自垂髫聚书四十年，不下三万卷"（《陶庵梦忆·三世藏书》）。张岱的出身，还是一个酷爱文艺之家。祖孙几代都工诗擅文，咸有著述。天复有《鸣玉堂稿》，元汴有《不二斋稿》，汝霖有《石介园文集》，燿芳"善歌诗，声出金石"（《家传》）。张氏从汝霖起，家蓄声伎，讲究此道。燿芳"教习小傒，鼓吹戏剧"（《家传》）。到张岱这辈，则"主人精赏鉴，延师课戏，童手指千，傒童到其家谓'过剑门'，焉敢草草"（《陶庵梦忆·过剑门》）。他拜师学琴，习曲三十余首，指法"练熟还生，以涩勒出之"（《陶庵梦忆·绍兴琴派》），并"结丝社，月必三会之"（《陶庵梦忆·丝社》）。张岱仲叔联芳，"能写生，称能品"，与沈周、文徵明、董其昌、李流芳辈"相伯仲"，又好古玩，富收藏，精鉴赏，"所遗尊罍、卣彝、名画、法锦以千万计"（《家传·附传》）。张岱耳濡目染，自然手眼不低，所作种种文物古玩之题铭，诸多磁窑铜器之品评，确为行家里手。

张岱生活在明清鼎革之际。明中叶以后，宦官擅权，奸臣当道，特务横行，党争酷烈，内忧外患，愈演愈烈。贤能忠直，或被贬逐，或遭刑戮。与此同时，思想界涌现了一股反理学、叛礼教的思潮。以王艮、李贽为代表的王学左派，公开标榜利欲、情欲为人之本性，反对理学家的矫情饰性，主张童心本真，率性而行。这无疑是对传统礼教的反叛，对程朱"存天理，灭人欲"的理学的挑战。在这种思潮的推动下，文人士子在对社会黑暗绝望之余，纷纷追求个性解放：纵欲于声色，纵情于山水，最大程度地追求物质和精神的满足。他们一方面标榜高雅清逸，悠闲脱俗，在风花雪月、山水园林、亭台楼榭、花鸟鱼虫、文房四宝、书画丝竹、饮食茶道、古玩珍异、戏曲杂耍、博弈游冶之中，着意营造赏心悦目、休闲遣兴的艺术品位，在玩赏流连中获得生活的意趣和艺术的诗情；另一方面他们在反叛名教礼法的旗号下，放浪形骸，纵情于感官声色之好，穷奢极欲，焚膏继晷，不以为耻，反以为荣。"人情以放荡为快，世风以侈靡相高"（张瀚《松窗梦语》卷七）。如果说前者主要表现他们的避世愤世的话，那么后者主要发泄他们的玩世傲世。在张氏祖孙的交游中，不乏这样的文人名士，如徐渭、黄汝亨、陈继儒、陶望龄、王思任、陈章侯、祁彪佳兄弟等。正是这样的家庭出身，这样的社会思潮和人文氛围，造就了张岱的纨绔习气和名士风度，决定了他的《陶庵梦忆》、《西湖梦寻》和《琅嬛文集》的主要内容。

张岱自称："少为纨绔子弟，极爱繁华。好精舍，好美婢，好娈童，好鲜衣，好美食，好骏马，好华灯，好烟火，好梨园，好鼓吹，好古董，好花鸟，兼以茶淫橘虐，书蠹诗魔……"（《自为墓志铭》）可谓是纨绔子弟的豪奢享乐习气和晚明名士文人纵欲玩世颓放作风兼而有之。张岱博洽多通，经史子集，无不该悉；天文地理，靡不涉猎；世俗玩赏，样样精通。虽无缘功名，却有志撰述。一生笔耕不辍，老而不衰。所著除《自为墓志铭》中所列十五种之外，还有《琅嬛诗集》、《明於越三不朽名贤图赞》、《石匮书后集》、《奇字问》、《老饕集》、《陶庵肘后方》、《茶史》、《桃源历》、《历书眼》、《琯朗乞巧录》、《柱铭对》、《夜航船》、杂剧《乔坐衙》、传奇《冰山记》等共三十余种。其中《夜航船》一书，内容殆同百科全书，包罗万有，共计二十大类，四千多条目。张岱涉猎之广泛，著述之宏富，用力之勤奋，于此可见；而他与一般世俗玩物之纨绔、玩世之名士的畛域，也于此分界。

张岱对于自己的才高命蹇，是不胜其愤的，并将其愤世疾俗之情，一寓于山水：

以绍兴府治大如蚕筐，其中所有之山，磊磊落落，灿若列眉，尚于八山之外，犹遗黄琢。则郡城之外，万壑千岩，人迹不到之处，名山胜景弃置道旁，为村人俗子所埋没者，不知凡几矣。（《黄琢山》）

余因想世间珍异之物，为庸人所埋没者，不可胜记。而尤恨此山生在城市，坐落人烟凑集之中，仅隔一垣，使世人不得一识其面目，反举几下顽石以相诡阘。何山之不幸一至此哉！（《峨眉山》）

　　这两段文字，一则言名山胜景被埋没之多，另一则言其被埋没之易。在反复回环的议论感叹之中，发泄了他不遇的憾恨和对世俗的鄙薄，深得柳宗元《永州八记》的骚体之精髓。但宗子毕竟不同于宗元："山果有灵，焉能久困？……余为山计，欲脱樊篱，断须飞去。"（《峨眉山》）他比宗元多了几分洒脱，几分诙谐。可见其既承泽于前人，又独具艺术个性。

二、张岱的黍离情结

　　与前辈小品文作家不同，年届知命的张岱经历了天老地荒的巨变：满清入主，社稷倾覆，民生涂炭，家道破败。他坦言自己"学节义不成"（《自为墓志铭》），"忠臣邪，怕痛"（《自题小像》），只能"避迹山居，所存者，破床碎几，折鼎病琴，与残书数帙，缺砚一方而已。布衣蔬食，常至断炊"（《自为墓志铭》）。不得不在垂暮之年，以羸弱之身，亲自舂米担粪："身任杵臼劳，百杵两歇息。……自恨少年时，杵臼全不识。因念犬马齿，今年六十七。在世为废人，赁舂非吾职。"（《舂米》）"近日理园蔬，大为粪所困。……婢仆无一人，担粪固其分。……扛扶力不加，进咫还退寸。"（《担粪》）今昔生活对比，不啻霄壤，真如隔世。于是他"沉醉方醒，恶梦始觉"（《蝶庵题像》），再忆梦、寻梦，撰成"二梦"，"持向佛前，一一忏悔"（《梦忆序》）。他也曾"作自挽诗，每欲引决，因《石匮书》未成，尚视息人世"（同上）。在极其艰难的物质条件和十分痛苦矛盾的精神状态下，前后历时二十七年（其中明亡后十年），五易其稿，九正其讹，撰成《石匮书》这部二百二十卷纪传体明史的皇皇巨著。后又续撰成《石匮书后集》，以纪传体补记明崇祯及南明朝史事。诚如清毛奇龄在《寄张岱乞藏史书》中所称："将先生慷慨亮节，必不欲入仕，而宁穷年矻矻，以究竟此一编者，发皇畅茂，致有今日。此固有明之祖宗臣庶，灵爽在天，所几经保而护之、式而凭之者也。"

关于《陶庵梦忆》的写作，作者在《梦忆序》中自云：

因想余生平，繁华靡丽，过眼皆空。五十年来，总成一梦。今当黍熟黄粱，车旅蚁穴，当作如何消受？遥思往事，忆即书之，持向佛前，一一忏悔。不次岁月，异年谱也；不分门类，别志林也。偶拈一则，如游旧径，如见故人，城郭人民，翻用自喜，真所谓痴人面前不得说梦矣。……余今大梦将寤，犹事雕虫，又是一番梦呓。因叹慧业文人，名心难化。正如邯郸梦断，漏尽钟鸣，卢生遗表，犹思摹拓二王，以流传后世，则其名根一点，坚固如佛家舍利，劫火猛烈，犹烧之不失也。

作者梦醒，而忆梦记梦，真邪，梦邪？真而成梦，梦又似真，这是作者的心态；悔邪，喜邪？悔而翻喜，喜而实悲，这是作者的心情。这种极其复杂矛盾的心情、百感交集的心态，在他的《自为墓志铭》中表现得最为集中和深刻。其中有自夸自诩者，如列数平生著述，追忆六岁时巧对陈继儒所试屏联之事；有自夸兼自悔者，如所列种种少时所好；有迷茫不解者，如所列"七不可解"；有梦醒彻悟者，"劳碌半生，皆成梦幻"，"回首二十年前，真如隔世"。作者的《梦忆》，以朱明发迹之钟山为卷首，悲叹"孝陵玉石二百八十二年，今岁清明，乃遂不得一盂麦饭，思之猿咽"；而以营造自己的生圹，于梦醒之后，寻得的琅嬛福地煞尾（《陶庵梦忆·琅嬛福地》）。作者如此构思、经营全书的结构，是有其不胜铜驼荆棘之悲的。所以伍崇曜比之于南宋孟元老的《东京梦华录》、吴自牧的《梦粱录》，"均于地老天荒沧桑而后，不胜身世之感，兹编实与之同"（《陶庵梦忆跋》）。伍氏此评洵为作者的知音，所不同者，张岱所用小品文"间涉游戏三昧"而已。《梦忆》的内容十分丰富，所记风土民俗，地域遍及会稽、杭州、苏州、镇江、南京、扬州、兖州、泰安等地；时节则有元宵、清明、端午、中元、中秋等；风俗则涉及张灯烟火，庙会香市，观荷扫墓，演戏赏月，观潮赛舟，校猎演武等；旁及美食方物，花卉茶道，古玩器皿，林林总总，琳琅满目。"奇情奇文，引人入胜，如山阴道上，应接不暇"（金忠淳《陶庵梦忆跋》）。《梦忆》所表达的思想感情十分复杂，其中有追忆怀恋，如《张氏声伎》、《方物》和《不二斋》；有调侃嘲讽，如《噱社》、《张东谷好酒》、《西湖七月半》；有赞誉赏叹，如《濮仲谦雕刻》、《姚简叔画》、《柳敬亭说书》；也有揭露批判，如《包涵所》，描写副使包涵所"穷奢极欲，老于西湖二十年"，晚明官吏之奢华纵欲，可见一斑。奢靡如此，明朝安得不亡。如《冰山记》，描写该剧演出时，"观者数万人"。当演到魏党"杖范元白，逼死裕妃"时，观众"怒气忿涌，噤断嘎喵。至颜佩韦击杀缇骑，嗥呼跳蹴，汹汹崩屋"。反映出民心民意对阉竖当政的厌恶和气愤。《二十四桥风月》写二更灯烬，那些"尚待迟客"的妓女，"或发娇声，唱《擘破玉》等小词，或自相谑浪嘻笑，故作热闹，以乱时候；然笑语哑哑声中，渐带凄楚，夜分不得不去，悄然暗摸如鬼。见老鸹，受饿、受笞，俱不可知矣"。揭示了繁华掩盖下的凄惨，强颜欢笑掩盖下的辛酸。总之，"兹编载方言巷咏，嬉笑琐屑之事。然略经点染，便成至文。读者如历山川，如睹风俗，如瞻宫阙宗庙之丽。殆与《采薇》、《麦秀》同其感慨，而出之以诙谐者欤？"（佚名《陶庵梦忆·序》）国破家亡之剧痛，而以诙谐、戏谑出之，岂非长歌当哭？

对张岱的大部分小品，都可作如是观。如在《姚长子墓志铭》中，他为姚长子这位以自己的牺牲为代价，计歼倭寇百三十人，解救全乡百姓于劫难的佣仆树碑立传，赞颂其风节功绩："醢一人，活几千万人，功那得不思？仓卒之际，救死不暇，乃欲全桑梓之乡。"焉知作者树碑立传的目的，不是借旌表抗倭义烈，赞颂抗清英雄呢？其中所蕴涵的爱国之情，是显而易见的。在《赠沈歌叙序》中，他盛赞友人沈素先"坚操劲节，侃侃不挠，固刀斧所不能磨，三军所不能夺矣。国变之后，寂寞一楼，足不履地，其忠愤不减文山，第不遭柴市之惨耳"。他觉得"忠臣义士，多见于国破家亡之际，如敲石出火，一闪即灭。……不急起收之，则火种绝矣"（《越绝诗小序》），所以他选辑《越绝诗》和《於越三不朽名贤图》为之作赞作序。为使"忠义一线不死于人心"，他编撰《古今义烈传》，"自史乘旁及稗官，手自钞集"（《古今义烈传序》），"十年搜得烈士数百余人，手自删削，自成一家之言"（祁彪佳《义烈传序》）。旌表忠烈，维系国脉，可谓用心良苦。

《西湖梦寻》是张岱的山水园林小品。王雨谦《西湖梦寻序》称：

张陶庵盘礴西湖四十余年，水尾山头，无处不到。湖中典故，真有世居西湖之人所不能识者，而陶庵识之独详；湖中景物，真有日在西湖而不能道者，而陶庵道之独悉。今乃山川改革，陵谷变迁，无怪其惊惶骇怖，乃思梦中寻往也。

在他之前，田汝成已撰有《西湖游览志》和《西湖游览志余》（以下合而简称田《志》），张岱的《梦寻》于田《志》多有采取。"是编乃于杭州兵燹之后，追记旧游。以北路、西路、南路、中路、外景五门，分记其胜。每景首为小序，而杂采古今诗文列其下。岱所自作尤夥，亦附著焉。其体例全仿刘侗《帝京景物略》，其诗文亦全沿公安、竟陵之派。"——《四库全书总目》这段话，没有指出张岱的《梦寻》，于田《志》从体例到内容，多有采取和仿照，甚至有大段照录者。只要认真对照两书内容，其实不难看出。然而，《梦寻》和田《志》也有诸多不同。张岱自述其祖父有别墅寄园在西湖，他本人也曾在李氏峋嵝山房读书，因而对西湖的山色水光情有独钟。在阔别西湖二十八年期间，西湖无日不入其梦中。后于甲午（1654）、丁酉（1657）两至西湖。兵燹战火之后的西湖，"一带湖庄，仅存瓦砾。……凡昔日之弱柳夭桃、歌楼舞榭，如洪水淹没，百不存一矣"，作者以为"余为西湖而来，今所见若此，反不若保我梦中之西湖，尚得安全无恙也"，于是"作《梦寻》七十二则，留之后世，以作西湖之影"（《西湖梦寻自序》）。《梦寻》是作者在西湖"无日不入梦"、"未尝一日别"这种魂牵梦绕的忆旧恋旧情结中，抒发家国之痛，这则是田《志》所不曾，也不可能有的情结：

李文叔作《洛阳名园记》，谓以名园之兴废，卜洛阳之盛衰；以洛阳之盛衰，卜天下之盛衰。诚哉，言也。余于甲午年，偶涉于此。故宫离黍，荆棘铜驼，感慨悲伤，几效桑苎翁之游苕溪，夜必恸哭而返。（《柳洲亭》）

在作者所有的小品文中，这是他抒发亡国之痛、黍离之悲最强烈、最鲜明的一则；是他"二梦"的基调，也是他的《梦寻》与田《志》最大的不同。

三、张岱小品的品位

张岱的小品，萃于"二梦"和《琅嬛文集》中，《琅嬛文集》的文体，则传、记、序、跋、书、檄、铭、赞均有；内容则以状景、传人、论诗、品文、评史、赏艺为主，集中体现了张岱的诗文创作原则和主张，反映了他的审美理想和追求。

张岱论传人，则谓："人无癖，不可与交，以其无深情也；人无疵，不可与交，以其无真气也。"（《陶庵梦忆·祁止祥癖》）这与袁宏道所说"世人但有殊癖，终身不易，便是名士"（《与潘景升书》）如出一辙。以有癖、有疵的人，为有深情，有真气，为有与众不同的个性，为有傲世刺世的锋芒，这正是晚明文人名士狂狷不羁，玩物玩世的突出表现。张岱《自为墓志铭》中所坦陈的种种嗜好，即是其癖其疵，而他所传之人，也多有癖，有疵。作者《五异人传》云：

> 余家瑞阳之癖于钱，须张之癖于酒，紫渊之癖于气，燕客之癖于土木，伯凝之癖于书史，其一往深情，小则成疵，大则成癖。五人者，皆无意于传，而五人之负癖若此，盖亦不得不传之者矣。

其他如祁止祥，"有书画癖，有蹴鞠癖，有鼓钹癖，有鬼戏癖，有梨园癖"（《陶庵梦忆·祁止祥癖》）。王思任有谑癖，号谑庵，以致"莅官行政，摘伏发奸，以及论文赋诗，无不以谑用事"（《王谑庵先生传》）。鲁云谷有洁癖，"恨烟，恨酒，恨人撷花，尤恨人唾洟秽地，闻喀痰声，索之不得，几学倪迁，欲将梧桐斫尽"（《鲁云谷传》）。正因为他能抓住传主的癖和疵来着力刻画，所以笔下的人物，个个鲜活，人人传神。

张岱传人撰史，力求其真。要求所传"笔笔存孤异之性，出其精神，虽遇咸阳三月火，不能烧失"（《跋张子省试牍三则》）。自言所作不为媚俗而失真："余生平不喜作诔墓文，间有作者，必期酷肖其人。故多不惬人意，屡思改过，愧未能也。"（《周宛委墓志铭》）"心如止水秦铜，并不自立意见，故下笔描绘，妍媸自见。敢言刻画？亦就物肖形而已。"（《与李砚翁》）他认为"……有明一代，国史失诬，家史失谀，野史失臆"（《石匮书序》），总之失其真。而他自己撰史"事必求真，语必求确"，"稍有未核，宁阙勿书"（同上）。作者以写真传神为其作传撰史的美学追求，力求"得一语焉，则全传为之生动；得一事焉，则全史为之活现。苏子瞻灯下自顾，见其颊影，使人就壁模之，不作眉目。见者皆失笑，知其为东坡。盖传神正在阿堵耳"（《史阙序》）。在这样的审美追求和创作原则指导下，张岱在《琅嬛文集》、《陶庵梦忆》中，塑造了不少栩栩如生的人物形象，有官吏文士，工匠伶优，也有医生僧侣，妓女牙婆，各色人等，构成当时社会芸芸众生相。无论是专传，还是兼记，一经作者刻画点染，寥寥数笔，人物便声口毕肖，须眉皆动。如《扬州瘦马》中状婆妾者相瘦马一节曰：

黎明，即促之出门。媒人先到者，先挟之去，其余尾其后，接踵伺之。至瘦马家，坐定，进茶。牙婆扶瘦马出，曰："姑娘拜客！"下拜。曰："姑娘往上走!"走。曰:"姑娘转身!"转身向明立,面出。曰:"姑娘借手瞧瞧!"尽褫其袂,手出,臂出,肤亦出。曰:"姑娘瞧相公!"转眼偷觑,眼出。曰:"姑娘几岁了?"曰几岁,声出。曰:"姑娘再走走!"以手拉其裙,趾出。然看趾有法:凡出门裙幅先响者,必大;高系其裙,人未出,而趾先出者,必小。曰:"姑娘请回!"一人进,一人又出,看一家必五六人,咸如之。

张岱纯用白描,巧用媒婆的指令,与瘦马的动作的重复,把这段牙婆一手导演的木偶戏,演绎得活龙活现。客观而深刻地揭露了这些少女殆同牲口(瘦马)的悲惨命运,表现了作者对这种陋风丑习的厌恶之情。作者还善于精择细节,渲染气氛,为人物传神写照。如《柳敬亭说书》中状柳敬亭说景阳冈武松打虎一节:

其描写刻画,微入毫发,然又找截干净,并不唠叨。哱夬声如巨钟,说到筋节处,叱咤叫喊,汹汹崩屋。武松到店沽酒,店内无人,謈地一吼,店中空缸空甓,皆瓮瓮有声。闲中着色,细微至此。

他概括柳敬亭说景阳冈武松打虎一节,有"闲中着色"、"微入毫发"的特色,其实他的传人记事也是善于"闲中着色"、"微入毫发"的。他笔下的人物,千人千面,个个灵动活现。如余若水之清高甘贫,倔强避世;秦一生之善借他人之乐为乐;沈歌叙之侠肠高义;王月生之孤高;张燕客之卞急暴躁,无不个性鲜明,呼之欲出。正如陈继儒所赞:其"条序人物,深得龙门精魄。典赡之中,佐以临川孤韵,苍翠笔底。赞语奇峭,风电云霆,龙蛇虎豹,腕下变现"(《古今义烈传序》)。

张岱为文撰史，极重一个"廉"字。他要求作者"勿吝淘汰，勿靳簸扬"（《与王白岳》）；"眼明手辣，心细胆粗。眼明，则巧于掇拾；手辣，则易于剪裁；心细，则精于分别；胆粗，则决于去留"（《廉书小序》）。主张既要"以大能取小"，又要"以小能统大"（同上）。他的小品，就能以咫尺见万里，所谓"一粒粟中藏世界，半升铛里煮山川"。如《湖心亭看雪》作者迭用几个"一"字，别具匠心地选用了几个表示微小的量词如"痕"、"点"、"芥"、"粒"等，不仅选词新奇，而且用之以极小反衬天地之极大。全文不到二百字，却能写尽湖山雪景的迷蒙混茫，传尽西子雪妆的风姿神韵。又如《西湖七月半》，在不到七百字中，张岱着力描写月影湖光中的世态众生，各色各等的看月之人。在相互比照中，刻画了他们赏月的不同处所、方式和场面，披露了他们赏月的不同动机，辛辣嘲讽了那些俗不可耐，却偏要附庸风雅的豪门富户。文中作者还成功地运用了几组反衬：平时的避月如仇，反衬是夕的列队争出，趋"月"若鹜，是"好名"；铺陈二更前的喧闹嘈杂，反衬夜阑更深后的雅静清幽；用众人的顷刻兴尽，争先离去，反衬吾辈的兴始高，意方浓。美丑既分，雅俗自明。所绘情景，所状人物，都能穷形极状，历历逼真。无怪乎祁彪佳赞誉其"点染之妙，凡当要害，在余子宜一二百言者，宗子能数十字辄尽情状。及穷事际，反若有千百言在笔下"（《义烈传序》）。如此传人、叙事、撰史、状景，深得小品三昧。

张岱有泉石膏肓之嗜好，痴于山水，癖于园林。这正是晚明文人名士标榜清高，避世脱俗的一种方式。无论山水，还是园林，张岱都崇尚清幽、淡远、自然、真朴。这种审美意趣和追求，也反映在他的小品中。他认为"西湖真江南锦绣之地。入其中者，目厌绮丽，耳厌笙歌。欲寻深溪、盘谷，可以避世，如桃源、菊水者，当以西溪为最"，并为当初"鹿鹿风尘"，未能应山水之召隐而"至今犹有遗恨"（《西湖梦寻·西溪》）。他赞赏筠芝亭"浑朴一亭耳。……太仆公造此亭成，亭之外，更不增一椽一瓦，亭之内，亦不设一槛一扉，此其意有在也"（《陶庵梦忆·筠芝亭》）。他欣赏巘花阁上有"层崖古木，高出林皋"，下有"支壑回涡，石蹾棱棱，与水相距。阁不槛，不牖；地不楼，不台，意正不尽也"。后来"五雪叔归自广陵，一肚皮园亭，于此小试。台之，亭之，廊之，栈道之。照面楼之，侧又堂之，阁之，梅花缠折旋之"，张岱对这些画蛇添足、弄巧成拙的做法，不以为然，认为"未免伤板，伤实，伤排挤，意反局嵴"（《陶庵梦忆·巘花阁》），批评可谓深中肯綮。在《陶庵梦忆·范长白》中，他认为"地必古迹，名必古人，此是主人学问。但桃则溪之，梅则屿之，竹则林之，尽可自名其家，不必寄人篱下也"。一亭一榭，一丘一壑，布置命名，不必附庸前人，附骥名迹，既要反映山水本色真趣，又要体现主人的儒雅学问，体现他的艺术个性和意趣情韵。清幽、淡远、自然、真朴，这正是张岱的山水小品所追求的美学品位，也是他品诗论文的标准。

张岱品诗评文论艺，以冰雪为喻，崇尚生气、真气。他说："盖文之冰雪，在骨，在神，……若夫诗，则筋节脉络，四肢百骸，非以冰雪之气沐浴其外，灌溉其中，则其诗必不佳。"（《一卷冰雪文后序》）"自弹琴拨阮，蹴踘吹箫，唱曲演戏，描画写字，作文做诗，凡百诸项，皆藉此一口生气。得此生气者，自致清虚；失此生气者，终成渣秽"。（《与何紫翔》）他品评诗文，还崇尚空灵。认为冰雪之气，"受用之不尽者，莫深于诗文。盖诗文只此数字，出高人之手，遂现空灵；一落凡夫俗子，便成臭腐"（《一卷冰雪文序》）。"故诗以空灵

丨 前言 丨 陶庵梦忆注评

才为妙诗"（《与包严介》）。然而他所崇尚的空灵，并非"率意顽空者"，而是必须"以坚实为空灵"的基础，"天下坚实者，空灵之祖，故木坚则焰透，铁实则声宏"（《跋可上人大米画》）。所以他又推崇真实切近，"食龙肉，谓不若食猪肉之味为真也；貌鬼神，谓不若貌狗马之形为近也"（《张子说铃序》）。这样的美学追求，体现在他的创作实践中，使他的小品"无所不有其一种空灵晶映之气，寻其笔墨，又一无所有"（祁彪佳《西湖梦寻序》）。这是一种既世俗又儒雅，既真切又空灵的境界。

张岱认为诗文书画的创作，均不能有作意，即不能刻意为之，强求其好。"若以有诗句之画作画，画不能佳；以有画意之诗为诗，诗必不妙。……由此观之，有诗之画，未免板实，而胸中丘壑，反不若匠心训手之为不可及矣。"（《与包严介》）"天下之有意为好者未必好，而古来之妙书妙画，皆以无心落笔，骤然得之。如王右军之《兰亭记》、颜鲁公之《争坐帖》，皆是其草稿，后虽摹仿再三，不能到其初本。"（《跋谑庵五帖》）诗文书画的创作应该是自出手眼，自具特色，"水到渠成，瓜落蒂熟"（《蝶庵题像》）。而其论选诗，则批评其族弟张毅孺的《明诗存》"胸无定识，目无定见，口无定评"，主张"撇却钟谭，推开王李"（《又与毅孺八弟》）。张岱的创作能在广泛师承、博采众长的基础上，自成风格。他认为："古人记山水手，太上郦道元，其次柳子厚，近时则袁中郎。"（《跋寓山注二则》）他能兼取诸君之长，所以他的山水小品，"笔具化工，其所记游，有郦道元之博奥，有刘同人之生辣，有袁中郎之倩丽，有王季重之诙谐"（祁彪佳《西湖梦寻序》）。当然，如上所述，张岱的山水小品，还有柳宗元的骚怨，这是祁氏所未曾道着者。

他曾颇为自负地自称："不肖生平崛强，巾不高低，袖不大小，野服竹冠，人且望而知为陶庵，何必攀附苏人，始称名士哉?"(《又与毅孺八弟》) 这既是他的人格个性，又是他的小品的艺术个性——洒脱不羁。他的小品，既有所师承，又能"绝去甜俗蹊径，……解脱绳束"(《跋祁止祥画》)。做到文无定法，篇无定格，句式奇诡，用字遣词，多变位变性，力求生新。行文"不事铺张，不事雕绘，意随景到，笔借目传。……闲中花鸟，意外烟云，真有一种人不及知而己独知之妙"(《跋寓山注二则》)。就风格而言，他的小品，洒脱不拘似徐渭，性灵隽永似中郎，诙谐善谑似思任，并能在博采众长的基础上，自成风格："虽间涉游戏三昧，而奇情壮采，议论风生，笔墨横恣，几令读者心目俱眩。"(伍崇曜《陶庵梦忆跋》) 所以张岱能成为晚明小品之集大成者。

本书详注了张岱小品的代表作《陶庵梦忆》的全部文章。为便于读者理解，每篇文后都作简单评品，或补充相关资料，或对文旨、技巧加以点评。本书正文的文字则参考了作家出版社 1995 年版《陶庵梦忆　西湖梦寻》上海古籍出版社夏咸淳、程维荣校注的《陶庵梦忆　西湖梦寻》。张岱是明末"百科全书式"的人物，其学识之富、视域之广、交游之众、爱好之多、涉猎之杂，独步当时，罕有其匹。诠释、解读其文章的难度之大，可以想见。本人之所以不揣才疏学浅，甘冒扛鼎折肱之险，加以解读诠释，实是爱之深切，遑顾其他了。愿将此作为学习的过程，冀获益多多。注解、诠释的谬误疏漏之处，自然在所难免，敬俟方家指正。

目录

自序

    陶庵国破家亡，无所归止，披发入山，骎骎为野人[1]。故旧见之，如毒药猛兽，愕窒不敢与接[2]。作自挽诗[3]，每欲引决[4]。因《石匮书》未成[5]，尚视息人世[6]。然瓶粟屡罄[7]，不能举火[8]，始知首阳二老直头饿死，不食周粟，还是后人妆点语也[9]。

    饥饿之余，好弄笔墨，因思昔人生长王、谢[10]，颇事豪华，今日罹此果报[11]：以笠报颅，以蒉报踵，仇簪履也[12]；以衲报裘[13]，以苎报絺[14]，仇轻暖也；以藿报肉[15]，以粝报粻[16]，仇甘旨也；以荐报床[17]，以石报枕，仇温柔也；以绳报枢，以瓮报牖[18]，仇爽垲也[19]；以烟报目，以粪报鼻，仇香艳也；以途报足，以囊报肩，仇舆从也[20]。种种罪案，从种种果报中见之[21]。

    鸡鸣枕上，夜气方回[22]，因想余生平，繁华靡丽，过眼皆空，五十年来，总成一梦。今当黍熟黄粱，车旅蚁穴，当作如何消受[23]？遥思往事，忆即书之，持向佛前，一一忏悔。不次岁月[24]，异年谱也；不分门类，别《志林》也[25]。偶拈一则，如游旧径，如见故人，城郭人民[26]，翻用自喜[27]，真所谓痴人前不得说梦矣[28]。

昔有西陵脚夫为人担酒[29]，失足破其瓮，念无所偿，痴坐佇想曰："得是梦便好！"一寒士乡试中式[30]，方赴鹿鸣宴[31]，恍然犹意非真，自啮其臂曰："莫是梦否？"一梦耳，惟恐其非梦，又惟恐其是梦，其为痴人则一也[32]。

余今大梦将寤[33]，犹事雕虫[34]，又是一番梦呓。因叹慧业文人[35]，名心难化，政如邯郸梦断，漏尽钟鸣[36]，卢生遗表，犹思摹拓二王，以流传后世[37]。则其名根一点[38]，坚固如佛家舍利[39]，劫火猛烈[40]，犹烧之不失也。

| 注释 |

① 骇骇：同"骇骇"，令人惊异的样子。　山：指西白山，在绍兴嵊县。见本书卷七《鹿苑寺方柿》："丙戌（1646），余避兵西白山。"

② 愕窒：惊讶得屏息的样子。

③ 自挽诗：自我追悼的诗。此指作者和陶渊明《自挽诗》三首，诗详见《张子诗粃》。

④ 引决：自裁，自杀。

⑤ 《石匮书》：张岱利用家中世代积累的史料，历时二十七年，"五易其稿，九正其讹"，所撰成的一部记录自明洪武至天启间近三百年史事的书。共二百二十卷，现存二百零八卷。书名取自《史记·太史公自序》："卒三岁而迁为太史公，抽史记石室金匮之书。"张岱本人及后人均将其比之南宋遗民郑思肖的铁函《心史》。

⑥ 视息：视，见。息，呼吸。目仅能见，鼻仅能呼吸。指还苟且活着。蔡琰

《悲愤诗》："为复强视息，虽生何聊赖。"

⑦ 罄：空，尽。

⑧ 举火：生火做饭。

⑨ "始知"三句：才知道伯夷、叔齐因反对周武王伐纣而逃到首阳山，不过就是找不到吃的而饿死的；所谓秉持气节、"不食周粟"而饿死的说法，是后人为其美化的"妆点语"。直头，绍兴方言。

⑩ 王、谢：指东晋王导、谢安两大望族。后世多用以指代豪门高第。

⑪ 罹：遭遇。　果报：因果报应。

⑫ "以笠报颅"三句：（今天的）戴竹笠，穿草鞋，是过去插簪穿履的报应。笠，竹篾编的帽子。蒉（kuì），草筐，此指草鞋。仇，报应。

⑬ 衲：补缀的衣服。　裘：皮袍。

⑭ 苎（zhù）：麻织品。　绤（chī）：细葛布。

⑮ 藿：豆叶。此泛指野菜。

⑯ 粝：粗米。　粻：精米细粮。

⑰ 荐：草褥。

⑱ "以绳报枢"二句：用绳拴门板为门轴，用瓦瓮作窗户。贾谊《过秦论》："陈涉，瓮牖绳枢之子，氓隶之人。"《文选》注引韦昭曰："绳枢，以绳扃户为枢也。"

⑲ 爽垲（kǎi）：此指明亮、干燥的房子。《左传·昭公三年》："子之宅近市，湫隘嚣尘，不可以居，请更诸爽垲者。"

⑳ 舆从：车轿随从。

㉑ 果报：因果报应。

㉒ 夜气：黎明前清鲜之气。喻纯洁清明之心。《孟子·告子上》："夜气不足以存，则其违禽兽不远矣。"

㉓ "黍熟"三句：谓自己从黄粱梦、南柯梦中醒来，该作何感受。唐沈既济《枕中记》云：卢生于旅舍中遇吕翁，翁授其枕，使入梦。梦中生历尽荣华富贵，及醒，主人炊黄粱尚未熟。唐李公佐《南柯记》载，东平淳于棼醉酒，梦至"槐安国"，国王招为驸马，任以南柯太守，荣宠冠时。后战败，公主死，被遣回。梦醒寻梦，见槐树南枝下有蚁穴，即梦中所历。

㉔ 次：排列。

㉕ 《志林》：此指《东坡志林》，苏轼所作笔记，后人分类编成。

㉖ 城郭人民：相传汉朝丁令威学道于灵虚山，得道后化为鹤飞回故乡辽东，见人世沧桑，唱道："有鸟有鸟丁令威，去家千年今始归。城郭如故人民非，何不学仙冢累累。"（见《搜神后记》）

㉗ 翻用自喜：反倒因而自喜。

㉘ 痴人前不得说梦：恐痴人信梦为真。痴，傻。"痴人说梦"语出宋惠洪《冷斋夜话》，唐高宗时，高僧伽云游江淮。有人问他："汝姓何？"答："姓何。"又问："何国人？"答："何国人。"和尚死后，李邕为他作碑文，不晓其意，便写道："大师姓何，何国人。"和尚所答，好比对痴人说梦，而痴人竟会信以为真。

㉙ 西陵：杭州钱塘江西萧山古有西陵驿。《柳亭诗话》卷十四："萧山有西泠（即西陵）驿。"水陆码头，所以多脚夫。

㉚ 乡试中式：科考录取。《明史·选举制二》："三年大比，以诸生试之直省，曰乡试。"中式者为举人。

㉛ 鹿鸣宴：唐代乡试后，州县长官宴请考中的举子，宴中歌《诗·小雅·鹿鸣》，故名。（见《新唐书·选举制上》）明清时，于乡试放榜次日，宴请主考以下各官及中式者，亦称鹿鸣宴。

㉜ "一梦耳"四句：同是一场梦，内容却不一：前者唯恐破瓮不是梦；后者又唯恐中举是梦。但他们同为痴人则是一样的。

㉝ 大梦将寤：指人生将尽。佛家常将人生比作大梦一场。寤，醒。此处也有彻悟的意思。

㉞ 雕虫：雕刻虫书，喻小技巧，此指写作。扬雄《法言·吾子》："雕虫篆刻……壮夫不为。"

㉟ 慧业文人：指有文学天才并与文字结为业缘的人。慧业，佛家语。指智慧的业缘。《南史·谢灵运传》："得道应须慧业文人。生天当在灵运前，成佛必在灵运后。"

㊱ 漏尽钟鸣：谓夜尽梦醒之时。古代以铜壶滴漏计时，打钟报晓。

㊲ "卢生遗表"三句：汤显祖依照《枕中记》作传奇《邯郸梦》，增加了卢生临终上疏事，曰："俺的字是锺繇法帖，皇上最所爱重，俺写下一通，也留与大唐家作镇世之宝。"遗表尚思摹名家书法以传世，故有"名心难化"、"名根一点"之谓。二王，指东晋王羲之、王献之父子。他们和锺繇都是书法大家。

㊳ 名根：产生好名思想的根性。根，佛家"能生"之义。佛学认为人的目、耳、鼻、舌、身、意，均能产生意识，称为"六根"。

㊴ 舍利：梵语"身骨"的译音。佛家谓释迦圆寂后，弟子阿难等将其焚身火化，余烬结为五色颗粒，光莹坚固，称为"舍利子"。

㊵ 劫火：佛家语，指世界毁灭时的大火。后世也把乱世的灾火称劫火。此指

焚化身体的火。劫，佛经言天地形成到毁灭谓之一"劫"。"劫"的时间长短，佛经有各种不同的说法。

【评品】 《陶庵梦忆》是作者在明亡后追忆从前种种经历，寄托国破家亡感慨的一部书。清伍崇曜认为该书与南宋孟元老的《梦华录》、吴子牧的《梦粱录》寓意相同，都是"地老天荒沧桑而后"寄托"身世之感"的著述，并说它"虽间涉游戏三昧，而奇情壮采，议论风生，笔墨横恣，几令读者心目俱眩，亦异才也"。(《陶庵梦忆跋》)

作者抚今思昔，将自家身世经历的豪奢与贫贱一一对比，不胜霄壤沧桑之叹。写世态炎凉亦有愤世嫉俗之情。作者把人世沧桑视同黄粱一梦，于不能自遣自解处，寄托于禅，虽不免颓唐消极，但将亡国之痛，身世之悲，诉诸著史立说，亦是其艰难苦痛中的精神支柱。作者以谐谑的笔墨自嘲自讽，以佛理自慰，以著述自解，尤见其痛之切、哀之深。

1
卷
一

钟　山[1]

钟山上有云气，浮浮冉冉，红紫间之，人言王气[2]，龙蜕藏焉。

高皇帝与刘诚意、徐中山、汤东瓯定寝穴[3]，各志其处，藏袖中。三人合，穴遂定。门左有孙权墓[4]，请徙。太祖曰："孙权亦是好汉子，留他守门。"及开藏，下为梁志公和尚塔[5]，真身不坏，指爪绕身数匝。军士辇之[6]，不起。太祖亲礼之，许以金棺银椁，庄田三百六十，奉香火，舁灵谷寺塔之[7]。今寺僧数千人，日食一庄田焉。陵寝定[8]，闭外羡[9]，人不及知。所见者，门三、飨殿一、寝殿一，后山苍莽而已。

壬午七月[10]，朱兆宣簿太常[11]，中元祭期[12]，岱观之。飨殿深穆，暖阁去殿三尺[13]，黄龙幔幔之。列二交椅，褥以黄锦，孔雀翎织正面龙，甚华重。席地以毡，走其上必去舄轻趾[14]。稍咳，内侍辄叱曰："莫惊驾！"近阁下一座，稍前，为硕妃，是成祖生母[15]。成祖生，孝慈皇后妊为己子[16]，事甚秘。再下，东西列四十六席，或坐或否。祭品极简陋。朱红木簋、木壶、木酒樽，甚粗朴。簋中肉止三片[17]，粉一铗，黍数粒，东瓜汤一瓯而已。暖阁上一几，陈铜炉一、小筋瓶二、杯棬二；下一大几，陈太牢一、少牢一而已[18]。他祭或不同，岱所见如是。先祭一日，太常官属开牺牲所中门[19]，导以鼓乐旗帜，牛羊自出，龙袱盖之。至宰割所，以四索缚牛蹄。太常官属至，牛正面立，太常官属朝牲揖，揖未起，而牛头已入烰所[20]。烰已，舁至飨殿。次日五鼓[21]，魏国至[22]，主祀，太常官属不随班，侍立飨殿上。祀毕，牛羊已臭腐不堪闻矣。平常日进二膳，亦魏国陪祀，日必至云。

戊寅[23]，岱寓鹫峰寺[24]。有言孝陵上黑气一股，冲入牛斗，百有余日矣。岱夜起视，见之。自是流贼猖獗[25]，处处告警。壬午，朱成国与王应华奉敕修陵[26]，木枯三百年者尽出为薪，发根，隧其下数丈，识者为伤地脉、泄王气，今果有甲申之变[27]，则寸斩应华亦不足赎也。孝陵玉石二百八十二年[28]，今岁清明，乃遂不得一盂麦饭，思之猿咽。

| 注释 |

① 钟山：亦名金陵山、圣游山、北山、神烈山等。在今江苏南京中山门外。三国时诸葛亮谓孙权曰"钟山龙蟠"，即指此山。

② 王气：旧指象征帝王运数的祥瑞之气。庾信《哀江南赋》："将非江表王气，终于三百年乎？" 龙蜕：龙蜕解后所余的皮壳。此指六朝帝王的骸骨。

③ 高皇帝：明太祖。 刘诚意：刘基（1311—1375），字伯温，浙江青田人。助朱元璋平定天下，被比为汉之张良，封诚意伯。 徐中山：徐达（1332—1385），字天德，凤阳临淮人。为朱元璋开国第一功臣，有"谋勇绝伦"之誉。封魏国公，病卒后，追封中山王。 汤东瓯：汤和（1326—1395），字鼎臣，濠州（今安徽凤阳）人。以军功封中山侯、信国公。卒后追封东瓯王。寝穴：墓穴。

④ 左：东面。　孙权墓：旧名孙陵冈，今名梅花山。在南京中山门外钟山南。吴国国君孙权及步夫人葬此。据传朱元璋营建明孝陵时，中军都督府金事李新拟迁孙权墓，朱元璋说："孙权亦是个好汉子，留他守门。"

⑤ 志公和尚塔：原在中山南麓独龙阜。南朝梁天监十三年梁武帝萧衍葬宝志和尚于独龙阜，建开善精舍，并造志公塔。洪武十四年朱元璋在独龙阜建明孝陵，迁寺与塔于中山陵东，改名灵谷寺。志公，僧宝志（亦作保志）（418—514），俗姓朱，金城（今江苏句容）人，生于东晋末年，历经宋、齐、梁朝，七岁出家，后师事僧俭，修习禅业。为当时著名的高僧。被齐武帝、梁武帝和王侯士庶视为神僧，以为是观音化身。

⑥ 辇之：车载运之。

⑦ 舁（yú）：抬；扛。　灵谷寺：在南京中山门外中山陵东。前身是志公和尚的开善寺，在独龙阜。　塔之：在它上面盖塔。

⑧ 陵寝：指明太祖、马皇后的陵寝，在钟山南麓独龙阜玩珠峰下，今称明孝陵。洪武十四年开始营建，洪武十六年建成。朱元璋、马皇后死后分别葬入，殉葬宫人十余名，从葬嫔妃四十六人。为我国现已发掘的最大帝王陵墓之一。

⑨ 羡：墓道。

⑩ 壬午：崇祯十五年（1642）。

⑪ 簿太常：掌管祭祀礼乐的太常寺书记官员。

⑫ 中元：道家以农历七月十五日为中元节，在这一天作斋醮；佛教则称为盂兰节，僧寺作盂兰盆斋。

⑬ 暖阁：旧时官署大堂设案之阁。

⑭ 舄（xì）：鞋。　轻趾：蹑手蹑脚。

⑮ 硕妃：高丽人，生明成祖朱棣后未足月，即被马皇后折磨致死。　成祖：朱棣（1360—1424），明太祖第四子，封燕王。以反对建文帝削藩为名，起兵北平，攻破南京。建文四年（1402）夺位登极，次年改元永乐。

⑯ 孝慈皇后：朱元璋的马皇后，被比于唐太宗的长孙皇后，勤于内治，多保全功臣。谥孝慈，葬孝陵。　妊：怀孕，此作养育讲。

⑰ 簋（guǐ）：古代祭祀宴享时盛黍稷的器皿。

⑱ 太牢：盛牲的食器叫牢。后以宴享祭祀时并用牛、羊、豕三牲为太牢，单用羊、豕为少牢。

⑲ 牺牲所：存放供祭祀用的牲畜之所。

⑳ 燖所：烹煮牛羊的场所。燖，将肉放在热汤中使之半熟。亦泛指煮肉。

㉑ 五鼓：五更。古代计时将一夜分为五段，击鼓打更报时。五更是指清晨3至5时。

㉒ 魏国：洪武三年徐达以功封魏国公。后子孙世袭之，协守南京。据李瑶《绎史摭遗》卷十一，徐弘基，字绍公，为徐达裔孙，崇祯朝袭封魏国公，守备南京。

㉓ 戊寅：崇祯十一年（1638）。

㉔ 鹭峰寺：在今南京市白鹭洲公园内。建于明天顺年间。

㉕ 流贼猖獗：诬指声势浩大的李自成、张献忠等农民起义军。

㉖ 朱成国：朱纯臣（？—1644），为明成祖朝成国公之裔孙。万历三十九年袭爵。崇祯三年加太傅，九年总京管。李自成攻陷北京，被杀。　王应华：（1600—1665），字崇闉，号园长，广东东莞人。崇祯元年进士。曾任礼部祠祭祠郎中、礼部左侍郎、右参政、福建按察使等职。后降清。一说，明亡还乡

隐居。

㉗ 甲申之变：指崇祯十七年三月，李自成率农民起义军攻破北京，崇祯皇帝自缢而死，明亡。

㉘ 孝陵玉石二百八十二年：若以孝陵竣工于1383年计，则下文的"今岁"当为康熙四年（1665）。玉石，玉石俱焚，此指毁灭。

【评品】　金陵钟山乃朱明创业鼎新之都。作者从明太祖卜陵写起，详述了崇祯十五年亲见太常寺祭祀的礼仪场景，最后以明亡后"今岁清明，乃遂不得一盂麦饭，思之猿咽"结尾，今昔兴亡，颇有铜驼荆棘之悲。作者信堪舆望气者言，以王气、黑气卜国运之兴衰，固属迷信；并赏怒于奉敕修陵之朱、王二氏，固系错责误罚。但他将此篇列为《陶庵梦忆》之卷首，则是深寓亡国之痛的"猿咽"。

又伍崇曜《陶庵梦忆跋》："考《明诗综》沈邃伯《敬礼南都奉先殿纪事》诗：'高后配在天，御幄神所栖。众妃位东序，一妃独在西。成祖重所生，嫔德莫敢齐。'云云。《静志居诗话》：'长陵每自称曰："朕高皇后第四子也。"然奉先庙制，高后南向，诸妃尽东列，西序惟硕妃一人。盖高后从未怀妊，岂惟长陵，即懿文太子亦非后生也。世疑此事不实，诵沈诗，斯明征矣。'云云。兹编《钟山》一条，即记其事，殆可补史乘之缺。"

报恩塔[1]

中国之大古董，永乐之大窑器[2]，则报恩塔是也。报恩塔成于永乐初年，非成祖开国之精神、开国之物力、开国之功令[3]，其胆智才略足以吞吐此塔者，不能成焉。

塔上下金刚佛像千百亿金身[4]。一金身，琉璃砖十数块凑砌成之，其衣折不爽分，其面目不爽毫，其须眉不爽忽[5]，斗笋合缝[6]，信属鬼工[7]。

闻烧成时，具三塔相，成其一，埋其二，编号识之。今塔上损砖一块，以字号报工部，发一砖补之，如生成焉。夜必灯，岁费油若干斛[8]。天日高霁，霏霏霭霭，摇摇曳曳，有光怪出其上，如香烟燎绕，半日方散。

永乐时，海外夷蛮重译至者百有余国[9]，见报恩塔必顶礼赞叹而去，谓四大部洲所无也[10]。

| 注释 |

① 报恩塔：在南京大报恩寺中。始建于三国东吴时，明成祖时重建，后毁于战火。

② 永乐：明成祖朱棣的年号（1403—1424）。 窑器：塔身为窑中烧成的琉璃砌成，故称。

③ 成祖：朱棣。见卷一《钟山》注。

④ 金身：佛教谓佛身如紫金光聚，世人因以金饰佛像，称为金身。

⑤ 不爽：不差。爽，差错，过失。 忽：度量的极小单位。十忽为一丝，十丝为一毫。

⑥ 斗：垫在拱之间的斗形木块，也作枓。 笋：即"榫"，器物两部分利用凹凸相接的凸出部分。 合缝：严丝合缝。

⑦ 信：确实。

⑧ 斛（hú）：容量单位。古以十斗为一斛，南宋末年以五斗为一斛。

⑨ 重译：辗转翻译。

⑩ 四大部洲：佛教谓须弥山外咸海中四方的四大洲：东胜神洲、南瞻部洲、西牛贺洲、北俱芦洲。此泛指中国之外的四方。

【评品】 据葛寅亮《金陵梵刹志》卷三十一载："国朝洪武间，工部侍郎黄立恭奏请修葺。永乐十年，敕工部重建，梵宇皆准大内式，中造九级琉璃塔，赐额大报恩寺。""至浮屠之胜，高百余丈，直插霄汉，五色琉璃合成，顶冠以黄金珠宝，照耀云日。夜篝灯百二十有八，如火龙腾焰数十里，风铎相闻数里。群山大江、都城宫阙，悉在凭眺中。"报恩塔今已荡然无存，张岱所记，窥斑见豹，不仅勾勒出其当年的风采，也可推想当时明朝之兴盛。

天台牡丹

天台多牡丹，大如拱把[1]，其常也。某村中有鹅黄牡丹，一株三干，其大如小斗，植五圣祠前[2]。枝叶离披[3]，错出檐甃之上[4]，三间满焉。花时数十朵，鹅子、黄鹂、松花、蒸栗[5]，萼楼穰吐[6]，淋漓簇沓[7]。土人于其外搭棚演戏四五台，婆娑乐神[8]。

有侵花至漂发者[9]，立致奇祟[10]。土人戒勿犯，故花得蔽芾而寿[11]。

| 注释 |

① 拱把：两手合围或一手满握。

② 五圣祠：一说即为天台山大安寺，坐落于浙江天台西乡赤山，始建于元明之际。

③ 离披：繁盛貌。

④ 檐甃：屋檐、砖墙。

⑤ 蒸栗：煮熟的栗子。喻栗黄色。

⑥ 萼楼穰吐：花萼丰茂，花朵怒放。

⑦ 簇沓：丛聚。明陆容《菽园杂记》十二："江南自钱氏以来及宋元盛时，习尚繁华。富贵之家，于楼前种树，接各色牡丹于其杪。花时登楼赏玩，近在栏

槛，名楼子牡丹。"

⑧ 婆娑：形容舞姿优美。　乐神：娱悦花神。

⑨ 漂发：犹毫发，细微。漂，通"杪"。

⑩ 立致：立刻招致。　奇祟：怪病。

⑪ 蔽芾而寿：此处指牡丹自小而大，茁壮生长。蔽芾，植物幼嫩貌。《诗·小雅·我行其野》："我行其野，蔽芾其樗。"

【评品】　牡丹素以洛阳所产享誉天下，作者偏盛赞浙江天台牡丹之大之多，色泽之斑斓，兼及当地赏花之民俗和花盛的原因。从中也可见作者崇尚自然，关注民俗、鄙弃人工斧斫的审美意趣。

金乳生草花[1]

金乳生喜莳草花。住宅前有空地，小河界之。乳生濒河构小轩三间，纵其趾于北[2]，不方而长，设竹篱经其左。北临街，筑土墙，墙内砌花栏护其趾。再前，又砌石花栏，长丈余而稍狭。栏前以螺山石垒山披数折[3]，有画意。草木百余本，错杂莳之，浓淡疏密，俱有情致。

春以罂粟、虞美人为主[4]，而山兰、素馨、决明佐之[5]。春老以芍药为主[6]，而西番莲、土萱、紫兰、山矾佐之[7]。夏以洛阳花、建兰为主[8]，而蜀葵、乌斯菊、望江南、茉莉、杜若、珍珠兰佐之[9]。秋以菊为主，而剪秋纱、秋葵、僧鞋菊、万寿芙蓉、老少年、秋海棠、雁来红、矮鸡冠佐之[10]。冬以水仙为主[11]，而长春佐之[12]。其木本如紫白丁香、绿萼玉楪蜡梅、西府、滇茶、日丹、白梨花[13]，种之墙头屋角，以遮烈日。

乳生弱质多病，早起，不盥不栉[14]，蒲伏阶下，捕菊虎[15]，芟地蚕[16]，花根叶底，虽千百本，一日必一周之。瘿头者火蚁[17]，瘠枝者黑蚰[18]，伤根者蚯蚓、蜓蝣[19]，贼叶者象干、毛猬[20]。火蚁，以鲞骨、鳖甲置旁引出弃之[21]。黑蚰，以麻裹筋头抒出之。蜓蝣，以夜静持灯灭杀之。蚯蚓，以石灰水灌河水解之。毛猬，以马粪水杀之。象干虫，磨铁线穴搜之。事必亲历，虽冰龟其手[22]，日焦其额，不顾也。青帝喜其勤[23]，近产芝三本，以祥瑞之[24]。

① 金乳生：人名，擅长园艺的匠人。祁彪佳《越中园亭记》中载："金乳生，植草花数百本，多殊方异种，虽老圃不能辨识，四时烂熳如绣。"　莳：栽种，种植。

② 纵其趾：拓展宅基。

③ 螺山石：即圆通山之石。圆通山位于云南省昆明市东北隅，因其山石绾青篆翠，旋如螺髻，故称。　山披：倚墙壁、围栏垒制的一种假山。

④ 罂粟：二年生草本植物，花有红、紫、白色，可供观赏，果实为制鸦片原料，故在禁种之列。　虞美人：草名。又名丽春花、锦被花等。花有红紫白等色。张岱《夜航船·植物部·虞美人草》载："虞美人自刎，葬于雅州名山

县，冢中出草，状如鸡冠花，叶叶相对。唱《虞美人曲》，则应板而舞，俗称虞美人草。"

⑤ 山兰：兰科。花较小。　素馨：又称耶悉茗，佛典中称鬘草。花白色，香气芳冽，畏寒。　决明：药用植物，能明目。春日亦作菜蔬。

⑥ 春老：春晚。　芍药：植物名，花大而美。名色繁多，供观赏，根可入药。

⑦ 西番莲：又名西洋莲、西洋菊。传自域外。花色淡雅，自春至秋，相继不绝。　土萱：萱草之一种。萱草又名宜男、忘忧。　紫兰：又名苞舌兰、连及草、白芨。一般品种的花色呈紫红色，所以名为紫兰。主要花期在春季。　山矾：又名芸香、七里香。常绿灌木或小乔木。

⑧ 洛阳花：又名石竹花，因其茎具节，膨大似竹故名。为多年生草本植物，北方秋播，来春开花；南方春播，夏秋开花。花色繁多。　建兰：即"秋兰"，花绿黄色。但也有"素心兰"。

⑨ 蜀葵：花名。又名一丈红，因在四川发现最早，故名蜀葵。花色艳丽。乌斯菊：即西番菊，多年生藤本。　望江南：又名凤凰草，原产于我国和印度。植株高大，黄色花朵十分醒目。　茉莉：花名。花白色，芳香，夏季盛开。杜若：香草名。又名杜衡、杜莲，味辛香。　珍珠兰：兰科，多年生草本植物。色鲜红至暗红，皆具奶油浓香，花期为春末至夏初。

⑩ 剪秋纱：即剪秋萝，草名，又名汉宫秋。八月开花，色深红。　秋葵：又名"黄秋葵"，俗称"羊角豆"，花黄色。　僧鞋菊：又名附子，以花形似僧人穿的浅口布鞋而得名。　老少年：植物名。又名雁来红，至秋深，叶脚深紫而顶红，纯红者为老少年。　秋海棠：多年生草本。秋季开花，花淡红色。供观赏，能入药。　矮鸡冠：鸡冠花之一种。以花状如雄鸡冠而名。供观赏，可入药。

⑪ 水仙：花名。花如金盏银杯，养于水中，清香淡雅，故称。

⑫ 长春：长春花，夹竹桃科，多年生草本。花有多种颜色，花朵多，花期长，从春到秋开花从不间断，所以有"日日春"之美名。除观赏外。还可药用。

⑬ 紫白丁香：丁香花有紫、白二种，常绿乔木，多产热带。花清香袭人，花蕾和果实晒干后味辛郁，可入药。　绿萼：绿萼梅。花色白，萼绿色。　玉楪：当作玉蝶，别名石莲花。小花淡红色，先端为黄色，夏秋季节开放。　蜡梅：落叶灌木，与梅不同科。冬末，先叶开花，花多片。　西府：西府海棠，海棠之一种。春季开红花，秋季结实，名海红，俗称海棠果。　滇茶、日丹：据张岱《夜航船·植物部·茶花》载："以滇茶为第一，日丹次之。滇茶出自云南，色似衢红，大如茶碗，花瓣不多，中有层折，赤艳黄心，样范可爱。"白梨花：蔷薇科乔木。树冠开展，花粉白色。

⑭ 不盥不栉：不洗面，不梳头。

⑮ 菊虎：别名天牛、蛀食虫等。受其祸害，植株茎梢易断，或不开花，或整株枯死。

⑯ 芟：除草。　地蚕：草石蚕，又名白冬虫草、白虫草，以地下茎形似蚕而得名，块茎可入药。

⑰ 瘰头：头部隆起成疙瘩状。　火蚁：蚂蚁的一种，被其叮咬后，会出现如灼伤般的水泡，故名。

⑱ 瘠枝：啃枝使其干瘪。　蚰：蚰蜒，古称"草鞋虫"。多足，触角长，毒颚大。

⑲ 蜒蝣：即"蜒蚰"、"蛞蝓"，俗称"鼻涕虫"。状似去壳的蜗牛，能分泌粘液，为果树蔬菜的敌害。

⑳ 贼叶：戕害叶子。　象干：食叶害虫，六月危害最甚。　毛猬：猬科，外貌

似大鼠，无刺针，但有粗毛，有恶臭。

㉑ 鲞（xiǎng）：剖开晾干的鱼。

㉒ 冰龟：因严寒而冻得龟裂。

㉓ 青帝：此作"春神"解。

㉔ 祥瑞之：赐其祥瑞的征兆（指芝三本）。

【评品】　祁彪佳《越中园亭记》："亦园，在龙门桥。主人金乳生植草花数百本，多殊方异种，虽老圃不能辨识，四时烂漫如绣。所居仅斗室，看花人已履满户外矣。"张岱在本文中先叙金氏花圃之方位，次序井然，并见"画意"、"情致"；次叙金氏之花木四时不绝，琳琅满目；再详叙金氏之倾心于花木，不顾体弱多病，日夜呵护，不惮其烦，不畏劳苦，百计防治各种虫害，亦一痴也。作者论人论艺，极重"痴"情，本文所记，无异金乳生之小传。从中可见，作者亦酷爱树木花卉，于各种园艺栽培护理也十分在行。本文与祁氏所记详略不同，可互相发明。

日月湖

宁波府城内，近南门，有日月湖。日湖圆，略小，故曰之[1]；月湖长，方广，故月之。二湖连络如环，中亘一堤，小桥纽之[2]。日湖有贺少监祠[3]。季真朝服拖绅[4]，绝无黄冠气象[5]。祠中勒唐玄宗《饯行》诗以荣之[6]。季真乞鉴湖归老[7]，年八十余矣。其《回乡》诗曰："幼小离家老大回，乡音无改鬓毛衰。儿孙相见不相识，笑问客从何处来?"八十归老，不为早矣[8]，乃时人称为"急流勇退"，今古传之。季真曾谒一卖药王老，求冲举之术[9]，持一珠贻之。王老见卖饼者过，取珠易饼。季真口不敢言，甚懊惜之。王老曰："悭吝未除，术何由得!"乃还其珠而去。则季真直一富贵利禄中人耳[10]。《唐书》入之《隐逸传》，亦不伦甚矣[11]。

月湖一泓汪洋，明瑟可爱，直抵南城。城下密密植桃柳，四围湖岸，亦间植名花果木以萦带之。湖中栉比者皆士夫园亭[12]，台榭倾圮[13]，而松石苍老。石上凌霄藤有斗大者[14]，率百年以上物也[15]。四明缙绅[16]，田宅及其子，园亭及其身[17]。平泉木石[18]，多暮楚朝秦[19]，故园亭亦聊且为之[20]，如传舍廨署焉[21]。屠赤水娑罗馆亦仅存娑罗而已[22]。所称"雪浪"等石，在某氏园久矣。

清明日，二湖游船甚盛，但桥小船不能大。城墙下趾稍广，桃柳烂漫，游人席地坐，亦饮亦歌，声存西湖一曲。

| 注释 |

① 日之：以"日"命名之。下文"月之"同。

② 纽之：连接之。

③ 贺少监：贺知章（659—744），字季真，越州永兴（今浙江萧山）人。证圣进士，官太子宾客、秘书监。"知章晚节尤诞放，遨嬉里巷，自号'四明狂

客’及‘秘书外监’……天宝初，病……乃请为道士，还乡里，诏许之，以宅为千秋观而居。又求周宫湖数顷为放生池，有诏赐镜湖剡川一曲。既行，帝赐诗，皇太子百官饯送……卒，年八十六。”（见《新唐书·隐逸传》）据《旧唐书·职官志》：“秘书监一员，从三品；少监二员，从四品上。秘书监之职，掌邦国经籍图书之事。”作者称贺知章为少监，或系误记。

④ 绅：古代士大夫束腰的带子。

⑤ 黄冠：道士之冠，后为道士别称。

⑥ 勒：刻。《饯行》诗：指《全唐诗》所载唐玄宗《送贺知章归四明》诗。诗序曰：“天宝三年，太子宾客贺知章，鉴止足之分，抗归老之疏，解组辞荣，志期入道。朕以其年在迟暮，用循挂冠之事，俾遂赤松之游。正月五日，将归会稽，遂饯东路。乃命六卿庶尹大夫，供帐青门，宠行迈也。岂惟崇德尚齿，抑亦励俗劝人。无令二疏，独光汉册，乃赋诗赠行。”诗云：“遗荣期入道，辞老竟抽簪。岂不惜贤达，其如高尚心。寰中得秘要，方外散幽襟。独有青门饯，群僚怅别深。”

⑦ 鉴湖：又名镜湖，在浙江绍兴市西南，东汉永和五年太守马臻所凿。

⑧ “八十归老”二句：古代官制多以七十致仕，辞官归老。

⑨ 冲举之术：道教升天成仙之术。

⑩ 直一富贵利禄中人：只不过是一个尚未摆脱富贵利禄羁绊的人。

⑪ 不伦：不相当；不相类。

⑫ 栉比：排列紧密如梳齿。

⑬ 圮：倒塌败坏。

⑭ 凌霄：落叶木质藤本。花漏斗状钟形，外橙红色，内鲜红色。

⑮ 率：大都。大略。

⑯ 四明：山名，在浙江宁波市西南，因用以指代宁波。　缙绅：插笏系宽带为士大夫的装束，用以指代士大夫。缙，又作"搢"，义同"插"。绅，宽带。

⑰ "田宅"二句：所置田产房宅还能传给其子，所经营的园亭则只能自身欣赏。

⑱ 平泉木石：中唐名相李德裕有别墅名平泉庄，在洛阳。在《平泉山居草木记》中，李德裕有言命子孙永葆其园。后德裕被贬，庄园易主。

⑲ 朝秦暮楚：喻反复无常。

⑳ 聊且为之：暂且为之。

㉑ 传舍：古时供来往行人休止住宿的处所。　衙署：衙门官署。

㉒ 屠赤水：屠隆，字长卿，号赤水、鸿苞居士，浙江鄞县人。晚明文学家，诗文戏曲著述颇丰。　娑罗：龙脑香科树。相传释迦牟尼寂灭于娑罗树下。屠隆精深佛学，万历十五年前后，从阿育王舍利殿前移植娑罗树一棵，并改其书斋"栖真馆"为"娑罗馆"。

【评品】　文章首尾描绘了日月湖的景致，中间则借湖畔的古迹故事，生发议论。对素来为人称道的贺知章"急流勇退"颇加非议：八十致仕，岂能算"早"；归隐悟道，却难忘俗利。从传说的惜珠之事，推演出其"直一富贵利禄中人耳"的结论，谓《唐书》将其列入隐逸传，殊为不伦。借以讽刺古往今来那些清高其名，利禄其实的假名士。然后以古今名人园林，或当代易主，或下代换姓为例，在园亭台榭倾圮、松石苍老与湖畔花柳烂漫、游人如织的对比中，寄寓作者的沧桑之感和富贵利禄短暂、及时行乐之意。全文亦叙亦议。

金山夜戏

　　崇祯二年中秋后一日¹，余道镇江往兖²。日晡³，至北固⁴，舣舟江口⁵。月光倒囊入水，江涛吞吐，露气吸之，噀天为白⁶。余大惊喜。

　　移舟过金山寺⁷，已二鼓矣⁸。经龙王堂，入大殿，皆漆静⁹。林下漏月光，疏疏如残雪。余呼小傒携戏具¹⁰，盛张灯火大殿中，唱韩蕲王金山及长江大战诸剧¹¹。锣鼓喧阗¹²，一寺人皆起看。有老僧以手背搣眼翳¹³，翕然张口¹⁴，呵欠与笑嚏俱至。徐定睛，视为何许人，以何事何时至，皆不敢问。剧完，将曙，解缆过江。山僧至山脚，目送久之，不知是人、是怪、是鬼。

| 注释 |

① 崇祯二年：1629年。崇祯，明毅宗朱由检的年号（1628—1644）。

② 道：取道。　兖：今山东兖州。

③ 晡：申时，下午三时至五时。

④ 北固：山名。在今江苏镇江市东北江滨。北临长江，山壁陡峭，形势险固。

⑤ 舣舟：以舟泊岸。

⑥ 噀（xùn）：喷。

⑦ 金山寺：位于镇江金山，始建于东晋。原名泽心寺，亦称龙游寺。自唐以

来，因开山得金，故皆称金山寺。

⑧ 二鼓：晚上九时至十一时。

⑨ 漆静：天色漆黑而寂静。

⑩ 小傒：小僮。

⑪ 韩蕲王：韩世忠（1089—1151），字良臣，绥德人，宋抗金名将。建炎四年，曾以水师八千阻拦金兵十万渡江，在镇江至建康（今南京）一带黄天荡等处屡败金军，激战中其妻梁红玉亲自播鼓助战。后人多有以此为题材的戏曲，如明张四维的传奇《双烈记》等。

⑫ 喧阗：喧闹声。

⑬ 搬：揉。 眼翳：此指眼眵。

⑭ 翕然：敛息的样子。

【评品】 文章描写了八月十六的长江月夜景色：江天因"月光倒囊入水"，由江涛吞吐露气，而"嘳天为白"；林间因"林下漏月光"，而"疏疏如残雪"，两景各具特色，刻画传神。叙写漏夜演戏，既有"盛张灯火"、"锣鼓喧阗"、"一寺人皆起看"等热闹场面的渲染，又有老僧"以手背搬眼翳，翕然张口，呵欠与笑嚏俱至"的特写，两者相映成趣。正因为老僧对演戏系"何许人，以何事何时至，皆不敢问"，所以才有戏罢曲终，尚不知"是人、是怪、是鬼"的结尾，表达的是山僧不知是梦，是真，还是戏的心态，极富情趣。

筠芝亭

筠芝亭，浑朴一亭耳[1]。然而亭之事尽，筠芝亭一山之事亦尽。吾家后此亭而亭者，不及筠芝亭；后此亭而楼者、阁者、斋者，亦不及。总之，多一楼，亭中多一楼之碍；多一墙，亭中多一墙之碍。太仆公造此亭成[2]，亭之外更不增一椽一瓦，亭之内亦不设一槛一扉，此其意有在也。

亭前后，太仆公手植树皆合抱，清樾轻岚[3]，溶溶瀁瀁[4]，如在秋水[5]。亭前石台，蹴取亭中之景物而先得之[6]，升高眺远，眼界光明。敬亭诸山[7]，箕踞麓下[8]；溪壑萦回，水出松叶之上。台下右旋，曲磴三折，老松偻背而立，顶垂一干，倒下如小幢[9]，小枝盘郁，曲出辅之，旋盖如曲柄葆羽[10]。癸丑以前[11]，不垣不台[12]，松意尤畅。

| 注释 |

① 浑朴：浑然朴素，未经雕凿修饰。

② 太仆公：张岱的高祖张天复，号内山，正德二十六年进士。曾任甘肃道行太仆卿，故称。

③ 清樾：清荫。樾，树荫。　岚：山中水蒸气。

④ 瀁瀁：云气涌起貌。　瀁瀁：深晦不明貌。

⑤ 秋水：此喻镜。

⑥ 蹑取：逾越而取。蹑，越等。

⑦ 敬亭：疑是祁彪佳《越中园亭记》所载云门山。或因该山上有王子敬（王献之）山亭而得名。或又因山阴县南十里有亭山，山形独立如亭，故名。未知孰是。

⑧ 箕踞：一种伸足而坐、不拘礼节的坐姿。

⑨ 幨：张挂于舟车上的帷幕。

⑩ 葆羽：古代帝王显贵仪仗使用的羽毛伞盖。

⑪ 癸丑：万历四十一年（1613）。

⑫ 不垣不台：指亭四周没有矮墙土台。

【评品】 祁彪佳《越中园亭记》："筠芝亭，卧龙山之右岭有城隍庙，即古蓬莱阁。折而下，孤松兀立，古木纷披。张懋之先生构亭曰筠芝，楼曰霞外。南眺越山，明秀特绝。亭之右为啸阁，以望落霞晚照，恍若置身天际，非复一丘一壑之胜已也。主人自叙其园有内景十二、外景七、小景六，其犹子张宗子各咏一绝记之。"不知何故，祁氏所记亭主与其获亭之因均与本文有出入。

　　作者在比较中突出筠芝亭之胜致："吾家后此亭而亭者，不及筠芝亭；后此亭而楼者、阁者、斋者，亦不及"；在"多一楼，亭中多一楼之碍；多一墙，亭中多一墙之碍""太仆公造此亭成，亭之外更不增一椽一瓦，亭之内亦不设一槛一扉"的排他性赞美中，突出筠芝亭的构思经营恰到好处，真所谓增之一分则肥，减之一分则瘦。表现出作者以浑朴简洁为美的审美意趣。然后作者以亭和松为骨干，描写亭四周的佳境和登高远望的胜况。

砎　园[1]

　　砎园，水盘据之[2]，而得水之用，又安顿之若无水者。寿花堂，界以堤，以小眉山，以天问台，以竹径，则曲而长，则水之；内宅，隔以霞爽轩，以酤漱[3]，以长廊，以小曲桥，以东篱，则深而邃，则水之；临池，截以鲈香亭、梅花禅，则静而远，则水之；缘城，护以贞六居，以无漏庵[4]，以菜园，以邻居小户，则闳而安[5]，则水之用尽。而水之意色，指归乎庞公池之水[6]。庞公池，人弃我取，一意向园，目不他瞩，肠不他回，口不他诺，龙山蟉蚏[7]，三折就之，而水不之顾。人称砎园能用水，而卒得水力焉。大父在日[8]，园极华缛。有二老盘旋其中，一老曰："竟是蓬莱阆苑了也！"[9]一老哧之曰[10]："个边那有这样！"[11]

| 注释 |

① 砎园：又作"岕园"，在绍兴龙山之趾。张岱在《琅嬛文集·家传》中载其祖父张汝霖"归，即筑岕园于龙山之趾，啸咏其中"。

② 盘据：即盘踞，此状水曲折盘绕。

③ 酣漱阁：园中傍水而建的轩阁，以水量充沛名。

④ 无漏庵：据张岱《琅嬛文集·兴复大能仁寺因果记》载，人谓张汝霖为原大能仁寺住持僧无漏的后身。汝霖听后，十分生气。"后乃大悔，晚年造无漏庵于砎园。"

⑤ 阒：幽深。

⑥ 指归：意旨，意向。　庞公池：见本书卷七《庞公池》。

⑦ 龙山：即卧龙山，在绍兴府城中，盘旋回绕，形如卧龙，故名。　蟫蛇：即蟫蚾，盘曲蠕动貌，王延寿《鲁灵光殿赋》："虬龙腾骧以蜿蟺，颔若动而蟫蚾。"

⑧ 大父：即祖父。指张岱祖父张汝霖，字肃之，号雨若，万历乙未（1595）进士，官至广西布政使参议。

⑨ 蓬莱：传说中仙人所居海上三山之一。　阆苑：阆风（相传在昆仑山巅）之苑囿，仙人所居。

⑩ 咈之：驳斥他。咈，违背，抵触。

⑪ 个边：那边。

【评品】　祁彪佳《越中园亭记》载："砎园，张肃之先生晚年筑室于龙山之旁，而开园其左。有鲈香亭，临王公池上，凭窗眺望，收拾龙山之胜殆尽。寿花堂、霞爽轩、酣漱阁，皆在水石萦回、花木映带处。"作者连用四个"水之"的排比句式，以水为贯通全园的经络血脉，园之建筑既"得水之用，又安顿之若无水者"，是巧用池水的化境。作者将水描绘得有情有义，活灵活现，遂成文章之气脉，并勾勒出斫园的幽曲静谧灵动，语不深奥，句求生新。文中活用拟人、排比，结尾借他人对话，以仙境衬比，激赏之情，溢于言表。

葑门荷宕[1]

天启壬戌六月二十四日[2]，偶至苏州，见士女倾城而出，毕集于葑门外之荷花宕。楼船画舫至鱼艋小艇[3]，雇觅一空。远方游客，有持数万钱无所得舟，蚁旋岸上者[4]。余移舟往观，一无所见。宕中以大船为经，小船为纬，游冶子弟，轻舟鼓吹，往来如梭。舟中丽人皆倩妆淡服，摩肩簇舄[5]，汗透重纱。舟楫之胜以挤，鼓吹之胜以集，男女之胜以溷[6]，歊暑燀烁[7]，靡沸终日而已。荷花宕经岁无人迹，是日，士女以鞋鞴不至为耻。袁石公曰："其男女之杂[8]，灿烂之景，不可名状。大约露帏则千花竞笑，举袂则乱云出峡，挥扇则星流月映，闻歌则雷辊涛趋。"[9]盖恨虎丘中秋夜之模糊躲闪[10]，特至是日而明白昭著之也。

| 注释 |

① 葑门：苏州吴县东门。　宕：同"荡"。水塘。

② 天启壬戌：天启二年（1622）。天启，明熹宗朱由校的年号（1621—1627）。

③ 艋（méng）：同"橀"，大船。

④ 蚁旋：如热锅上的蚂蚁急得打转。

⑤ 簇舄（xì）：犹言脚踩脚。舄，鞋。

⑥ 溷（hùn）：肮脏。

⑦ 歊（xiāo）：炽热。 燂烁（qián shuò）：火热。

⑧ 袁石公：袁宏道（1568—1610），字中郎，号石公，湖广公安（今属湖北）人。万历进士，历任吴县知县、顺天府教授、国子监助教、礼部主事、考功员外郎、稽勋郎中等。喜山水，善诗文，文风凄清幽绝。与兄宗道、弟中道齐名，时称"三袁"，为公安派的领袖。著有《袁宏道诗文集》。本文引自袁宏道《荷花荡》一文。

⑨ 雷辊：雷声轰鸣。

⑩ 虎丘：见本书卷五《虎丘中秋夜》注。

【评品】 农历六月二十四日万人空巷，倾城而出，萃游荷花宕，或为古代苏州民俗。作者雅好清静幽邃的境界，却极擅长用排比夸张的笔法描绘游人如织，"摩肩簇舄，汗透重纱"的热闹场景和市民好赶时髦、凑热闹的心理。至文末，作者似乎意犹未尽，还引述了袁宏道的一系列妙喻来申足其意。而从"舟楫之胜以挤，鼓吹之胜以集……靡沸终日而已"的概括和结尾以虎丘中秋夜与是日白天的异同对比（游人如织喧嚣沸天，相同；前者模糊躲闪，后者明白昭著，则异）中，可以体味出作者的嘲讽之意。将本文与本书卷五《虎丘中秋夜》和袁宏道《荷花荡》、《虎丘记》等相对照，足见袁宏道对其文风的影响之大。

越俗扫墓

越俗扫墓，男女袿服靓妆[1]，画船箫鼓，如杭州人游湖，厚人薄鬼，率以为常。二十年前，中人之家尚用平水屋帻船[2]，男女分两截坐，不坐船[3]，不鼓吹。先辈谑之曰："以结上文两节之意。"后渐华靡，虽监门小户[4]，男女必用两坐船，必巾，必鼓吹，必欢呼畅饮。下午必就其路之所近，游庵堂、寺院及士夫家花园。鼓吹近城，必吹《海东青》、《独行千里》[5]，锣鼓错杂。酒徒沾醉，必岸帻嚣嚎[6]，唱无字曲[7]，或舟中攘臂[8]，与侪列厮打[9]。自二月朔至夏至[10]，填城溢国[11]，日日如之。乙酉方兵划江而守[12]，虽鱼艎菱舠[13]，收拾略尽。坟垄数十里而遥，子孙数人挑鱼肉楮钱[14]，徒步往返之，妇女不得出城者三岁矣。萧索凄凉，亦物极必反之一。

| 注释 |

① 袿服：盛服。　靓妆：浓妆艳饰。左思《蜀都赋》："都人士女，袿服靓妆。"

② 中人之家：家境中等的人家。　平水屋帻船：疑为一种类似船上张布幔的筏子。平水，绍兴地名。据说大禹治水，至此而水平，故名。

③ 不坐船：不坐有座的船。

④ 监门小户：关吏门卒之类的小户人家。

⑤《海东青》：此处指琵琶大曲，又称《海青》、《海青拿天鹅》，描写猎鸟海青捕捉天鹅的情景，音乐雄健活泼，是中国古代最早的琵琶曲。

⑥ 岸帻：推起头巾，露出前额。形容衣着不整、不拘形迹的样子。

⑦ 无字曲：无词的小曲俚调。

⑧ 攘臂：捋袖出臂。此状与人争吵打架的样子。

⑨ 侪列：伙伴。

⑩ 朔：旧历初一。

⑪ 填城溢国：形容城乡人满为患。

⑫ 乙酉：清顺治二年（1645）。　方兵：方国安（见本书卷二《三世藏书》注）的军队。

⑬ 艐（jiè）：见本书卷一《葑门荷宕》注。　舠：小船。

⑭ 楮钱：纸钱。

【评品】　本文通过越地扫墓风俗的变化，寄寓作者的离黍之悲。二十年前绍兴扫墓风俗本节俭（文中用两"不"状之），后渐华靡（文中用一系列"必"字句状之）：男男女女倾城而出，都要穿着时髦华丽的衣服，一路画船箫鼓，好像不是去祭祀祖先，而是去参加游春踏青，率以为常。"自二月朔至夏至，填城溢国，日日如之。"与今日清兵压境，战火兵燹，大小渔船，"收拾略尽"，"坟垅数十里而遥，子孙数人挑鱼肉楮钱，徒步往返之"的"萧索凄凉"形成鲜明对比。文章前详后略，作者的今昔盛衰之叹，深蕴其中。

奔云石

南屏石[1]，无出奔云右者。奔云得其情[2]，未得其理。石如滇茶一朵[3]，风雨落之，半入泥土，花瓣棱棱，三四层折。人走其中，如蝶入花心，无须不缀也[4]。

黄寓庸先生读书其中[5]，四方弟子千余人，门如市。余幼从大父访先生[6]。先生面黧黑，多髭须，毛颊[7]，河目海口，眉棱鼻梁，张口多笑。交际酬酢[8]，八面应之。耳聆客言，目睹来牍，手书回札，口嘱傔奴，杂沓于前，未尝少错。客至，无贵贱，便肉、便饭食之，夜即与同榻。余一书记往，颇秽恶，先生寝食之不异也，余深服之。

丙寅至武林[9]，亭榭倾圮，堂中宛先生遗蜕[10]，不胜人琴之感[11]。余见奔云黝润，色泽不减，谓客曰："愿假此一室，以石碨门[12]，坐卧其下，可十年不出也。"客曰："有盗。"余曰："布衣褐被，身外长物则瓶粟与残书数本而已[13]。王弇州不曰[14]：'盗亦有道也'哉？"[15]

| 注释 |

① 南屏：山名。在今浙江杭州市。《西湖游览志》卷三载："南屏山，峰峦耸秀，怪石玲珑，峻壁横坡，宛如屏障。"

② 奔云：南屏山石，在南屏山慧日峰下净慈寺对面的甘园中。作者以为"奔云"之名，得石之情状，"未得其理"。

③ 滇茶：见本书卷一《金乳生草花》注。

④ "无须不缀也"句：像蝴蝶飞入花心没有一根花须不仔细品咂。喻为其景耐人品味。

⑤ 黄寓庸：黄汝亨（1558—1626），字贞父，号寓庸居士，仁和（今浙江杭州）人。万历进士，官至江西布政司参议。参见《西湖梦寻》卷四《小蓬莱》。

⑥ 大父：见本书卷一《砎园》注。

⑦ "多髭须"二句：即俗谓络腮胡子。

⑧ 酬酢：交际应酬。

⑨ 丙寅：天启六年（1626）。　武林：因杭州灵隐山又称武林山，故为杭州的别称。

⑩ 窀（zhūn）：埋葬。　遗蜕：骸骨。佛道谓人死如蝉脱壳。

⑪ 人琴：悼念亡友之意。《世说新语·伤逝》："王子猷（徽之）、子敬（献之）俱病笃，而子敬先亡。子猷……来奔丧。子敬素好琴，便径入坐灵床上，取子敬琴弹，弦既不调，掷地云：'子敬，子敬，人琴俱亡。'"

⑫ 礌：众石委积之态。

⑬ 长物：余物。

⑭ 王弇州：王世贞（1526—约1590），字元美，号弇州山人，太仓（今属江苏）人。嘉靖进士，官至南京刑部尚书。为文坛盟主近二十年，为"后七子"的领袖，主张"文必西汉，诗必盛唐"。有《弇州山人四部稿》等著述。

⑮ 盗亦有道：语出《庄子·外篇·胠箧》："跖之徒问于跖曰：'盗亦有道乎？'

跖曰：'何适而无有道耶?'"庄子本意在论述道无所不在，后人引申为即使是恶人为非作歹，亦有一定的规矩。

【评品】 本文与《西湖梦寻》卷四《小蓬莱》的内容大致相同，可参看。其中"石如滇茶"、"人走其中，如蝶入花心，无须不缀也"的比喻鲜活生动；对黄贞父外貌、禀赋和习性的描写，虽着墨不多，却十分传神，其待人接物，应付裕如，十分干练，不分贵贱，一视同仁，更难能可贵，作者推崇之意，见于字里行间。文末于今昔人琴之慨中，暗寓家国兴衰之悲。"盗"之含义，语涉双关。作者明亡不仕，安贫乐道，发愤著述之志，已露端倪。

木犹龙[1]

木龙出辽海，为风涛漱击，形如巨浪跳蹴，遍体多著波纹，常开平王得之辽东[2]，辇至京。开平第毁[3]，谓木龙炭矣[4]。及发瓦砾，见木龙埋入地数尺，火不及，惊异之，遂呼为龙。不知何缘出易于市[5]，先君子以犀觥十七只售之[6]，进鲁献王，误书"木龙"犯讳，峻辞之[7]，遂留长史署中。先君子弃世[8]，余载归，传为世宝。丁丑诗社[9]，恳名公人赐之名，并赋小言咏之。周墨农字以"木犹龙"[10]，倪鸿宝字以"木寓龙"[11]，祁世培字以"海槎"[12]，王士美字以"槎浪"[13]，张毅儒字以"陆槎"[14]，诗遂盈帙[15]。

木龙体肥痴，重千余斤，自辽之京、之兖、之济，由陆[16]。济之杭，由水。杭之江、之萧山、之山阴、之余舍，水陆错。前后费至百金，所易价不与焉[17]。呜呼，木龙可谓遇矣[18]！余磨其龙脑尺木，勒铭志之，曰："夜壑风雷，骞槎化石[19]；海立山崩，烟云灭没；谓有龙焉，呼之或出。"又曰："扰龙张子，尺木书铭；何以似之？秋涛夏云。"

| 注释 |

① 木犹龙：乃一木质龙形的化石，为张岱祖上所得。张岱有《木寓龙》诗一首、《木犹龙》二首（今存一）及《木犹龙铭》二首，可参看。

② 常开平王：常遇春（1330—1369），字伯仁，安徽凤阳怀远人。臂长善射，勇力绝人。元末投朱元璋起事，一生为将，未曾败北。病卒，封开平王。谥忠武。

③ 开平第毁：常遇春妻弟蓝玉（？—1393），凤阳府定远县人。初隶常遇春帐下，有谋略，勇敢善战，屡立战功。封凉国公。因恃功骄纵，触怒太祖，以谋反罪被杀，剥皮实草，传示各地。常遇春之子开国公常升等连坐，史称"蓝玉案"。

④ 炭矣：被火烧成炭了。

⑤ 出易于市：在市场上出售。

⑥ 犀觥：犀牛角制成的酒杯。　售之：买下。

⑦ 鲁献王：据《明史·诸王传一》及《明史·诸王世家二》，应是鲁宪王朱寿

鋐，系朱元璋第十子鲁荒王朱檀后裔（藩邸在兖州）、恭王朱颐坦庶七子。初封常德王，万历二十九年晋封鲁宪王，崇祯九年薨。　峻辞之：（因藩王得龙，犯僭越的忌讳）坚决拒收。

⑧ 先君子：张岱去世的父亲张燿芳，字尔弢，号大涤。天启丁卯年（1627），任鲁献王藩长史司右长史。

⑨ 丁丑：1637 年。

⑩ 周墨农：即周又新，张岱友人（详见《陶庵梦忆·闵老子茶》及《琅嬛文集·茶史序》）。

⑪ 倪鸿宝：倪元璐（1593—1644），字玉汝，号鸿宝。天启进士。改庶吉士，授编修。历任国子祭酒、户部尚书等职。李自成攻破北京，自缢死。为张岱的"古文知己"。

⑫ 祁世培：祁彪佳（1602—1645），字幼文、弘吉，号世培。浙江山阴人。天启二年进士。崇祯间历任福建道御史、苏松巡抚、南京畿道。福王时，任右金都御使。南京、杭州失守，忧愤绝食而死。为张岱挚友，多有诗文酬唱。　海槎：同"海查"，用竹木编制的渡海的筏。隋虞茂《赋昆明池一物得织女石》诗："船疑海槎渡，珠似客星来。"

⑬ 王士美：王业洵，字士美，明浙江余姚人。刘宗周弟子，作者友人，善琴。与作者同学琴于王本吾，而未学成。

⑭ 张毅儒：张岱族弟。张岱"二梦"中多处亦作"毅孺"，行八。编有《明诗存》，与张岱多有诗文切磋往还，互相视之为"诗学知己"。

⑮ 盈帙（zhì）：指书套都快装不下了，形容诗作很多。

⑯ 由陆：由陆路运输。

⑰ 所易价不与焉：还不算交易的买价。

⑱ 遇：幸运。得遇其主。

⑲ 骞槎化石：传说汉武帝令张骞寻找河源，骞乘槎至天河。（即此槎，称为骞槎）见一妇人浣纱，妇人予骞一石。骞归，问于成都卜人严君平，谓是织女支机石。

【评品】 作者家富收藏，本人尤精于鉴赏。"木犹龙"即其传世之宝。木龙既出于海，又经于火，形状固不凡，经历更曲折奇异。诸人题铭，以"木犹龙"为最佳：定性为木，状形如龙。为一名物，众人题咏，固属韵事。作者"呜呼，木龙可谓遇矣"的感慨和风云际会的铭咏中，未尝没有其自身不遇的身世之叹。

天 砚

少年视砚，不得砚丑[1]。徽州汪砚伯至[2]，以古款废砚，立得重价，越中藏石俱尽。阅砚多，砚理出。曾托友人秦一生为余觅石[3]，遍城中无有。山阴狱中大盗出一石，璞耳[4]，索银二斤。余适往武林[5]，一生造次不能辨[6]，持示燕客[7]。燕客指石中白眼曰："黄牙臭口[8]，堪留支桌。"赚一生还盗。燕客夜以三十金攫去。命砚伯制一天砚，上五小星一大星[9]，谱曰"五星拱月"。燕客恐一生见，铲去大小二星，止留三小星。一生知之，大懊恨，向余言。余笑曰："犹子比儿。"[10]亟往索看。燕客捧出，赤比马肝，酥润如玉，背隐白丝类玛瑙，指螺细篆，面三星坟起如弩眼，着墨无声而墨沉烟起。一生痴癖[11]，口张而不能翕[12]。燕客属余铭，铭曰："女娲炼天[13]，不分玉石；鳌血芦灰，烹霞铸日；星河溷扰，参横箕翕。"[14]

| 注释 |

① 不得砚丑：不知砚的瑕疵。

② 徽州：治所在今安徽黄山市屯溪区，以产砚、墨、纸而著称。　汪砚伯：汪姓，以善鉴砚而称砚伯。

③ 秦一生：张岱友人。《琅嬛文集》卷六《祭秦一生文》称："余友秦一生家素封，鸥租橘俸，可比千户侯，而自奉极淡薄。""一生性好山水声伎，丝竹管弦，樗蒲博弈，盘铃剧戏，种种无益之事，顾好之，实未尝自具看核，为一日溪山之游，亦未尝为一日声乐，以供知己纵饮。乃其所以自娱者，往往借他人歌舞之场插身入之。""以闲散终其身。"

④ 璞：含玉的石或未经雕琢的玉石。

⑤ 武林：见本书卷一《奔云石》注。

⑥ 造次：鲁莽，草率。

⑦ 燕客：张岱二叔张葆生之子张萼，初字介子，又字燕客。任诞不羁，不事业务。"凡诗词歌赋、书画琴棋、笙箫弦管、蹴踘弹棋、博陆斗牌、使枪弄棍、射箭走马、挝鼓唱曲、傅粉登场、说书谐谑、拨阮投壶，一切游戏撮弄之事，

匠意为之，无不工巧入神。"（《琅嬛文集·五异人传》）其父"所遗尊罍卣彝、名画法锦以千万计，不数日亦辄尽"。（《琅嬛文集·家传》）

⑧ 黄牙臭口：喻黄色的石眼。石眼"翠绿为上，黄赤为下"（《端砚谱》）。

⑨ 上：指生于墨池外的石眼，称"高砚"，为贵；墨池内的称"低眼"。

⑩ 犹子：如同儿子，一般指侄子或侄女。《千字文》："诸姑伯叔，犹子比儿。"意思是对待姑、伯、叔等长辈，要像是他们的亲生子女一样。张岱表示砚在燕客那里跟在他那里是一样的。

⑪ 痴瘕：吃惊、入迷而目瞪口呆之状。

⑫ 翕：合。

⑬ 女娲：神话中的古帝名。传说她"炼五色石以补苍天，断鳌足以立四极，杀黑龙以济冀州，积芦灰以止淫水"。（《淮南子·览冥训》）

⑭ 参、箕：星宿名。分别为西方白虎七宿及东方苍龙七宿的末一宿。

【评品】 《天砚》一文，犹如一篇小小说。故事真实，情节完整。不仅文物之色泽、质地、功用一一道出，而且人物个个鲜活：汪砚伯之精鉴，以致"越中藏石俱尽"，大有伯乐一过，骏马遂空之势；秦一生先"不能辨"，继而"大懊恨"，后"痴瘕，口张而不能翕"，情状如绘；燕客先妄指其瑕疵，诓一生还砚，后"铲去大小二星"加以掩饰，其狡狯心计刻画生动；作者先笑曰："犹子比儿。"后为题铭。其为人之通脱豁达也跃然可见。

吴中绝技[1]

吴中绝技：陆子冈之治玉[2]，鲍天成之治犀[3]，周柱之治嵌镶[4]，赵良璧之治梳[5]，朱碧山之治金银[6]，马勋、荷叶李之治扇[7]，张寄修之治琴[8]，范昆白之治三弦子[9]，俱可上下百年保无敌手。但其良工苦心，亦技艺之能事。至其厚薄深浅，浓淡疏密，适与后世赏鉴家之心力、目力针芥相投[10]，是岂工匠之所能办乎？盖技也而进乎道矣[11]。

| 注释 |

① 吴中：今江苏苏州吴中区，春秋时为吴国国都，古称吴中、吴县。此泛指苏杭一带。

② 陆子冈：一作陆子刚，嘉靖、万历年间人。《苏州府志》、《香祖笔记》等称其为苏州吴门人。"碾玉妙手，造水仙簪，玲珑奇巧，花茎细如毫发。"而《太仓州志》称其为太仓人："五十年前，州人有陆子冈者，用刀雕刻遂擅绝。今所遗玉簪价，一枝值五六十金。"或系流寓谋生所致。

③ 鲍天成：吴县人，能雕琢犀象、香料、扇坠、簪纽之类。所刻犀杯，尤负盛名，与陆子冈齐名。

④ 周柱：又作周翥、周治，嘉靖时苏州人。精于雕镂嵌空，以金玉珠母石青

绿，嵌作人物花鸟、老梅古干，玲珑奇巧。

⑤ 赵良璧：吴中（今江苏苏州）人，嘉靖年间民间艺人。工于制梳及锡器，一时称绝。后人多谬托其名。

⑥ 朱碧山：字华玉，室名长春堂。元末明初嘉善魏塘镇人。一直生活在苏州木渎，故或称苏州木渎人。原先习画，后到苏州从事银器的制作，以雕制银器取胜，以善槎杯闻名，为一时冠绝。诗人朱彝尊、厉鹗等对朱碧山槎杯皆有题咏。今北京故宫博物院藏其"龙槎杯"。

⑦ 荷叶李：李昭，明弘、正间人，生卒不详。江苏南京制扇名工，一说为苏州制扇名匠。善制尖根扇骨，骨较少而平滑坚厚，挥之如意。昔人有"旧京扇，贵李昭"的诗句赞美。人称"荷叶李"。

⑧ 张寄修：张越，字寄修，明手艺人。

⑨ 范昆白：《中原全韵》的作者。精通弦乐声谱，擅治三弦。

⑩ 针芥相投：磁石引针，琥珀拾芥。指相互投契。

⑪ 技也而进乎道：典出《庄子·养生主》，谓庖丁为文惠君解牛，全以神遇，不以目视。"奏刀騞然，莫不中音，合于桑林之舞，乃中经首之会。"他对文惠王说："臣之所好者，道也，进乎技矣。"进乎技，则臻于道矣。

【评品】 明王世贞《觚不觚录》云："今吾吴中陆子冈之治玉，鲍天成之治犀，朱碧山之治银，赵良璧之治锡，马勋治扇，周治治商嵌及歙嵌，吕爱山治金，王小溪治玛瑙，蒋抱云治铜，皆比常价再倍。而其人至有与缙绅坐者。近闻此好流入宫掖，其势尚未已也。"清阮葵生《茶余客话》载："苏州姜华雨篆竹，赵良璧、黄元吉、归懋德治锡，李昭（一作荷叶李）、马勋治扇，周柱治镶嵌，吴爱山治金，王小溪治玛瑙，蒋抱云、王吉制铜，雷文、张寄修治琴，范昌白治三弦子，杨茂、张成治漆器，江千里治嵌漆，胡四治铜炉，谈氏篓、顾氏绣、洪氏漆、孙春阳烛，又文衡山非方扇不书，穆大展刻字，顾二娘、王幼君治砚，张玉贤竹笔竹器，皆名闻朝野，今传后无疑也。"均可与本文相参看，足见明清之际，苏州各行各门工美艺术之盛、之精。本文有一定记述民间工艺美术的史料价值。作者对民间工艺美术情有独钟，列举东南一带各门类工艺高手名师的妙艺绝活，如数家珍，盛赞他们的匠心绝技，"俱可上下百年保无敌手"。与上引诸书不同，本文结尾强调他们的作品必得"适与后世赏鉴家之心力、目力针芥相投"才能"进乎道矣"。伯乐与人才的契合，是作者的希冀，也是作者对自身怀才不遇的感叹。

濮仲谦雕刻[1]

南京濮仲谦，古貌古心，粥粥若无能者[2]，然其技艺之巧，夺天工焉。其竹器，一帚、一刷，竹寸耳，勾勒数刀，价以两计[3]。然其所以自喜者，又必用竹之盘根错节，以不事刀斧为奇，则是经其手略刮磨之，而遂得重价，真不可解也。仲谦名噪甚，得其一款[4]，物辄腾贵[5]。三山街润泽于仲谦之手者数十人焉[6]，而仲谦赤贫自如也。于友人座间见有佳竹、佳犀，辄自为之。意偶不属[7]，虽势劫之[8]、利啖之[9]，终不可得。

| 注释 |

① 濮仲谦：濮澄，字仲谦，金陵（今南京）人。为金陵派刻竹开山。刻法用刀很浅，善于选材。相度体形，因材利用，刻划数刀，便成名作。不以工细争胜，绝不草率从事。张岱在《琅嬛文集·鸠柴奇觚记序》中对其绝技亦有赞誉。

② 粥粥（yù yù）：卑谦貌。《礼记·儒行》："其难进而易退也，粥粥若无能也。"

③ 价以两计：所值银子以两（而不是分）计。

④ 款：题名，落款。

⑤ 腾贵：价值窜升或翻倍。

⑥ 三山街：在今南京中华路与建康路交会处，因临近三山门（水西门）而得名。明代朱元璋在城内设立大小市多处，三山街市居首位。　润泽：得益。

⑦ 意偶不属：意见偶有不合、不满足。

⑧ 势劫之：依仗权势逼迫他。

⑨ 利啖之：用厚利贿赂他。啖，给人吃。引申为以利诱人。

【评品】　作者《鸠柴奇觚记序》中称："余友濮仲谦，雕刻妙天下，其所制剔帚塵柄，箸瓶笔斗，非树根盘结，则竹节支离，略施斧斤，遂成奇器，所享价几与金银争重。""彼仲谦一假手之劳，其所制器，置之商彝、周鼎、宣铜、汉玉间，而毫无愧色。"可与本文相参。

本文不仅详细描述、盛赞了濮仲谦竹雕之绝技，而且为其人传神写照："名噪甚，得其一款，物辄腾贵。"得其润泽者甚多，而其"赤贫自如"，可见其鄙薄名利，安贫乐道；"见有佳竹、佳犀，辄自为之"，而"意偶不属，虽势劫之、利啖之，终不可得"，可见其不贪利，不惧势。在贵与贫、为与不为的对比中，突出了濮仲谦不同凡俗的个性。

卷
二

孔庙桧

己巳[1]，至曲阜谒孔庙[2]，买门者门以入[3]。宫墙上有楼耸出，匾曰"梁山伯、祝英台读书处"[4]，骇异之。进仪门[5]，看孔子手植桧[6]。桧历周、秦、汉、晋几千年，至晋怀帝永嘉三年而枯[7]。枯三百有九年，子孙守之不毁，至隋恭帝义宁元年复生[8]。生五十一年，至唐高宗乾封三年再枯[9]。枯三百七十有四年，至宋仁宗康定元年再荣[10]。至金宣宗贞祐三年罹于兵火[11]，枝叶俱焚，仅存其干，高二丈有奇。后八十一年，元世祖三十一年再发[12]。至洪武二十二年己巳[13]，发数枝，蓊郁；后十余年又落。摩其干，滑泽坚润，纹皆左纽，扣之作金石声。孔氏子孙恒视其荣枯，以占世运焉。

再进一大亭，卧一碑，书"杏坛"二字[14]，党英笔也[15]。亭界一桥，洙、泗水汇此[16]。过桥，入大殿[17]，殿壮丽，宣圣及四配、十哲俱塑像冕旒[18]。案上列铜鼎三、一牺[19]、一象、一辟邪[20]，款制道古，浑身翡翠，以钉钉案上。阶下竖历代帝王碑记，独元碑高大，用风磨铜赑屃[21]，高丈余。左殿三楹[22]，规模略小，为孔氏家庙。东西两壁，用小木匾书历代帝王祭文。西壁之隅，高皇帝殿焉[23]。庙中凡明朝封号，俱置不用，总以见其大也。孔家人曰："天下只三家人家：我家与江西张、凤阳朱而已[24]。江西张，道士气；凤阳朱，暴发人家，小家气。"

| 注释 |

① 己巳：崇祯二年（1629）。

② 孔庙：在今山东曲阜城内，南接旧城墙，东与孔府毗邻，是历代祭祀孔子的地方。孔子去世后一年（前478），鲁哀公将其三间故宅改建为庙，岁时奉祀。西汉以来历代不断扩建，成为一处规模宏大的古建筑群。前后九进院落，有殿堂阁庑四百六十六间，历代碑刻二千余块。

③ 买门者门以入：给守门人钱的人得以从大门进入。

④ 梁山伯、祝英台读书处：梁祝的传说，唐初即有记载。讲述了上虞女子祝英台女扮男装，与梁山伯同窗三载，萌生爱情，因封建家庭阻挠，酿成婚姻悲剧的故事。国内多处风景古迹附会为梁山伯祝英台读书处，古已有之。此读书处实属无稽，故作者"骇异之"。

⑤ 仪门：即孔庙的大成门。

⑥ 孔子手植桧：树侧有明杨光训题书"先师手植桧"石碑，传为孔子亲植。或谓现存者乃清雍正十年所萌新条。

⑦ 永嘉三年：309年。

⑧ 义宁元年：617年。

⑨ 乾封三年：668年。

⑩ 康定元年：1040年。

⑪ 贞祐三年：1215年。　罹：遭受。

⑫ 元世祖三十一年：1294年。

⑬ 洪武二十二年：1389年。

⑭ 杏坛：传说孔子聚徒讲学处。《庄子·渔父》云："孔子游乎缁帷之林，休

坐乎杏坛之上，弟子读书，孔子弦歌鼓琴。"庄子寓言，地无实指。后人遂在孔庙大成殿前甬道正中，为之筑坛，建亭，植杏，建坛。金大学士党怀英篆书"杏坛"碑立其上。后世则以"杏坛"泛指聚徒讲学处。

⑮ 党英：党怀英（1134—1211），字世杰，号竹溪，原籍冯翊（今陕西大荔），其父宦于泰安军，遂为奉符（今山东泰安）人。大定进士，官至翰林学士承旨。能诗文，兼工书法。

⑯ 洙、泗：古洙水在今山东泗水县，合泗水，会流至曲阜北，分为二水，洙在北，泗在南。

⑰ 大殿：大成殿，孔庙内宫殿式主体建筑。唐称文宣王殿，宋徽宗尊孔子为"集古圣先贤之大成"，更名为大成殿。

⑱ 宣圣：即孔子。汉平帝元始元年谥孔子为褒成宣公。此后历代王朝皆尊孔子为圣人，诗文中多称为"宣圣"。　四配：颜渊、曾参、孔伋、孟轲四人配祭。　十哲：唐玄宗开元八年诏塑孔门四科高第十人配享于孔庙，计德行：颜渊、闵子骞、冉伯牛、仲弓；言语：宰我、子贡；政事：冉有、季路；文学：子游、子夏。　冕旒：古代礼冠中最尊贵的一种。外黑里红，冠顶有版，称延。延前垂组缨，穿挂玉珠，称旒。以旒多少区分等级。

⑲ 牺：古代称作祭品用的牲畜，色纯为"牺"，体全为"牲"，《左传·曹刿论战》云："牺牲玉帛，弗敢加也，必以信。"

⑳ 辟邪：古代传说中的神兽，似狮而有翼。

㉑ 赑屃（bì xì）：传说中的神龙之子，形似龟，好负重。现多作驮碑的石龟。

㉒ 楹：间。

㉓ 高皇帝：明太祖朱元璋。因其祖籍安徽凤阳，且出身寒微，故下文孔门后

裔自视出身高贵，指其为"凤阳朱"氏之暴发者。

㉔ 江西张：张道陵（？—156），东汉沛国丰（今属江苏）人，创五斗米道。西晋永嘉年间，道陵四代孙张盛移居龙虎山（今江西贵溪），尊道陵为"掌教"和"正一天师"。后道教徒称其为"张天师"，奉为道教创始人。

【评品】 本文以孔庙之千年桧的兴衰荣枯为线索，叙述了孔庙之建筑以及陈设。结尾孔氏家人所言，十分张狂，不仅颇以孔氏后嗣自傲，而且藐视明太祖，斥之为"暴发户"、"小家气"，连明代的封号也一概不用。作者于文中言："孔氏子孙恒视其（桧树）荣枯，以占世运焉。"而作者本人也未尝不"以占世运焉"。

时当明末，社稷风雨飘摇之际，国力日衰，文网遂疏。不然，明初以明太祖之雄猜、杀戮开国元勋之多、文字狱之惨烈，即便是孔氏家族，又岂敢如此肆言无惮？

孔　林[1]

曲阜出北门五里许，为孔林。紫金城城之，门以楼，楼上见小山一点，正对东南者，峄山也[2]。折而西，有石虎、石羊三四，在榛莽中。过一桥，二水汇，泗水也。享殿后有子贡手植楷[3]。楷大小千余本，鲁人取为材、为棋枰。享殿正对伯鱼墓[4]，圣人葬其子得中气。由伯鱼墓折而右，为宣圣墓[5]。去数丈，案一小山，小山之南为子思墓[6]。数百武之内，父、子、孙三墓在焉。谯周云[7]："孔子死后，鲁人就冢次而居者百有余家，曰'孔里'。"《孔丛子》曰[8]："夫子墓茔方一里，在鲁城北六里泗水上。"诸孔氏封五十余所，人名昭穆[9]，不可复识。

有碑铭三，兽碣俱在。《皇览》曰[10]："弟子各以四方奇木来植，故多异树，不能名。一里之中，未尝产棘木、荆草。"紫金城外，环而墓者数千家，三千二百余年，子孙列葬不他徙从，古帝王所不能比隆也。宣圣墓右有小屋三间，匾曰"子贡庐墓处"[11]。盖自兖州至曲阜道上，时官以木坊表识，有曰"齐人归谨处"[12]，有曰"子在川上处"[13]，尚有义理；至泰山顶上，乃勒石曰"孔子小天下处"[14]，则不觉失笑矣。

| 注释 |

① 孔林：亦称至圣林。在今曲阜城北。史载："孔子死，葬鲁城北泗上。"以后孔子后裔及孔氏族人多葬于此。历代帝王不断赐予祭田、墓田。林内碑碣成林、石仪成群，洙水东西流，水上有洙水桥石坊。桥后为东周墓地，内有孔子、孔鲤、孔伋祖孙三代陵墓及子贡庐墓处。

② 峄山：又名邹山，在今山东邹城东南。秦始皇二十八年，曾登此山刻石颂秦德。

③ 享殿：亦称享堂。在孔林洙水桥北，祭孔时设香坛于此。原仅有石坛，明万历年间敕建殿堂。　楷：木名，即黄连木。

④ 伯鱼：孔鲤（前532—前483），字伯鱼，孔子之子。《论语·季氏》记其趋庭受《诗》、《礼》之训。先其父而亡。其墓在孔子墓东。

⑤ 宣圣墓：孔子墓在孔林内东周墓地西北部。墓前有明正统八年所立石碑，篆书"大成至圣文宣王墓"。据《孔氏祖庭记》载，墓曾遭秦始皇发掘。

⑥ 子思：孔伋（？—前402），孔鲤之子，曾为鲁缪公师。

⑦ 谯周：（201—270），字允南，蜀汉西充国人。耽古笃学，精研六经。后主为太子时，周为家令。官至光禄大夫。力主蜀汉降魏，魏封为阳城亭侯。入晋，屡诏征，用拜骑都尉，后以疾终。本文所录其所云，实出自《史记·孔子世家》："孔子葬鲁城北泗上。弟子皆服三年，三年心丧毕，相诀而去，则哭，各复尽哀；或复留。唯子贡庐于冢上，凡六年，然后去。弟子及鲁人往从冢而家者，百有余室，因命曰孔里。"

⑧《孔丛子》：三卷，旧题陈胜博士孔鲋（孔子八世孙）撰。后人疑为魏王肃或其门人依托而作。

⑨ 昭穆：古代宗法制度，宗庙或墓地的辈次排列，以始祖居中，二、四、六世位左，称昭；三、五、七世位右，称穆。用以区别长幼、亲疏。

⑩《皇览》：三国魏诸臣所集，自五经群书，分类为篇，以供皇帝阅读，故称。为我国现知最早的类书。隋唐后渐佚。

⑪ 子贡庐墓处：明嘉靖二年（1523），御史陈凤梧于孔子墓西南建屋三间，并立"子贡庐墓处"石碑。子贡，端木赐，字子贡，春秋卫人。孔子弟子，能言善辩，善经商。

⑫ 齐人归谰：《左传·哀公八年》："齐人归谰及阐。"谰、阐均为鲁国领地。

⑬ 子在川上：语出《论语·子罕》："子在川上曰：'逝者如斯夫，不舍昼夜。'"

⑭ 孔子小天下：语出《孟子·尽心上》："孟子曰：'孔子登东山而小鲁，登泰山而小天下。'"泰山极顶之西有孔子崖，又称望吴峰。《韩诗外传》载，颜渊从孔子上泰山，孔子望吴阊门外有系白马，颜渊视之则曰有如系练之状，孔子抚其目而正之。崖因得名。

【评品】　作者对孔林的建置布局作了详细的描述，并引古人的言说和古籍一一加以印证。结尾对泰山的所谓勒石"孔子小天下处"不以为然。

燕子矶[1]

　　燕子矶，余三过之。水势湁潗[2]，舟人至此，捷捽抒取[3]，钩挽铁缆，蚁附而上[4]。篷窗中见石骨棱层[5]，撑拒水际[6]，不喜而怖，不识岸上有如许境界。

　　戊寅到京后[7]，同吕吉士出观音门[8]，游燕子矶。方晓佛地仙都，当面蹉过之矣。登关王殿，吴头楚尾[9]，是侯用武之地[10]，灵爽赫赫[11]，须眉戟起[12]。缘山走矶上，坐亭子，看江水澈洌[13]，舟下如箭。折而南，走观音阁[14]，度索上之。阁旁僧院，有峭壁千寻，磈礴如铁[15]；大枫数株，蓊以他树，森森冷绿；小楼痴对，便可十年面壁[16]。今僧寮佛阁，故故背之[17]，其心何忍？是年，余归浙，闵老子、王月生送至矶[18]，饮石壁下。

① 燕子矶：在今南京市北郊观音门外，是岩山的一支。山石直立江上，三面凌空，形似燕子展翅欲飞，因称燕子矶。

② 湁潗：水涌起貌。司马相如《上林赋》："滮滮湁湜，湁潗鼎沸。"

③ 捽（zuó）：揪住。形容舟人舣舟靠岸的动作。

④ 蚁附：如蚁之群集趋附。

⑤ 棱层：同"崚嶒"，狰狞貌。

⑥ 撑拒：撑持。

⑦ 戊寅：崇祯十一年（1638）。

⑧ 吕吉士：（1598—?），吕福生，字吉士，绍兴人，明末复社成员。《复社姓氏传略》载其入清曾知高淳县。与张岱、陈洪绶、阮大铖均有交往。张岱《陶庵梦忆·牛首山打猎》记述其与群友狩猎观剧牛首山的情景，吕吉士参与其中。　观音门：明初为巩固城防而在城外所建外郭十八门之一，现已不存。

⑨ 吴头楚尾：指燕子矶地处吴地上游，楚地下游。春秋时是吴、楚两国交界的地方，好像首尾互相衔接。

⑩ 是侯用武之地：是春秋吴楚用武之地。

⑪ 灵爽：神明、精气。　赫赫：盛大貌。

⑫ 戟起：形容须眉如剑戟竖立。

⑬ 澈洌：水流冲激貌。

⑭ 观音阁：建于明洪武初年，正德年依阁建寺，名弘济寺。观音阁依观音山峰悬崖而建。阁旁岩山嶙峋，北临大江，倚栏远眺，可尽览长江景物，气势磅礴。阁内原供奉满堂佛像，后毁。

⑮ 碚磊：堆积的大岩石。

⑯ 十年面壁：面壁，佛教称坐禅，谓面向墙壁，端坐静修。典出河南少林寺有洞，达摩十年面壁其中的故事。

⑰ 故故背之：偏偏故意违背它（指背对峭壁）。

⑱ 闵老子：闵汶水，张岱之友，南京人，住桃叶渡，精于茶道。张岱有《闵汶水茶》诗及《闵老子茶》、《茶史序》等文咏赞之。当时，其年已七十，故尊称"老子"。 王月生：南京朱市名妓。善楷书，画兰竹水仙，亦解吴歌。张岱有《曲中妓王月生》诗、《王月生》文咏赞之。在《柳敬亭说书》一文中也曾提及她。

【评品】 走马观花者，无论读书观物、赏景看戏，往往难识其真面目。作者虽曾三过燕子矶，只因都是在江上舟中掠影而过，故不知其景之美妙。只有在实地勘踏之后，"方晓佛地仙都，当面蹉过之矣"。从"吴头楚尾，是侯用武之地"一句，足见其地势之险要。"灵爽赫赫，须眉戟起"，用语生新，比喻生动，读来感同身受。作者对峭壁、大枫的形容，各具特色，而"小楼痴对，便可十年面壁。今僧寮佛阁，故故背之，其心何忍"，以物拟人，其情其意，饶有生趣。

鲁藩烟火

兖州鲁藩烟火妙天下[1]。烟火必张灯，鲁藩之灯，灯其殿、灯其壁、灯其楹柱、灯其屏、灯其座、灯其宫扇伞盖。诸王公子、宫娥僚属、队舞乐工，尽收为灯中景物[2]。及放烟火，灯中景物又收为烟火中景物。天下之看灯者，看灯灯外；看烟火者，看烟火烟火外。未有身入灯中、光中、影中、烟中、火中，闪烁变幻，不知其为王宫内之烟火，亦不知其为烟火内之王宫也[3]。

殿前搭木架数层，上放"黄蜂出窠"、"撒花盖顶"、"天花喷礴"。四旁珍珠帘八架，架高二丈许，每一帘嵌孝、悌、忠、信、礼、义、廉、耻一大字。每字高丈许，晶映高明。下以五色火漆塑狮[4]、象、橐驼之属百余头[5]，上骑百蛮[6]，手中持象牙、犀角、珊瑚、玉斗诸器，器中实"千丈菊"、"千丈梨"诸火器，兽足踬以车轮，腹内藏人。旋转其下，百蛮手中瓶花徐发，雁雁行行[7]，且阵且走[8]。移时[9]，百兽口出火，尻亦出火[10]，纵横践踏。端门内外，烟焰蔽天，月不得明，露不得下。看者耳目攫夺[11]，屡欲狂易[12]，恒内手持之[13]。

昔者有一苏州人，自夸其州中灯事之盛，曰："苏州此时有烟火，亦无处放，放亦不得上。"众曰："何也？"曰："此时天上被烟火挤住，无空隙处耳！"人笑其诞。于鲁府观之，殆不诬也[14]。

注释

① 兖州鲁藩：鲁宪王朱寿鋐。张岱父亲张燿芳，天启丁卯年（1627）任鲁宪王藩长史司右长史。

② 灯中景物：张挂万千彩灯所形成的灯海中的景物。

③ 烟火内之王宫：焰火烟雾弥漫笼罩中的王府之宫殿楼阁。

④ 火漆：又叫封口漆。以松脂和石蜡为主要原料制成的粘贴剂。

⑤ 橐驼：即骆驼。橐，盛物的袋子，此状驼峰。

⑥ 百蛮：古代泛指南方各少数民族。

⑦ 雁雁行行：像大雁排排行行，依次而行。

⑧ 且阵且走：一边行走，一边布队形。

⑨ 移时：一会儿。

⑩ 尻（kāo）：屁股。

⑪ 耳目攫夺：视听全被吸引，无法旁骛。

⑫ 狂易：癫狂而变易常性。

⑬ 恒内手持之：常想用手抓住它。

⑭ 殆：几乎，大概。　不诬：不妄；不假。

【评品】　文章以"鲁藩烟火妙天下"起始，以苏州人似痴似诞的夸张描述总绾鲁藩烟火之盛。前半部分作者先连将六个"灯"字用作动词，排比铺张鲁藩张灯结彩盛景，再以灯笼烟火与人物景色互为表里：你中有我，我中有你，亦彼亦此的描绘手法，极写鲁藩的烟云灯海、物我混一的境界。后半部分作者详写施放烟火之火器及火器架，尤以火器的造型设计和喷射过程奇巧绝伦为重点。"烟焰蔽天，月不得明，露不得下。看者耳目攫夺，屡欲狂易，恒内手持之"的记述夸张、真实、生动。文之上半段为全景扫描式的总览，后半段为精细生动的特写，相得益彰。

朱云崃女戏

朱云崃教女戏[1]，非教戏也。未教戏，先教琴，先教琵琶，先教提琴、弦子、箫管、鼓吹、歌舞。借戏为之，其实不专为戏也。郭汾阳、杨越公、王司徒女乐[2]，当日未必有此。丝竹错杂，檀板清讴[3]，入妙腠理[4]，唱完以曲白终之[5]，反觉多事矣。西施歌舞，对舞者五人，长袖缓带，绕身若环，曾挠摩地，扶旋猗那，弱如秋药[6]。女官内侍，执扇葆璇盖[7]、金莲宝炬、纨扇宫灯二十余人，光焰荧煌，锦绣纷叠，见者错愕[8]。

云老好胜，遇得意处，辄盱目视客[9]；得一赞语，辄走戏房，与诸姬道之，傞出傞入[10]，颇极劳顿。且闻云老多疑忌，诸姬曲房密户，重重封锁，夜犹躬自巡历[11]，诸姬心憎之。有当御者[12]，辄遁去，互相藏闪，只在曲房，无可觅处，必叱咤而罢。殷殷防护[13]，日夜为劳，是无知老贱自讨苦吃者也，堪为老年好色之戒。

| 注释 |

① 朱云崃：据汪汝谦《西湖纪游》载："女乐之最胜者，惟茸城朱云崃同卿、吴门徐清之中秘两公所携，莫可比拟。轻讴缓舞，绝代风流，共数晨夕。"朱云崃，为上海松江（别称茸城）人，曾官掌舆马畜牧的太仆寺卿（别称同

卿）。 女戏：女演员演的戏曲。

② 郭汾阳：郭子仪（697—781），唐华州郑县（今陕西华县）人。以平定安史之乱，匡扶社稷，肃宗朝封汾阳君王。"前后赐良田美器，名园甲馆，声色珍玩，堆积羡溢，不可胜纪。"（《旧唐书·郭子仪传》） 杨越公：杨素（544—606），隋华阴（今属陕西）人，字处道。历仕北周、隋，以平陈功，拜尚书右仆射。与晋王杨广合谋废太子杨勇。封越国公。其贪冒财货，营求田宅，为时议所鄙。 王司徒：王允，字子师，东汉太原祁县人。灵帝时拜豫州刺史。献帝时任司徒。设谋结交吕布，刺杀独揽朝政、为恶多端的董卓，后为董卓部将李傕、郭汜所杀。

③ 檀板：檀木拍板。 清讴：清唱。

④ 入妙腠理：细妙深入皮肤的纹理。喻达到神妙之境。

⑤ 曲白：唱白。

⑥ "绕身"四句：出自《淮南子·修务训》："今鼓舞者，绕身若环，曾挠摩地，扶旋猗那，动容转曲，便媚拟神。"绕身若环，状舞姿柔软，曲身如环。曾挠摩地，状身层绕，头触地。扶旋猗那，状旋转柔美。秋药，秋天的白芷。《淮南子·修务训》："身若秋药被风。"注云："药，白芷香草也。被风，言其弱也。"

⑦ 葆：羽饰的车盖。 璇盖：玉饰的车盖。

⑧ 错愕：意外，吃惊。

⑨ 盱（xū）：瞪大眼向上看。

⑩ 俛：忽而。又作多次讲。

⑪ 躬自：亲自。 巡历：巡察。

⑫ 当御者：应值班的人。

⑬ 殷殷：众多。

【评品】　文章前半写朱云崃之教戏：以郭、杨、王诸公的歌舞戏班为衬托，详写其如何调教培训女演员，突出他教戏先教乐器歌舞的与众不同，注重学员全面戏曲修养的培育，尤重乐器、歌舞的教习，而不单打一地专学唱戏。这可供今天培养戏曲演员借鉴。并以戏班所扮演的西施歌舞"入妙腠理"，演出结尾的曲白成多余，突出其教女戏奏乐、唱曲、歌舞的成果。所写西施歌舞中舞袖飘带的"绕身若环"，舞裙的"曾挠摩地"，舞姿的"扶旋猗那，弱如秋药"，乃至布景、道具，无不宛然可见。后半描绘朱云崃其人。他得意时的神情，获得彩头时的激动，无不生动再现了他好胜的个性和得意的情态。而对其为人之多疑、老而好色和严于防范，作者颇有微词讥讽。本文虽短，却多方面生动地展现了朱云崃的才情和个性。

绍兴琴派[1]

丙辰[2]，学琴于王侣鹅。绍兴存王明泉派者推侣鹅，学《渔樵回答》、《列子御风》、《碧玉调》、《水龙吟》、《捣衣》、《环珮声》等曲[3]。戊午[4]，学琴于王本吾[5]，半年得二十余曲：《雁落平沙》、《山居吟》、《静观吟》、《清夜坐钟》、《乌夜啼》、《汉宫秋》、《高山流水》、《梅花弄》、《淳化引》、《沧江夜雨》、《庄周梦》，又《胡笳十八拍》、《普庵咒》等小曲十余种[6]。王本吾指法圆静，微带油腔[7]。余得其法，练熟还生[8]，以涩勒出之[9]，遂称合作[10]。同学者，范与兰、尹尔韬、何紫翔、王士美、燕客、平子[11]。与兰、士美、燕客、平子俱不成，紫翔得本吾之八九而微嫩，尔韬得本吾之八九而微迂[12]。余曾与本吾、紫翔、尔韬取琴四张弹之，如出一手，听者骇服[13]。后本吾而来越者，有张慎行、何明台[14]，结实有余而萧散不足，无出本吾上者。

| 注释 |

① 琴派：琴派是指具有共同师承或演奏艺术风格的琴人所形成的流派。

② 丙辰：万历四十四年（1616）。

③ 《渔樵回答》：琴曲名。应作《渔樵问答》。通过对渔翁和樵夫自得其乐的对话、情态的描写，表达对功名利禄的鄙夷。存谱初见于明萧鸾的《杏庄太音续谱》。 《列子御风》：琴曲名。宋末毛敏仲作。共十段，取列子神游太空，御风而行的意境。亦名《御风行》。 《碧玉调》：曲调名。见于明汪芝所编《西麓堂琴统》中。 《水龙吟》：诸说不一。一说为诸葛亮所作琴曲。《水龙吟》通过对龙归沧海的描写，表达诸葛亮的凌云之志。 《捣衣》：琴曲名。传为唐潘庭坚作，表现妇女感秋风而思远戍的亲人，为之捣衣的内容。《太古遗音》分析其乐曲内容是："始则感秋风而捣衣"，"继则伤鱼雁之杳然"，"终则飞梦魂于塞北"。 《环珮声》：疑为琴曲《天风环珮》。初载于明初的《神奇秘

谱》，可能来源较早。标题的意思是形容琴音的奥妙，有如神仙在天空乘风来去，虽然不能见到，却可以听到珮玉铿锵的声音。

④ 戊午：万历四十六年（1618）。

⑤ 王本吾：松江人，音乐家，擅琴艺。

⑥《雁落平沙》：又名《平沙落雁》，琵琶古曲名。乐谱最早见于华秋蘋《琵琶谱》。通过对沙滩上群雁时起时落、时隐时现、盘旋顾盼、彼此呼应等情态的表现，表达了隐士的心志。　《山居吟》：琴曲名。宋末毛敏仲作，最早见于《神奇秘谱》。此曲表达山林隐士超尘脱俗、淡然忘世的情趣。琴曲虽短，但音调苍古恬静，节奏起伏跌宕。　《静观吟》：又名《静观音》，唐沂公李勉所作。此曲感慨世事纷扰，取"万物静观皆自得"之意，共三段。初见于《五音琴谱》，曲短趣长，音疏韵足。　《清夜坐钟》：恐系《清夜闻钟》之误。《琴谱正传》卷六载《清夜闻钟》七段。为明李水南所作。　《乌夜啼》：原为南北朝时期表现爱情题材的清商乐西曲歌之一。现存琴谱初见于《神奇秘谱》。曲谱中有"反哺"、"争巢"等文字，表明琴曲是描写慈乌与雏鸟的活动情景。歌以乌鸦为喻，表现少年远行，女方思念。曲为歌舞伴奏。　《汉宫秋》：又名《汉宫秋月》，传为班婕妤所作。表现其失宠于汉成帝，侍太后于长信宫事。存谱有八至十三段不等。琴调如怨如慕，如泣如诉。　《高山流水》：琴曲名。春秋时伯牙弹琴，表现出他的"巍巍乎志在高山"、"洋洋乎志在流水"的意境，钟子期都能知音领会，因此有伯牙作《高山流水》。钟子期死后，伯牙因世无知音而断弦不弹的故事。最早见于《神奇秘谱》。唐以后将它发展为《高山》与《流水》两个独立的琴曲。　《梅花弄》：《梅花三弄》，又名《梅花引》、《梅花曲》，琴曲名。存谱初见于《神奇秘谱》，解题说：晋代的"桓伊出笛为

《梅花三弄》之调，后人以琴为三弄焉"。曲中泛音曲调在不同徽位上重复三次，故称"三弄"。用以表现梅花高洁安详的风姿品貌。另有急促曲调表现梅花不畏严寒，迎风摇曳的动态。各段多以共同曲调作结。 《淳化引》：未详。疑或为《神仙引》，题意与《庄周梦蝶》同。常作为其序曲。 《沧江夜雨》：又名《沧海龙吟》。九段，以"清泠和缓之词，寓飘忽动荡之势"，"其音有似龙吟"。《五知斋琴谱》传自明代《伯牙心法》。 《庄周梦》：《庄周梦蝶》，琴曲名。宋末毛敏仲作。所传之曲有八段、十二段不等。表现庄周梦见自己化为蝴蝶的寓言故事，琴曲有蝶翩然飞舞的描绘。 《胡笳十八拍》：根据东汉蔡琰的同名诗谱写的琴曲名。运用各种调式表现惜别故土，思念亲人的痛苦心情。分大、小胡笳，为后唐董庭兰作。以《五知斋琴谱》所载为佳。 《普庵咒》：又名《释谈章》，初见于明末《三教同声琴谱》。根据琴谱旁的梵文字母的汉字译音来看，像是帮助学习梵文发音的曲调。古代曾有普庵禅师，也可能是此曲的作者。乐曲使用了较多的撮音，帮助音乐营造古刹闻禅、庄严肃穆的气氛。曲式上不同于一般琴曲，有些类似于丝竹曲中曲牌联结的形式。全曲十二段回环往复，连绵不断。

⑦ 指法圆静，微带油腔：弹奏技术圆熟，然多施吟猱绰注，腔调浮滑。

⑧ 练熟还生：由熟练而回归生涩，是一种艺术由技进道的境界。详见张岱《琅嬛文集·与何紫翔》中的阐述。

⑨ 涩勒：指用力而沉着的按琴弦的动作。兼有演奏风格古朴，外表疏简而内涵深刻、格调高古之意。

⑩ 合作：此指因互补而相得益彰。

⑪ 范与兰：山阴人，张岱挚友，尹尔韬的邻居。好琴，少时学于王明泉，后

师从王本吾。后尽忘所学，"终日抚琴，但和弦而已"。他更痴迷的是种兰。（详见《陶庵梦忆·范与兰》）　尹尔韬：原名晔，字紫芝，别号袖花老人，浙江山阴人。早年师从王本吾，后任武英殿中书舍人，受命整理内府所藏历代古谱，《箫韶九成》等古本。著有《五音取法》、《原琴正议》等。这些作品连同其他传谱共七十三曲，经友人孙淦编为《徽言秘旨》及《徽言秘旨订》刊印于康熙三十年。　何紫翔：《琅嬛文集·与何紫翔》谓其曾以钟子期自许，琴艺曾有传人。　王士美：见本书卷一《木犹龙》注。　燕客：见本书卷一《天砚》注。　平子：张岱之弟。（详见《西湖梦寻·岣嵝山房》）

⑫ 迕：曲折。

⑬ 骇：同"骇"。令人吃惊、惊叹。

⑭ 何明台：即《琅嬛文集·与何紫翔》中何鸣台，松江人，张岱称其弹琴"不能化板为活，其蔽也实"。

【评品】　本文叙述了作为古琴浙派一支的绍兴琴派的师法传承和风格特色。作者以青出于蓝而胜于蓝自许，字里行间，不无自鸣得意之意。对包括其师王本吾在内的同学琴友的琴技得失长短作了品评。其实各人演奏风格和审美情趣不同，尽可百花齐放。绍兴琴派中成就和影响最大的无疑是尹尔韬，而非张岱。本文可与《琅嬛文集·与何紫翔》一文相参看，有一定的琴史资料价值。

花石纲遗石[1]

越中无佳石。董文简斋中一石[2]，磊块正骨，窊咤数孔[3]，疏爽明易，不作灵谲波诡[4]，朱勔花石纲所遗[5]，陆放翁家物也[6]。文简竖之庭除[7]，石后种剔牙松一株[8]，辟咡负剑[9]，与石意相得。文简轩其北[10]，名"独石轩"，石之轩独之无异也[11]。石篑先生读书其中[12]，勒铭志之。

大江以南花石纲遗石，以吴门徐清之家一石为石祖[13]。石高丈五，朱勔移舟中，石盘沉太湖底，觅不得，遂不果行。后归乌程董氏[14]，载至中流，船复覆。董氏破资募善入水者取之。先得其盘，诧异之，又溺水取石，石亦旋起。时人比之延津剑焉[15]。后数十年，遂为徐氏有。再传至清之，以三百金竖之。石连底高二丈许，变幻百出，无可名状。大约如吴无奇游黄山[16]，见一怪石，辄瞋目叫曰："岂有此理！岂有此理！"

| 注释 |

① 花石纲：宋徽宗于东京（今河南开封）造寿山艮岳，亦称"万岁山"。崇宁四年使应奉局于平江搜刮南方奇花异石，所费以亿万计，民怨沸腾。运花石的船队，不断来往于淮汴之间，号称"花石纲"。纲，成帮结队地运送货物。

② 董文简：董圮，字文玉，会稽（今属浙江绍兴）人，弘治进士。嘉靖间，

官至吏部左侍郎，兼翰林学士。卒谥"文简"。详见本书卷七《松花石》注。

③ 窋咤（zhū zhà）：物在穴中突出貌。

④ "疏爽"二句：形容石的形状及石孔布局，疏朗明快，没有故作奇异多变的姿态。

⑤ 朱勔：（1075—1126），苏州人。父冲谄事蔡京、童贯，父子得官。为徽宗取浙中奇石异卉进献，豪夺渔取，凌虐百姓，声势煊赫，时称东南小朝廷，为"六贼"之一。方腊起义，即以诛勔为名。后钦宗遣使杀之。

⑥ 陆放翁：陆游，字务观。号放翁，山阴（今属浙江绍兴）人。南宋著名爱国诗人。

⑦ 庭除：庭院。

⑧ 剔牙松：又称铁崖松，即罗汉松。

⑨ 辟咡负剑：抱小儿侧身交谈状。《礼记·曲礼》："负剑辟咡诏之，则掩口而对。""疏"："负，谓致儿背上也。剑，谓挟于胁下，如带剑也。""注"："辟咡诏之，谓倾头与语，口旁曰咡。"此形容松石错侧相对状，十分生动。

⑩ 轩：此作动词筑轩讲。

⑪ "石之"句：题名"独石轩"的意思，用轩（高）独（特立）来形容石，是无异议的。

⑫ 石篑：陶望龄（1562—1609），字周望，号石篑、歇庵，会稽人。万历十七年会试第一，授翰林编修，官至国子祭酒。卒谥文简，有《歇庵集》。

⑬ 吴门：江苏苏州市的别称。　徐清之：《憨山老人自序年谱实录》载万历四十五年憨山回吴门，徐清之等众居士曾与其游天池、玄墓、铁山诸胜，设供山中。《憨山老人梦游集》卷十八有《与徐清之中翰》书。可知其曾供职内阁中

书，且与憨山法师游从甚密。其家所蓄女乐，朝夕歌舞，称胜吴门。 石祖：奇石之祖。

⑭ 乌程：今浙江湖州市。

⑮ 延津剑：据晋王嘉《拾遗记》载：晋张华识天文，见天上斗宿和牛宿之间有紫气。雷焕说是宝物的精气上达于天。张华派雷焕为丰城县令，掘得二宝剑，一予华，一自留。后华遇害，失剑所在。焕子佩另一剑，过延平津，剑鸣，飞入水。找人入水寻之，但见双龙缠屈于水底。张岱有《延津剑》诗可参看。

⑯ 吴无奇：吴士奇，字无奇，歙县人。万历二十年进士，官至太常寺卿。以忤魏忠贤致仕。

【评品】 文章前后两段，分别记述了绍兴董文简及吴门徐清之家中的花石纲遗石。前者为作者亲见，故详于石之形状、坐落，以"辟咡负剑"形容石松"相得"之情状，十分生动；后者得之于传闻，故详于石之传奇经历及传承。以延津双剑之离合，喻石与盘之璧合，增添传奇色彩。全文以被吴无奇惊呼"岂有此理"的黄山奇石作比结尾，既省却许多形容笔墨，又给读者留下更多的想象空间，此老可谓善用笔墨。祁彪佳《越中园亭记》载："独石轩，董中峰太史构轩读书，立一石甚奇，庭前更有松化石二枚，俨然虬鳞霜干也。宅内御书楼以奉宸翰。"可与本文相参看。

焦　山[1]

　　仲叔守瓜州[2]，余借住于园[3]，无事辄登金山寺[4]。风月清爽，二鼓[5]，犹上妙高台[6]，长江之险，遂同沟浍[7]。一日，放舟焦山，山更纡谲可喜[8]。江曲涡山下，水望澄明，渊无潜甲[9]。海猪、海马，投饭起食[10]，驯扰若豢鱼[11]。看水晶殿[12]，寻瘗鹤铭[13]，山无人杂，静若太古。回首瓜洲，烟火城中，真如隔世。饭饱睡足，新浴而出，走拜焦处士祠[14]。见其轩冕黼黻[15]，夫人列坐，陪臣四[16]，女官四[17]，羽葆云罕[18]，俨然王者。盖土人奉为土谷[19]，以王礼祀之。是犹以杜十姨配伍髭须[20]，千古不能正其非也。处士有灵，不知走向何所？

| 注释 |

① 焦山：在江苏镇江市东北长江中，因东汉高士焦光隐居山中而得名。山如中流砥柱，耸立江中，气势雄伟，自古为游览胜地。

② 仲叔：张联芳，字尔葆，号二酉。曾任扬州司马，分署淮安，守清江浦。"仲叔喜习古文辞，旁攻画艺，少为渭阳石门先生所喜，多阅古画。年十六七，便能写生，称能品……复精鉴赏，与石门先生竞收藏，交游遂遍天下。"（张岱《家传·附传》）　瓜州：亦作"瓜洲"。在江苏扬州邗江区南，大运河入

长江处。与镇江市相对。本为江中沙洲，沙淤积延伸成瓜字状，故名。

③ 于园：据《陶庵梦忆·于园》载，于园在瓜州步五里铺，富人于之园。

④ 金山寺：在镇江市西北的金山上，始建于东晋。原名泽心寺，唐代因开山得金，遂统称金山寺。庙宇依山势而建，与山浑然一体。山上楼上有楼，楼外有阁，阁中有亭，建筑精巧壮丽，各具特色。

⑤ 二鼓：晚上九时至十一时。

⑥ 妙高台：又名妙高峰、金鳌峰，在金山之巅。

⑦ 沟浍：田间的灌溉小渠。

⑧ 纡谲：迂曲回旋，令人莫测。

⑨ 潜甲：水中潜伏的鱼鳖之类的水生动物。

⑩ 投饭起食：形容水中动物见人投食，即会跃起吞食。

⑪ "驯扰"句：驯服得如同豢养的鱼。

⑫ 水晶殿：在焦山定慧寺内。

⑬ 瘗（yì）鹤铭：著名的摩崖石刻。原在焦山石崖上，后遭雷轰落入江中。南宋淳熙年间和清康熙五十二年先后从江中挽出共九十余字，乾隆年间移入定慧寺，仅存残石。正书，字形大小悬殊，结字错落疏宕，笔画雄健飞舞。关于何时刻石，何人撰写，众说纷纭。瘗，埋葬。

⑭ 焦处士祠：焦光的祠庙。光为东汉隐士，结庐樵山，朝廷三诏不赴，樵山因改名焦山。另一说"光"乃"先"字之误。先，三国魏之隐士，河东人，字孝然，汉末隐居此山。

⑮ 轩冕：卿大夫的轩车和冕服。 黼黻：古代绣有清白黑色花纹的礼服。

⑯ 陪臣：诸侯的大夫，对天子自称陪臣。

⑰ 女官：宫中女官。《周礼·天官》中载有九嫔、世妇、女史等等女官，后世历朝女官名目不一。

⑱ 羽葆：以鸟羽为饰的仪仗。　云罕：天子出行时为前导的旌旗。

⑲ 土谷：土地神。

⑳ 以杜十姨配伍髭须：唐代著名诗人杜甫曾官左拾遗，世称"杜拾遗"。旧时村学究戏作"杜十姨"。宋代俞琰《席上腐谈》卷上："温州有土地杜十姨无夫，五撮须相公无妇。州人迎杜十姨以配五撮须，合为一庙。杜十姨为谁？乃杜拾遗也。五撮须为谁？乃伍子胥也。"

【评品】　作者月夜登金山，俯瞰长江似沟浍，远景朦胧；白日放舟焦山，戏狎水族，近景特写。对"山无人杂，静若太古"，以"烟火城中"反衬之；对祀隐士而用王礼的俗祠，则以谐语谑之。"以杜十姨配伍髭须"之喻，更令人绝倒。篇末作者逼问的岂止焦光，走向弃取，可立判天下隐士之真假。

表胜庵[1]

炉峰石屋[2]，为一金和尚结茅守土之地[3]，后住锡柯桥融光寺[4]。大父造表胜庵成[5]，迎和尚还山住持[6]。命余作启，启曰[7]："伏以丛林表胜[8]，惭给孤之大地布金[9]；天瓦安禅[10]，冀宝掌自五天飞锡[11]。重来石塔，戒长老特为东坡[12]；悬契松枝，万回师却逢西向[13]。去无作相[14]，住亦随缘[15]。伏惟九里山之精蓝[16]，实是一金师之初地[17]。偶听柯亭之竹笛[18]，留滞人间；久虚石屋之烟霞[19]，应超尘外。譬之孤天之鹤，尚眷旧枝[20]；想彼弥空之云，亦归故岫[21]。况兹胜域[22]，宜兆异人[23]，了住山之凤因[24]，立开堂之新范[25]。

护门容虎[26]，洗钵归龙[27]。茗得先春，仍是寒泉风味；香来破腊，依然茅屋梅花。半月岩似与人猜，请大师试为标指[28]；一片石正堪对语，听生公说到点头[29]。敬藉山灵，愿同石隐。倘静念结远公之社，定不攒眉；若居心如康乐之流，自难开口[30]。立返山中之驾，看回湖上之船，仰望慈悲，俯从大众。"

| 注释 |

① 表胜庵：在绍兴九里山，系张岱祖父所建。

② 炉峰：香炉峰，是会稽山诸峰之一，今位于绍兴市稽山门外。形似香炉，每逢云雨天气，山顶雨雾迷蒙，烟霭缭绕，有"炉峰烟雨"之称，为越中十二胜景之一。

③ 结茅：建造简陋的茅屋。 守土：守卫疆土。此指生存居住之地。

④ 住锡：也作"驻锡"。指僧人住于某寺。锡，指僧徒随身携带的锡杖。 柯桥：在绍兴府城西北二十五里，东汉蔡邕取柯亭橼竹为笛处。 融光寺：在府城西三十里柯桥镇。寺极宏敞，而御经楼尤壮丽。传有贯休所画十八应真像藏于寺。

⑤ 大父：见本书卷一《砎园》注。

⑥ 住持：原为久住护持佛法之意。后禅宗也用作寺院主管僧之职称。

⑦ 启：启示、告示一类文体。

⑧ 丛林：汉传佛教界所谓众多僧侣居住的大寺院，意谓众僧共住，如树木之丛集为林。

⑨ 给孤：古中印度憍萨罗国舍卫城的长者给孤独。是佛陀的第一施主。他想营建精舍，请释迦牟尼前来居住说法。波斯匿王太子祇陀之花园广八十顷，戏曰："满以金布，便当相与。"长者果出金八十顷，精舍因此告成，称祇树给孤独园，或祇园，后作寺院的泛称。此以给孤独喻大父。

⑩ 天瓦：庵名。据祁彪佳《越中园亭记·天瓦山房》："在表胜庵下，背负绝壁，楼台在丹崖青嶂间。"张岱《陶庵梦忆·炉峰月》："余读书天瓦庵。"安禅：安身禅定之所。

⑪ 宝掌：（？—657），中印度人，世称宝掌千岁和尚。因其出生时左手握拳，七岁剃度时始展掌，故称。据传魏晋时东游中土，参访五台、庐山，向达摩请教。示寂于显庆二年，世寿达千余岁。文中喻一金和尚。 五天：五天竺的简称。 飞锡：唐代隐峰禅师元和中，赴五台，路过淮西，逢叛将吴元济与官兵交战，他"掷锡空中，飞身冉冉随去"，战士仰观其飞腾，不觉抽戈匣刃。后作为对僧人周游的美称。（详见《宋高僧传》卷二十一）

⑫ "重来"二句：典出苏轼《重请戒长老住石塔疏》："大士未曾说法，谁作金毛之声；众生各自开堂，何关石塔之事。去无作相，住亦随缘。长老戒公，开不二门，施无尽藏。念西湖之久别，本是偶然；为东坡而少留，无不可者。"戒长老，戒弼，宋高僧，兼通儒佛，擅诗工书。此以一金和尚比长老戒公，以东坡比张汝霖。

⑬ "悬契"二句：李亢《独异志》卷上载：玄奘法师西域取经前，手摩齐州灵岩寺松枝曰："吾西去求佛教，汝可西长。若归，即此枝向东。"其后松枝年年

西长，一年忽东向，弟子曰："教主归矣。"果然应验。悬契：远合。万回：唐代虢州闾乡张氏子。据传曾奉父母之命，致书从军西陲的兄长，万里路程，朝往暮归，人故曰万回。高宗闻其神异，度为僧，世以为观音化身。武则天、中宗、睿宗多次召见，赐号法云公。卒赠司徒虢国公，敕图其形于集贤院。

⑭ 作相：故意做出姿态，显示出痕迹。

⑮ 随缘：随顺机缘，顺其自然，不强求。

⑯ 九里山：张岱《琅嬛文集·家传》："庚戌（1610）年，大父开九里山，取道直上炉峰。"　精蓝：即精兰，佛寺，僧舍。

⑰ 初地：最初的驻锡之地。

⑱ 柯亭之竹笛：柯亭在绍兴府西南三十里，其地产良竹，可为椽。相传东汉蔡邕经会稽柯亭时，见屋东十六椽竹，取以作笛，能发妙声。（详见《后汉书·蔡邕传》注）

⑲ 石屋之烟霞：指石室在会稽炉峰，有烟霞景致。

⑳ "譬之孤天之鹤"二句：用《搜神后记》辽东人丁令威，学道成仙，化鹤归辽东故事。此喻一金和尚之去融光寺，还胜庵。

㉑ 故岫：喻云之故居。岫，山洞。远山。陶渊明《归去来兮辞》："云无心以出岫，鸟倦飞而知还。"

㉒ 胜域：佳地。此指炉峰石屋。

㉓ 宜兆异人：适宜于兆示产生奇人。

㉔ 了：了却。　夙因：宿因。旧有的因缘。

㉕ 立开堂之新范：指新任命的住持（"开堂和尚"此指一金法师）入院时，开法堂宣讲大法，这是寺院的重要行事。有关戒子的受戒仪规、生活礼仪规矩

等，都是由开堂和尚教导。

㉖ 护门容虎：相传东晋惠远和尚居庐山东林寺，送客不过虎溪。一日与陶渊明、道士陆静修共话，不觉逾此，虎辄骤鸣，三人大笑而别。此指既住持佛门，又兼容僧俗。

㉗ 洗钵：禅林中，用食终了，清洗钵盂，称为洗钵。用于此，犹言斋戒以示虔诚。 归龙：《晋书·僧涉传》载，涉，西域人，符坚时入长安，能以秘咒下神龙。每旱，符坚常请他咒龙请雨。俄而，龙下钵中，天辄大雨。坚及群臣亲就钵视之。此喻为民祈福。

㉘ "半月岩"二句：绍兴香炉峰山脊有半月岩，有泉隐岩下。因满月池中只见其半，故名。见宋姚宽《西溪丛语》卷上。

㉙ "一片石"二句：梁僧竺道生，巨鹿人。本姓魏，名道生，后为罗什法师弟子。传说常在苏州虎丘寺讲涅槃经，人皆不信。后聚石（今虎丘山剑池旁有千人石）为徒，宣讲至理，石皆点头。此借指本文所谓"一片石"。

㉚ "远公之社"四句：晋释慧远与慧永、刘遗民、雷次宗等十八人结社于庐山东林寺，同修净土之法，因号白莲社。当时陈郡谢灵运（谢玄之孙，袭封康乐公）恃才傲物，少所推重。一见远公，肃然心服。为凿东西二池种白莲，求入白莲社，远公因灵运心杂，不许。攒眉，皱眉，表示不愉快。此指不许。

【评品】 祁彪佳《越中园亭记》中载："表胜，庵也，而列之园，则张肃之先生精舍在焉。山名九里，以越盛时笙歌闻于九里，故名。渡岭穿溪，至水尽路穷，而庵始出。冷香亭居庵之左，矴阁、钟楼，若断若续，俱悬崖架壑为之。而奇石陡峻，则莫过于鸥虎轩。至炉峰、石屋之胜，载主人《开山缘起》，予不复缕数矣。"

本文之启，沿用骈体，所引典故，多涉佛经、佛事，难在其与施主、住持事迹之契合。描绘间以春茗、寒泉、蜡梅、幽香点缀石屋、半月岩、一片石景色，以为表胜庵之落成，一金法师之住持增胜。

梅花书屋

陔萼楼后老屋倾圮[1]，余筑基四尺，造书屋一大间。旁广耳室如纱幮[2]，设卧榻[3]。前后空地，后墙坛其趾[4]，西瓜瓤大牡丹三株，花出墙上，岁满三百余朵。坛前西府二树[5]，花时积三尺香雪[6]。前四壁稍高，对面砌石台，插太湖石数峰[7]。西溪梅骨古劲，滇茶数茎[8]，妩媚其旁。梅根种西番莲[9]，缠绕如缨络[10]。窗外竹棚，密宝襄盖之[11]。阶下翠草深三尺，秋海棠疏疏杂入。前后明窗，宝襄西府，渐作绿暗。余坐卧其中，非高流佳客，不得辄入。慕倪迂"清閟"[12]，又以"云林秘阁"名之。

| 注释 |

① 倾圮：倒塌。

② 耳室：堂屋两旁的配房小屋，如人之两耳，故名。　纱幮：纱帐。

③ 卧榻：矮床。亦泛指床。

④ 坛其趾：在墙根筑花坛。

⑤ 西府：见本书卷一《金乳生草花》注。

⑥ 香雪：状花之盛。韩偓《和吴子华诗》："正怜香雪披千片，忽讶残霞覆一丛。"

⑦ 太湖石：又名窟窿石、假山石，是一种石灰岩，有水、旱两种。宛转险怪，姿态万千，通灵剔透的太湖石，最能体现"皱、漏、瘦、透"之美，其色泽以白石为多，少有青黑石、黄石。

⑧ 滇茶：见本书卷一《金乳生草花》注。

⑨ 西番莲：见本书卷一《金乳生草花》注。

⑩ 缨络：古代用珠玉串成的饰品，多为颈饰。

⑪ 宝襄：即宝相，花名。蔷薇花之一种。

⑫ 倪迂：倪瓒（1301—1374），字元镇，无锡人。"所居有阁曰清闷，幽迥绝尘，藏书数千卷，皆手自勘定。古鼎法书，名琴奇画，陈列左右。四时卉木，萦绕其外，高木修篁，蔚然深秀，故自号云林居士。"（《明史·隐逸传》）元末世乱，卖田宅，疏家财，浪迹太湖，寄居佛寺。擅水墨山水，初师董源，复取法于李成、荆浩、关仝，后自成一家。与黄公望、吴镇、王蒙合称"元四家"。世称其诗、书、画三绝。

【评品】 梅花书屋为作者书房，本文却未按这类文章通常采用的写法，记叙其中陈设、藏书、字画、古玩等等，而避实就虚，详细描述室外所植的四时花树，数量虽不多：三株、二树；花事却盛：三百余朵、三尺香雪。描述有详有略：牡丹、西府、滇茶、西番莲、窗竹、翠草等等的描写虽详实，却不过是陪衬，烘云托月，以见梅骨、梅根之古劲，书屋及主人虽属虚写，但其雅趣幽韵已不难想见。所以最后"非高流佳客，不得辄入"。以"云林秘阁"名之，则有水到渠成之妙。

不二斋

不二斋，高梧三丈，翠樾千重[1]，墙西稍空，蜡梅补之[2]，但有绿天，暑气不到。后窗墙高于槛，方竹数竿，潇潇洒洒，郑子昭"满耳秋声"横披一幅[3]。天光下射，望空视之，晶沁如玻璃、云母[4]，坐者恒在清凉世界。图书四壁，充栋连床[5]；鼎彝尊罍[6]，不移而具。余于左设石床竹几，帷之纱幕，以障蚊虻；绿暗侵纱，照面成碧。夏日，建兰、茉莉，芗泽浸人[7]，沁入衣裾。重阳前后[8]，移菊北窗下，菊盆五层，高下列之，颜色空明，天光晶映，如沉秋水。冬则梧叶落，蜡梅开，暖日晒窗，红炉毾㲪[9]。以昆山石种水仙[10]，列阶趾。春时，四壁下皆山兰，槛前芍药半亩[11]，多有异本。余解衣盘礴[12]，寒暑未尝轻出，思之如在隔世。

注释

① 樾：树荫。

② 蜡梅：即腊梅，落叶灌木，与梅不同科。冬末，先叶开花，花多片，外部的黄色，内部的紫褐色。

③ 郑子昭：疑为盛子昭，元画家，擅山水、人物、花鸟。见《图绘宝鉴》卷五。　横披：长条形的横幅书画，轴在横幅的左右两端。

④ 晶沁：晶莹透明。

⑤ 充栋：形容书籍满屋。柳宗元《陆文通先生墓表》："其为书，处则充栋宇，出则汗牛马。"　连床：形容多。床，安放器物的架子。此指书架。

⑥ 鼎彝尊罍：古代祭祀用的铜制礼器，此指代铜制古玩文物。鼎，三足两耳的烹煮用器。彝，古代盛酒的器具。尊，酒杯。罍，盛酒的器具。

⑦ 建兰：亦名"秋兰"，花绿黄色，以白色"素心兰"为上品。　茉莉：花白色芳香，夏季盛开。　芗泽：香泽，香气。芗，同"香"。

⑧ 重阳：农历九月九日。

⑨ 氍毹（tā dēng）：彩纹细毛毯。

⑩ 水仙：花名。花如金盏银盘，养育水中，清香淡雅，故称。

⑪ 芍药：花名。花大而美，名色繁多。

⑫ 解衣盘礴：神闲意定，不拘形迹貌。盘礴，箕坐貌。

【评品】　祁彪佳《越中园林记·不二斋》："张文恭（作者曾祖张元汴）于居第旁有楼三楹，为讲学地。其家曾孙宗子更新之，建'云林秘阁'于后。宗子嗜古，擅诗文，多蓄奇书、文玩之具，皆极精好。洵惟懒瓒'清闷'足以拟之。"据此则知不二斋为作者曾祖张元汴讲学之地，在其居室旁，作者曾加以修缮，并增建"云林秘阁"，即梅花书屋。

本文与《梅花书屋》一文相比，增加了关于斋中图书充栋，文物琳琅，石床、竹几、纱幕等陈设的内容，而且四周环境的描写更为具体，四时花卉的描绘更显斑斓。作者置身其中的种种审美感受更觉真切细腻。而结尾"思之如在隔世"的叹喟，使文章成为对业已失去的美好事物的心祭。

砂罐锡注[1]

宜兴罐[2]，以龚春为上[3]，时大彬次之[4]，陈用卿又次之[5]。锡注，以王元吉为上[6]，归懋德次之[7]。夫砂罐，砂也；锡注，锡也。器方脱手，而一罐一注价五六金，则是砂与锡与价[8]，其轻重正相等焉，岂非怪事！一砂罐、一锡注，直跻之商彝、周鼎之列而毫无惭色[9]，则是其品地也[10]。

| 注释 |

① 砂罐：陶质器皿。　锡注：用锡浇铸的器物。

② 宜兴：今属江苏无锡市，以工艺品紫砂陶器名闻于世。

③ 龚春：一名供春。明代正德年间江苏宜兴人。原为吴颐山之家僮，侍主人

在金沙寺读书时，窥得一寺僧制陶的秘诀，仿照金沙寺旁大银杏树的树瘿（树瘤）的形状和花纹做了一把壶，古朴可爱，人称供春壶。他因此被称为陶壶名家。

④ 时大彬：（1573—1648），紫砂"四大家"之一时朋之子。他对紫砂陶的泥料配制、成型技法、造型设计与铭刻都极有研究。早期作品多模仿供春大壶，后根据文人饮茶习尚改制小壶，并落款制作年月，其所制壶，凭柄上拇指痕作志证，形成古朴雄浑的风格，被推崇为壶艺正宗。传授弟子颇多。

⑤ 陈用卿：俗名陈三呆子，明朝天启崇祯年间制陶名艺人，做工精细丰美，有"弦绞金线如意壶"传世。《阳羡名陶录》载其所制："式尚工致，如莲子、汤婆、钵盂、圆珠诸制，不规而圆，已极妍饬。"

⑥ 王元吉：应作黄元吉。浙江嘉兴人。张岱《夜航船·宝玩部》中载："嘉兴锡壶，所制精工，以黄元吉为上，归懋德次之。初年价钱极贵，后渐轻微。"他所制锡器色泽似银，各式茶具都极精巧。壶盖和壶身十分严密，合上之后，提盖而壶身亦起，至于器身倾侧，则绝无落帽之病，被视为珍品。

⑦ 归懋德：归复初，字懋德，苏州人。他以生锡制壶身，用檀木作壶把，以玉作壶嘴和盖顶。清代谢堃在《金玉琐碎》中提及归复初制锡壶："取其夏日贮茶无宿味，年久生鲇鱼斑者佳。"可见"归壶"之"品地"确乎不凡。

⑧ 与价：等价。

⑨ 商彝、周鼎：殷朝、周朝的铜制祭祀酒器、礼器。喻古玩文物。

⑩ 品地：品第，品位。

作者对民间工艺极为珍爱宝重。"夫砂罐，砂也；锡注，锡也。"说明原料极为普通易得，本不值钱，而经名家高手巧夺天工的制作，身价不啻百倍。本文不仅列举了砂陶锡注的名家高手，而且将他们的制品价值与等重的黄金相比，将它们的艺术品位与商彝周鼎等国宝文物相提并列。赞赏之情，自在言外。

沈梅冈

沈梅冈先生忤相嵩[1]，在狱十八年。读书之暇，旁攻艺匠，无斧锯，以片铁日夕磨之，遂铦利[2]。得香楠尺许[3]，琢为文具一，大匣三、小匣七、壁锁二[4]；棕竹数片，为箑一[5]，为骨十八[6]，以笋[7]、以缝、以键[8]，坚密肉好[9]，巧匠谢不能事[10]。夫人丐先文恭志公墓[11]，持以为贽[12]，文恭拜受之。铭其匣曰："十九年，中郎节[13]；十八年，给谏匣[14]。节邪、匣邪同一辙。"铭其箑曰："塞外毡，饥可餐[15]；狱中箑，尘莫干[16]。前苏后沈名班班。"梅冈制，文恭铭，徐文长书[17]，张应尧镌[18]，人称四绝，余珍藏之。又闻其以粥炼土[19]，凡数年，范为铜鼓者二[20]，声闻里许，胜暹罗铜[21]。

注释

① 沈梅冈：沈束，字宗安，会稽人。嘉靖甲辰（1544）进士。由徽州推官，

擢给事中。时奸相严嵩擅权，罢总兵周尚文恤典，束疏论尚文忠义当恤。帝怒，下束诏狱，予杖，长系之。后同邑沈炼劾嵩，嵩疑与束同族为报复，令狱吏械其手足，徐阶劝，得免。迨嵩去位，束在狱十八年矣。后征召，辞疾不赴，终老于家。《明史》有传。本文所记，可补正史。梅冈或为其号。

② 铦（xiān）利：锐利。

③ 香楠：楠木，樟科，楠木不腐不蛀有幽香，故称"香楠"。是极珍贵的木材。

④ 壁锁：又称"铁剪刀"、"铁铰刀尺"、"铁家刀"，指山墙两端 S 形的铁构件，是一种主要用来固定横梁、并兼具装饰与避邪作用的建筑零件。

⑤ 箑（shà）：扇。

⑥ 骨十八：此指扇骨十八根。

⑦ 笋：同"榫"。此指框架结构两个或两个以上部分的接合处。

⑧ 键：锁键。

⑨ 肉好：古代圆形玉器和钱币等的边和孔。肉，边。好，中间的孔。

⑩ 谢不能事：指达不到这水平。

⑪ 夫人：沈束妻张氏，曾上疏，愿代夫系狱，使夫得尽子孝，为父送终。（见《明史·沈束传》）　先文恭：张岱曾祖张元汴，字子盖，号阳和，隆庆进士，廷试第一。曾任修撰、左谕德、侍经筵，力救因杀后妻而下狱的徐渭。文恭为其谥号。　志公墓：为沈束作墓志。

⑫ 贽：古时初次拜见人时所送的礼物。

⑬ 中郎节：苏武，字子卿，西汉杜陵人。以中郎将出使匈奴，被拘留。匈奴单于迫其投降，不屈，持节牧羊十九年。后归汉，拜为典属国。后成为秉持风

节的典范。

⑭ 给谏：给事中的别称。掌侍从规谏，稽查六部之弊误。有驳正制敕之违失、封还章奏之权。沈束曾任此职。

⑮ "塞外毡"二句：苏武牧羊饥则餐毡，渴则饮雪。

⑯ 尘莫干：尘世的污秽不能玷污。喻其清高。

⑰ 徐文长：徐渭，字文长，山阴人。诗文书画戏剧俱称名家。张岱的前辈世交。

⑱ 张应尧：传为清康熙时人，据本文，则其当生于明末，卒于康熙年间。著名竹木雕刻家。善刻字，媚丽疏秀，有晋宋人风格。今有其所制竹臂搁传世。镌：刻。

⑲ 闻：传闻。 以粥炼土：疑以熬粥法炼铜矿石。

⑳ 范：依模型浇铸。

㉑ 暹罗：泰国的旧称。

【评品】 对于沈束不惧权贵奸佞、仗义执言的刚风劲节，作者未作正面叙传颂扬，而从其读书之余，旁攻艺匠的角度切入。通过其曾祖铭沈公所制之匣，将其高风亮节比之苏武，可谓贴切。既颂沈公之为人，又传曾祖之铭文，一举两得，巧于构思。所记可补正史之缺。

岣嵝山房

岣嵝山房[1]，逼山、逼溪、逼韬光路[2]，故无径不梁，无屋不阁[3]。门外苍松傲睨[4]，葊以杂木[5]，冷绿万顷，人面俱失[6]。石桥低磴，可坐十人。寺僧刳竹引泉[7]，桥下交交牙牙[8]，皆为竹节。天启甲子[9]，余键户其中者七阅月[10]，耳饱溪声，目饱清樾。山上下多西栗、边笋，甘芳无比[11]。邻人以山房为市[12]，蓏果、羽族日致之[13]，而独无鱼。乃潴溪为壑[14]，系巨鱼数十头。有客至，辄取鱼给鲜。日晡，必步冷泉亭、包园、飞来峰[15]。一日，缘溪走看佛像，口口骂杨髡[16]。见一波斯坐龙象，蛮女四五献花果，皆裸形，勒石志之，乃真伽像也。余椎落其首，并碎诸蛮女，置溺溲处以报之[17]。寺僧以余为椎佛也，咄咄作怪事[18]，及知为杨髡，皆欢喜赞叹。

注释

① 岣嵝山房：据《西湖梦寻·岣嵝山房》："李芨号岣嵝，武林人，住灵隐韬光山下。造山房数楹，尽驾回溪绝壑之上。溪声淙淙出阁下，高崖插天，古木葊蔚，大有幽致。山人居此，孑然一身。好诗，与天池徐渭友善……所著有《岣嵝山人诗集》四卷。"可参看。

② 韬光路：在杭州市北高峰南，灵隐寺西北的巢枸坞。据传因唐代高僧韬光

在此结庵说法而得名。

③ "无径"二句：没有路径不架设桥梁，没有房屋不建筑阁楼的。

④ 傲睨：傲然鄙视的样子，此指挺立不群。

⑤ 蓊：草木茂盛、丛聚貌。

⑥ "冷绿"二句：状绿荫之浓之密，以致看不到或看不清人面。

⑦ 刳竹引泉：剖竹作水管引泉。

⑧ 交交牙牙：交结错杂。

⑨ 天启甲子：明熹宗天启四年（1624）。

⑩ 键户：锁门。　七阅月：经七个月。

⑪ 清樾：绿荫。　西栗："西栗十余株，大皆合抱，冷飔暗樾，遍体清凉。秋初栗熟，大若樱桃，破苞食之，色如蜜珀，香若莲房。"（《西湖梦寻·冷泉亭》）　边笋：又称鞭笋。宋吴自牧《梦粱录·竹之品》："又有紫笋、边笋、秋笋、冬笋、天目笋等。"

⑫ 市：集市。

⑬ 蓏（luǒ）：木实曰果，草实曰蓏。泛指瓜果。　羽族：禽鸟类。

⑭ 潴（zhū）：水停聚的地方。此指水汇聚。

⑮ 晡（bū）：下午三时至五时。　冷泉亭：在杭州西湖西北灵隐飞来峰下，灵隐寺前。唐刺史元藟建。旧传冷泉深广可通舟楫，亭在水中。宋郡守毛友移置岸上，亭依泉而立。南宋《武林旧事》卷五："冷泉，有亭在泉上。'冷泉'二字，乃白乐天书，'亭'字乃东坡续书。诗匾充栋，不能悉录。"　包园：在飞来峰下。即"二梦"中的包衙庄。　飞来峰：在杭州西湖灵隐寺对面。东晋咸和初年印度僧人慧理见此峰叹道："此天竺灵鹫山之小岭，不知何年飞来，

佛在世日，多为仙灵所隐。"遂面山建寺，取名"灵隐"。命北峰为飞来峰，又名灵鹫峰。

⑯ 杨髡（kūn）：杨琏真伽，元唐兀人，僧官。世祖至元十四年，任江南释教都总统，掌江南佛教事十余年，贪赃肆虐，强占农田。曾盗掘南宋诸帝诸后卿相陵寝达一百余座，将宋理宗尸体倒挂在树上三天，结果流出水银，又以理宗头盖骨奉给帝师为饮器，是为骷髅碗。后被治罪。髡，古代剃光男子头发的一种刑罚。此乃对僧徒的贱称。

⑰ 溺溲：小便。

⑱ 咄咄作怪事：形容出乎意外、令人惊异的事情。晋殷浩被桓温废兔，一天到晚用手在空中写出"咄咄怪事"四字。（详见《世说新语·黜兔》）

【评品】　作者曾在岣嵝山房读书生活了七个月，不仅"耳饱溪声，目饱清樾"，而且口饱甘鲜，足遍湖畔名胜，确为一段赏心悦目惬意的生活。作者对元僧杨琏真伽深恶痛绝，不仅在著述中多处口诛笔伐，而且椎落其像首，以为溺溲处。直欲使其遗臭万年。

三世藏书

余家三世积书三万余卷。大父诏余曰："诸孙中惟尔好书，尔要看者，随意携去。"余简太仆、文恭、大父丹铅所及有手泽者存焉[1]，汇以请，大父喜，命舁去，约二千余卷。天启乙丑[2]，大父去世，余适往武林[3]，父叔及诸弟、门客、匠指、臧获、巢婢辈乱取之[4]，三代遗书一日尽失。

余自垂髫聚书四十年[5]，不下三万卷。乙酉[6]，避兵入剡[7]，略携数簏随行[8]。而所存者，为方兵所据[9]，日裂以吹烟[10]，并舁至江干，籍甲内[11]，挡箭弹。四十年所积，亦一日尽失。此吾家书运，亦复谁尤[12]！

余因叹古今藏书之富，无过隋、唐。隋嘉则殿分三品[13]，有红琉璃、绀琉璃[14]、漆轴之异。殿垂锦幔，绕刻飞仙。帝幸书室，践暗机，则飞仙收幔而上，橱扉自启；帝出，闭如初[15]。隋之书计三十七万卷。唐迁内库书于东宫丽正殿，置修文、著作两院学士，得通籍出入。太府月给蜀都麻纸五千番，季给上谷墨三百三十六丸，岁给河间、景城、清河、博平四郡兔千五百皮为笔，以甲、乙、丙、丁为次[16]。唐之书计二十万八千卷。我明中秘书不可胜计，即《永乐大典》一书[17]，亦堆积数库焉。余书直九牛一毛耳，何足数哉！

| 注释 |

① 简：选择。　太仆：见本书卷一《筠芝亭》注。　文恭：张岱曾祖张元汴，见本书卷二《沈梅冈》注。　大父：见本书卷一《砎园》注。　丹铅：丹砂和铅粉，古人多用来校勘文字，故称考订工作为丹铅。　手泽：手汗。后称先人或前辈的遗墨、遗物为手泽。

② 天启乙丑：明熹宗朱由校天启五年（1625）。

③ 武林：杭州。见本书卷一《奔云石》注。

④ 匠指：技工。　臧获：奴婢的贱称。　巢婢：明邝露《赤雅》卷一载广西少数民族"命女奴曰'巢婢'"。

⑤ 垂髫：古代儿童不束发，头发下垂，因称儿童为垂髫。髫，童子下垂之发。

⑥ 乙酉：清世祖顺治二年（1645）。

⑦ 剡：剡县（今浙江嵊州）。

⑧ 簏（lù）：竹箱。

⑨ 方兵：镇守地方的部队。此指方国安，字磐石。浙江诸暨人。南明鲁王监国绍兴时任总兵，封太傅荆国公，后降清，被杀。

⑩ 日裂以吹烟：每日撕作引火。

⑪ 籍甲内：垫在铠甲内（以挡刀箭）。

⑫ 尤：怨恨、归咎。

⑬ 嘉则殿：《宋史·艺文志》："历代之书籍，莫厄于秦，莫富于隋、唐。隋嘉则殿书三十七万卷。"《隋书·经籍志》："炀帝即位，秘阁之书，限写五十副本，分为三品：上品红琉璃轴，中品绀琉璃轴，下品漆轴。"

⑭ 绀琉璃：绀，黑而含赤；琉璃者，青色。

⑮ "殿垂锦幔"八句：《文献通考·经籍考》载："其正御书（宫廷藏书），皆装剪华净，宝轴锦褾。于观文殿前为书室十四间，窗户床褥厨幔，咸极珍丽。每三间开方户，垂锦幔，上有二'飞仙'，户外地中施机发。帝幸书室，有宫人执香炉前行，践机则'飞仙'下，收幔而上，户扉及厨扉皆自启；帝出，则复闭如故。"可见嘉则殿藏书设备机械化的精巧——人走至藏书宫室门前，踏上地下机板，即"飞仙"，门户、书厨就能自动开启，人走出书室，又能自动关闭如故。

⑯"唐迁内库"七句:《新唐书·艺文志一》:"贞观中,魏徵、虞世南、颜师古继为秘书监,请购天下书,选五品以上子孙工书者为书手,缮写藏于内库,以宫人掌之。"玄宗时"迁书东宫丽正殿,置修书院于著作院。其后大明宫光顺门外,东都明福门外,皆创集贤书院,学士通籍出入。既而太府月给蜀都麻纸五千番,季给上谷墨三百三十六丸,岁给河间、景城、清河、博平四郡兔千五百皮为笔材。两都各聚书四部,以甲、乙、丙、丁为次,列经、史、子、集四库。"麻纸,以麻类植物及乱线头、破布头为原料制成的纸。番,量词。此作片、张讲。上谷,郡名,唐时治所在今河北易县。

⑰《永乐大典》:永乐元年,解缙等人奉命编纂,后因采摘不广,记载太略,成祖又命重修。姚广孝、解缙等监修,翰林学士王景等总裁,于文渊阁开关修纂,三千余人与其事。永乐五年全书完成,全书二万二千余卷,包罗经史子集、天文、地志、阴阳、医卜、僧道、戏剧、小说、技艺等。历经战火,今仅八百余卷。

【评品】 李格非《洛阳名园记》以洛阳园苑之兴废占卜天下之兴衰。而本文则以公私藏书之得失,见证家国之兴亡。国运维系书运,自古而然。文章前半历述祖宗三代和自己积书藏书的聚散,后半以隋唐和明朝内库藏书之搜集与亡佚相比照,说明书籍的聚散与家国的兴亡同一命运。家国兴亡的剧痛之情,偏以冷静语、宽慰语记述之,其哀弥深,其痛愈甚。本文可与李清照《金石录后序》相参照,所亡之物不一,而国亡之痛、家毁之悲则一。

卷
三

丝　社[1]

　　越中琴客不满五六人，经年不事操缦[2]，琴安得佳？余结丝社，月必三会之[3]。有小檄曰："中郎音癖，《清溪弄》三载乃成[4]；贺令神交，《广陵散》千年不绝[5]。器由神以合道，人易学而难精。幸生岩壑之乡，共志丝桐之雅。清泉磐石，援琴歌《水仙》之操[6]，便足怡情；涧响松风，三者皆自然之声，正须类聚。偕我同志，爰立琴盟[7]，约有常期，宁虚芳日[8]。杂丝和竹，用以鼓吹清音[9]；动操鸣弦，自令众山皆响[10]。非关匣里，不在指头，东坡老方是解人[11]；但识琴中，无劳弦上，元亮辈正堪佳侣[12]。既调商角[13]，翻信肉不如丝[14]；谐畅风神，雅羡心生于手[15]。从容秘玩，莫令解秽于花奴[16]；抑按盘桓，敢谓倦生于古乐[17]。共怜同调之友声[18]，用振丝坛之盛举。"

③ 月必三会之：每月必三次聚会。

④ 檄：古代官府用以征召或声讨的文书。也泛指信函。 "中郎"二句：蔡邕（132—192）字伯喈，陈留圉人。董卓擅政，被任命为侍御史，官左中郎将。董卓被诛，邕被王允所捕，死狱中。邕通经史，长诗文，工书画，精音律。《太平御览》卷五百七十七《乐部》十五载邕"好琴道，以嘉平元年入清溪，访鬼谷先生所居，山五曲，曲有幽居灵迹，每一曲制一弄，三年曲成。出呈马融、王允、董卓等，异之"。

⑤ "贺令"二句：《太平广记》卷三百二十四引《幽明录》载：会稽贺思令善弹琴，月下抚奏，一人"自云是嵇中散（三国魏嵇康，官中散大夫），谓贺云：'卿下手极快，但于古法未合。'因授以《广陵散》，贺因得之，于今不绝。" 《广陵散》，又名《广陵止息》，琴曲名。嵇康以善弹此曲而著称。他临刑前曾索琴弹此曲，曰："昔袁孝尼尝从吾学《广陵散》，吾每靳固之。《广陵散》于今绝矣！"（《晋书·嵇康传》）

⑥ 《水仙》：《水仙操》，琴曲名。据《乐府解题》，伯牙学琴于成连先生，三年不成。至于精神寂寞，情之专一，尚未能也。成连云："吾师方子春，今在东海中，能移人情。"乃与伯牙俱往，至蓬莱山，留宿伯牙曰："子居习之，吾将迎师。"刺船而去，旬时不返。伯牙近望无人，但闻海水洞滑崩澌之声；山林寂寞，群鸟悲号。怆然而叹曰："先生将移我情！"乃援琴而歌，曲终，成连回，刺船迎之而还，伯牙遂为天下妙手。

⑦ 爰：于是。

⑧ 宁：岂。难道。

⑨ "杂丝和竹"二句：丝竹，分指弦乐器和管乐器。清音，晋左思《招隐诗》：

"非必丝与竹，山水有清音。"

⑩"动操"二句：《宋书·宗炳传》载炳"好山水，爱远游"，"凡所游履，皆图之于室"，谓之"卧游"。并"谓人曰：'抚琴动操，欲使众山皆响。'"

⑪东坡老：苏轼，号东坡。　解人：见识高明，通晓事理人意者。苏轼《琴诗》："若言琴上有琴声，放在匣中何不鸣。若言声在指头上，何不于君指上听？"

⑫元亮：陶潜，一名渊明，字元亮，晋浔阳人。诗文赋均独步当时。《晋书·陶潜传》称其"性不解音，唯畜素琴一张，弦徽不具，曰：'但识琴中趣，何劳弦上声。'"佳侣：好伙伴。

⑬商角：宫商角徵羽为五音。此代指音律。

⑭肉不如丝：《世说新语·识鉴》载："武昌孟嘉作庾太尉州从事。"注引嘉别传云："（桓温）又问（孟嘉）：'听伎，丝不如竹，竹不如肉，何也？'答曰：'渐近自然。'"此处反用这则典故。故曰翻信（反而相信）。丝，弦乐。竹，管乐。肉，人嗓所发出的歌声。

⑮心生于手：反成语"得心应手"之意而用之，极言技艺娴熟，手法快捷。嵇康《琴赋》："于是器冷弦调，心闲手敏，触批如志，唯意所拟。"

⑯从容秘玩：嵇康《琴赋》："或徘徊顾慕，拥郁抑按，盘桓毓养，从容秘玩。"　花奴：唐玄宗时汝南王李琎的小字。琎善击羯鼓。唐南卓《羯鼓录》载："上（玄宗）性俊迈，酷不好琴。曾听琴，正弄未及毕，叱琴者出，曰：'待诏出去。'谓内官曰：'速召花奴将羯鼓来，为我解秽。'"

⑰古乐：亦称雅乐，古代帝王祭祀、朝会时所奏的音乐。《礼记·乐记》载："魏文侯问于子夏曰：'我端冕而听古乐，则唯恐卧。'"

【评品】　作者雅娴琴弦，故邀同志，共结丝社，订琴盟。所作小檄，深谙琴心乐理："不事操缦"，不成"癖"，无"神交"，则任何技艺无法臻于化境，岂止琴艺？文中的"器由神以合道，人易学而难精"，"非关匣里，不在指头"，"但识琴中，无劳弦上"，"既调商角，翻信肉不如丝；谐畅风神，雅羡心生于手"，不仅揭示了抚弦的个中三昧，而且道出琴心俱化的境界。

南镇祈梦

万历壬子[1]，余年十六，祈梦于南镇梦神之前[2]，因作疏曰[3]："爰自混沌谱中[4]，别开天地；华胥国里[5]，早见春秋。梦两楹[6]，梦赤舄[7]，至人不无[8]；梦蕉鹿[9]，梦轩冕[10]，痴人敢说[11]。惟其无想无因，未尝梦乘车入鼠穴，捣齑啖铁杵[12]；非其先知先觉，何以将得位梦棺器，得财梦秽矢[13]？正在恍惚之交[14]，俨若神明之赐[15]。某也蹩躃偃潴，轩鹜樊笼[16]，顾影自怜[17]，将谁以告？为人所玩，吾何以堪！一鸣惊人[18]，赤壁鹤耶[19]？局促辕下[20]，南柯蚁耶[21]？得时则驾，渭水熊耶[22]？半榻蘧除，漆园蝶耶[23]？神其诏我，或寝或吪[24]；我得先知，何从何去。择此一阳之始[25]，以祈六梦之正[26]。功名志急，欲搔首而问天[27]；祈祷心坚，故举头以抢地^㉘。轩辕氏圆梦鼎湖，已知一字而有一验^㉙；李卫公上书西岳，可云三问而三不灵^㉚。肃此以闻，惟神垂鉴。"

| 注释 |

① 万历壬子：万历四十年（1612）。

② 南镇：会稽山，在我国历史上被列为五镇中的南镇。张岱在《夜航船·地理部·五镇》中言："南镇会稽山，永兴公在绍兴。"因为大禹治水成功，会诸侯计功于此，使"南方诸山虽大且众，莫敢与等夷"（《吴越春秋》）。会稽山在会稽县东南十三里。禹岭、南镇庙皆在焉。此指南镇庙。一方的主山，称镇。

③ 疏：拜忏时所焚化的祈祷文。

④ 爰：句首发语词。 混沌谱："混沌"也写作"浑沌"，古人想象中天地未开辟以前宇宙模糊一团的状态。《东南纪闻》载陈抟隐于睡。冯翊羽士寇朝一得睡之大略。刘垂范闻其鼾鼾，曰：寇先生睡有乐，乃华胥调。或曰：既有曲谱，记如何？曰：混沌睡谱。混沌谱，指为记录宇宙模糊一团状态的书。

⑤ 华胥国：寓言中的理想国。《列子·黄帝》载：黄帝"昼寝而梦，游于华胥氏之国……其国无师长，自然而已；其民无嗜欲，自然而已；不知乐生，不知恶死，故无夭殇；不知亲己，不知疏物，故无爱憎；不知背逆，不知向顺，故无利害。"

⑥ 两楹：殿堂的中间。楹，堂前直柱。《礼记·檀弓上》："夫子曰：'殷人殡于两楹之间，则宾主夹之也……予畴昔之夜，梦坐奠于两楹之间……予殆

将死也。'"

⑦ 赤舄：古代帝王穿以祀天之鞋。《诗·豳风·狼跋》："赤舄几几"。《毛传》："赤舄，人君之盛屦也。"舄，鞋。《列仙传》卷上载，秦始皇东巡至海上，请见千岁翁安期生，与语三昼夜。临别赐其金璧千万，安期生将其悉数置于驿亭内，留书与赤玉舄一双为报，飘然而往蓬莱仙岛。

⑧ 至人不无：谓至人亦做上述之类的梦，反用成语"至人无梦"（品德高尚的人，不会做想入非非的梦）。

⑨ 蕉鹿：《列子·周穆王》："郑人有薪于野者，遇骇鹿，御而击之，毙之。恐人见之也，遽而藏诸隍中，覆之以蕉，不胜其喜。俄而遗其所藏之处，遂以为梦焉。"后用以比喻人世得失无常，真假杂陈。

⑩ 轩冕：卿大夫的轩（高大）车和冕（帽）服。喻官位爵禄。

⑪ 痴人敢说：见本书《自序》注。此反用其典。

⑫ "惟其"三句：《世说新语·文学》："卫玠总角时问乐令梦。乐云：'是想。'卫曰：'形神所不接而梦，岂是想邪？'乐云：'因也。未尝梦乘车入鼠穴，捣齑啖铁杵，皆无想无因故也。'""注"曰："乐所言'想'者，盖思梦（谓觉时所思念也）也；'因'者，盖正梦（谓无所感动，平安而梦也）也。"意谓因为日无此想，所以夜无此梦。下所述两个例子，证明此言。惟其，只因为。鼠穴，鼠洞。齑，捣碎的姜蒜韭菜等。啖铁杵，吃铁棒。

⑬ "非其"三句：为"若不是……怎么能……"句式。先知先觉，指认识事物在众人之前的人。《孟子·万章上》："天之生此民也，使先知觉后知，使先觉觉后觉也。"何以，为什么。《晋书·殷浩传》载："或问浩曰：'将莅官而梦棺，将得财而梦粪，何也？'浩曰：'官本臭腐，故将得官而梦尸；钱本粪土，

故将得钱而梦矢。'"矢,通"屎"。

⑭ 恍惚:精神不能集中,神志不清,无法思考。   之交:之际。

⑮ 俨若:宛若,好像。

⑯ "某也"二句:作者自喻得神明之助后,思绪冲决束缚、灵动飞扬之状。
蹩躄,盘曲蠕动貌,踞伏貌。偃潴,筑土以堵水,此指蓄水的陂塘。轩翥,飞
举。樊笼,樊篱竹笼,喻牢笼局限。

⑰ 顾影自怜:孤独失意,自我欣赏。

⑱ 一鸣惊人:《韩非子·喻老》:"虽无飞,飞必冲天;虽无鸣,鸣必惊人。"

⑲ 赤壁鹤:苏轼《后赤壁赋》写道:"适有孤鹤,横江东来,翅如车轮,玄裳
缟衣,戛然长鸣,掠予舟而西也。"后"梦一道士,羽衣蹁跹",问其:"赤壁
之游乐乎?"苏轼悟出:"畴昔之夜,飞鸣而过我者,非子(化作孤鹤的道士)
也耶?"便惊寤。

⑳ 局促辕下:千里马受拘束于车辕之下,喻人才受扼,不得施展。唐顺之
《狂歌行赠孟中丞有涯》:"焉能俯首学侏儒,局促羞为辕下驹。"

㉑ 南柯蚁:见本书《自序》注。

㉒ "得时则驾"二句:用周文王梦飞熊而在渭水之滨得太公吕尚的典故。《史
记·齐太公世家》:"西伯(即周文王)将出猎,卜之曰:'所获非龙非彲,非
虎非罴,所获霸王之辅。'于是周西伯猎,果遇太公于渭之阳,与语大悦。号
之曰太公望,载与俱归,拜为师。"

㉓ "半榻"二句:《后汉书·徐稚传》载后汉豫章太守陈蕃志操高洁,在郡不
接宾客。唯高士徐稚(字孺子)来时,特设一榻,去则悬之。明程羽文《清
闲供》中有"高悬孺子半榻,独卧元龙一楼"句。半榻,半张床。蓬除,亦

作"蘧蒢"，苇或竹编制的粗席。漆园蝶，《庄子·齐物论》载："昔者庄周梦为蝴蝶，栩栩然蝴蝶也。自喻适志与，不知周也。俄然觉，则蘧蘧然周也。不知周之梦为蝴蝶与？蝴蝶之梦为周与？"后多用以指生命变幻无常。庄周曾为漆园吏。

㉔ 寝：止息。指停止不办某事。 吡：行动。

㉕ 一阳之始：冬至后白天渐长，古代认为是阳气初动，所以称冬至为一阳生。

㉖ 六梦：古代以梦占卜吉凶。分梦为六类。《周礼·春官占梦》："掌其岁时，观天地之会，辨阴阳之气，以日月星辰占六梦之吉凶。一曰正梦，二曰噩梦，三曰思梦，四曰寤梦，五曰喜梦，六曰惧梦。"

㉗ 问天：王逸《楚辞章句·天问》序："《天问》者，屈原之所作也。何不言《问天》？天尊不可问，故曰《天问》也。"并说这是"屈原放逐，忧心愁悴"后，"嗟号昊旻，仰天叹息"，"呵而问之，以泄愤懑，舒泻愁思"。

㉘ 抢地：以头撞地。《战国策·魏四》："布衣之怒，亦免冠徒跣，以头抢地尔。"此喻祈祷之虔诚。

㉙ "轩辕氏"二句：《史记·封禅书》："黄帝采首山铜，铸鼎于荆山下。鼎既成，有龙垂胡髯下迎黄帝。黄帝上骑，群臣后宫从上龙者七十余人，龙乃上去……故后世因名其处曰鼎湖。"后世以"鼎湖"表现追念帝王去世。所谓圆梦"一字而有一验"，据皇甫谧《帝王世纪》载：初黄帝梦大风吹天下之尘垢皆去。帝寤而叹曰："风为号令，执政者也，垢去土，后在也。天下岂有姓风名后者哉？"于是依占而求之，得风后于海隅，登以为相，翼佐帝德以治民。

㉚ "李卫公"二句：唐武宗朝名相李德裕，字文饶，赵郡人。封卫国公。其文

集中有《祈祭西岳文》，祈祷年成、御房、排佛三事。三不灵，指其大功未成，即在宣宗上台后被贬死海南崖州。

【评品】　这是十六岁的作者借祈神赐梦求福、表明志向而写的一篇骈体疏告之文。文章先写梦能在混沌世界中先知先觉，人人都会日有所思，夜有所梦。古人所梦的内容有荣华富贵，也有生老病死，或幻或实，"俨若神明之赐"。后写自己作为一个即将步入人生征途的青少年祈梦的心态：顾影自怜，不甘局促，企念轩鼐，一鸣惊人。瞻念前途，成功与挫折并存，希望与恐惧兼有。作者引用神话，排比典故，对比列举，运用疑问和反问句式，将即将涉世的青少年这种忐忑不安和祈求福佑的心理表现得十分形象。结尾表明自己"功名志急"，"祈祷心坚"，"惟神垂鉴"，托梦昭示的愿望。从中可以窥见作为世家子弟，早年的作者用世、入仕之心切与中晚年的作者玩世、隐世、遁世的心态有所不同。

禊　泉 [1]

惠山泉不渡钱塘 [2]，西兴脚子挑水过江 [3]，喃喃作怪事。有缙绅先生造大父 [4]，饮茗大佳，问曰："何地水？"大父曰："惠泉水。"缙绅先生顾其价曰：

"我家逼近卫前[5]，而不知打水吃，切记之。"董日铸先生常曰[6]："浓、热、满三字尽茶理，陆羽《经》可烧也。"[7]两先生之言，足见绍兴人之村之朴[8]。

余不能饮潟卤[9]，又无力递惠山水。甲寅夏[10]，过斑竹庵[11]，取水啜之，磷磷有圭角[12]，异之。走看其色，如秋月霜空，噀天为白[13]；又如轻岚出岫[14]，缭松迷石，淡淡欲散。余仓卒见井口有字划，用帚刷之，"禊泉"字出，书法大似右军[15]，益异之。试茶，茶香发。新汲少有石腥，宿三日气方尽。辨禊泉者无他法，取水入口，第挢舌舐腭[16]，过颊即空，若无水可咽者，是为禊泉。好事者信之。汲日至，或取以酿酒，或开禊泉茶馆，或瓮而卖，及馈送有司。董方伯守越[17]，饮其水，甘之，恐不给[18]，封锁禊泉，禊泉名日益重。会稽陶溪、萧山北干、杭州虎跑[19]，皆非其伍[20]，惠山差堪伯仲[21]。在蠡城[22]，惠泉亦劳而微热，此方鲜磊，亦胜一筹矣。长年卤莽[23]，水递不至其地，易他水，余咄之，罝同伴[24]，谓发其私[25]。及余辨是某地某井水，方信服。昔人水辨淄、渑[26]，侈为异事[27]。诸水到口，实实易辨[28]，何待易牙？余友赵介臣亦不余信[29]，同事久，别余去，曰："家下水实进口不得，须还我口去。"

| 注释 |

① 禊泉：用来修禊的水，在浙江绍兴，为斑竹庵井之水，以井口刻有"禊泉"二字而得名。古代民俗于三月上旬巳日在水滨洗涤，祓除不祥，清除宿垢，称为禊。

② 惠山泉：一称陆子泉，在江苏无锡惠山山麓。相传经唐代茶圣陆羽品题而得天下第二泉之名。开凿于唐大历元年至十二年，水质甘香重滑。宋徽宗时成

为宫廷贡品。又据《绍兴府志·地理志六》载：绍兴有惠泉，"在太平山，二泉如带，大旱不涸"，即下文蠡城惠泉。此"惠泉"和下文作者大父所谓"惠泉"均指绍兴惠山泉。

③ 西兴：镇名，在浙江杭州市萧山区西北，又称西陵驿。地处钱塘江（即下文所指）渡口，隔岸与杭州相对，又为浙东运河起点，水陆交通便利，为商旅凑集之地。　脚子：挑夫，以挑担运输为生的人。

④ 喃喃作怪事：低声絮叨，觉得是怪事（指对守着钱塘江，却要挑绍兴惠泉水过江甚为不解）。　缙绅：见本书卷一《日月湖》。　造：到，去。此指造访，到访。　大父：见本书卷一《砎园》注。

⑤ 价：使者。此指仆人。　卫：明代的军事编制，数府设卫。卫置指挥使司，以指挥使为长官。此指绍兴（有临山卫）。

⑥ 董日铸：董懋策，字揆仲，会稽人。学者私谥为"日铸先生"（绍兴有日铸山）。张岱《明於越三不朽名贤图赞》称其为："文简公（玘）曾孙，精于《易》学，设帐戴山，四方从游者数百人……时人比之白鹿书院焉。"

⑦ 陆羽：（733—804），字鸿渐，号桑苎翁、东冈子。唐复州竟陵（今湖北天门）人。闭门著书，不愿为官。嗜茶并颇有研究，撰有《茶经》，被奉为"茶神"。

⑧ 村：此处兼有粗俗、土气、朴实诸义。

⑨ 潟（xì）卤：盐碱地。此指含盐分过多的水。

⑩ 甲寅：万历四十二年（1614）。

⑪ 斑竹庵：在山阴县城南二十里娄公埠下。

⑫ 磷磷有圭角：形容富含矿物质水的厚重感。

⑬ 噀（xùn）：喷。

⑭ 岚：山间的雾气。 岫：山洞。

⑮ 右军：即指东晋著名书法家王羲之（303—306），官至右军将军、会稽内史，史称王右军。

⑯ 第：但，只要。 挢（jiǎo）舌：翘舌。挢，伸举，翘起。

⑰ 方伯：一方诸侯之长。后泛指地方长官。

⑱ 不给：供不应求。

⑲ 陶溪：在浙江绍兴。 北干：北干山在萧山县北。晋许询隐此。北甘泉出自山中。 虎跑：在杭州西湖西南隅的大慈山下。相传唐元和十四年高僧寰中居此，苦于无水。一日，有二虎跑地作穴，泉水涌出，故名。泉水甘冽醇厚，有天下第三泉之称。

⑳ 非其伍：不能与其等列为伍。

㉑ 差堪伯仲：大致可并肩。伯，兄；仲，弟。伯仲连用，表示相差不多，难分高下。

㉒ 蠡城：即会稽城。相传为春秋越国国君勾践自吴国做奴放归后，大臣范蠡所筑，故称。

㉓ 长年：即长工。 卤莽：马虎，得过且过。此指偷懒。

㉔ 詈：骂。

㉕ 发其私：揭发其隐私（指偷懒换水）。

㉖ 淄、渑：山东省的两条河水名。相传二水味异，合则难辨，唯春秋时齐桓公嬖臣易牙能辨之，详见《列子·说符》。后遂以"淄渑"喻合则难辨的事物。

㉗ 侈为异事：多认为是奇事。

㉘ 实实：方言，确实。

㉙ 赵介臣：天启甲子（1624）曾与张岱等人在杭州岣嵝山房一起读书。（详见《西湖梦寻·岣嵝山房》）据张岱《快园道古》卷十四《戏谑部》载，其入清曾为教官，为人所讥。　不余信：不信我（能辨水）。

【评品】　文章先写惠泉水之佳、之难得，然后写发现禊泉之经过。其中对禊泉水的色泽、质地、口感的描绘十分形象，表明作者的确精于辨水，神于茶道，为下文伏笔。然后作者进一步通过与各地名泉相比较，突出禊泉水质之佳。最后以识破长工偷懒换水冒充之事，表明自己确能分辨各种水之产地和真伪，对昔人所津津乐道的易牙"水辨缁渑"嗤之以鼻，得意之情，溢于言表。

兰雪茶

日铸者[1]，越王铸剑地也。茶味棱棱[2]，有金石之气。欧阳永叔曰[3]："两浙之茶，日铸第一。"王龟龄曰[4]："龙山瑞草[5]，日铸雪芽。"日铸名起此。京师茶客，有茶则至，意不在雪芽也[6]。而雪芽利之，一如京茶式[7]，不敢独异。三峨叔知松萝焙法[8]，取瑞草试之，香扑冽。余曰："瑞草固佳，汉武帝食露盘[9]，无补多欲[10]；日铸茶薮[11]，'牛虽瘠，偾于豚上'也。"[12]遂募歙人入日铸[13]。扚法、揄法、挪法、撒法、扇法、炒法、焙法、藏法[14]，一如松萝。他泉瀹之[15]，香气不出，煮襥泉[16]，投以小罐，则香太浓郁。杂入茉莉[17]，再三较量，用敞口瓷瓯淡放之，候其冷；以旋滚汤冲泻之[18]，色如竹箨方解[19]，绿粉初匀；又如山窗初曙，透纸黎光。取清妃白[20]，倾向素瓷[21]，真如百茎素兰同雪涛并泻也。雪芽得其色矣，未得其气，余戏呼之"兰雪"。四五年后，"兰雪茶"一哄如市焉。越之好事者，不食松萝，止食兰雪。兰雪则食，以松萝而纂兰雪者亦食[22]，盖松萝贬声价[23]，俯就兰雪，从俗也。乃近日徽歙间松萝亦名兰雪，向以松萝名者，封面系换，则又奇矣。

注释

① 日铸：岭名，在绍兴府东南五十五里。相传春秋越国欧冶子铸剑，采金铜于山下而得名。又名日注，以产茶著名。陆游有《三游洞前岩下小潭水甚奇取以煎茶》诗"囊中日铸传天下，不是名泉不合尝"。咏之。

② 棱棱：此状味道浓烈、突出。

③ 欧阳永叔：欧阳修（1007—1072），字永叔，号醉翁，又号六一居士，庐陵（今江西吉安）人。天圣八年进士，官至参知政事。北宋著名政治改革家、史学家、金石学家、诗文改革的领袖。引文见其《归田录》卷一。

④ 王龟龄：王十朋（1112—1171），字龟龄，乐清（今属浙江省）人。南宋著名政治家，绍兴二十七年状元，孝宗朝，历知饶、夔、湖、泉诸州，累官太子詹事，以龙图阁学士致仕，卒谥文忠。著有《梅溪集》及续集。

⑤ 龙山瑞草：龙山，绍兴府山。瑞草，茶名。《陶庵梦忆·露兄》："瑞草、雪

芽，素称越绝。"

⑥ 意不在雪芽：并不在乎是否雪芽茶。

⑦ 一如京茶式：焙制、煎沏全仿京茶的样式。

⑧ 三峨叔：张岱的三叔张炳芳，号三峨，曾任内阁秘书。　松萝：茶名。产于安徽歙县的松萝山上。明许次纾《茶疏·产茶》："若歙之松萝，吴之虎丘，钱唐之龙井，香气浓郁，并可雁行，与岕颉颃。"　焙：微火烘烤。

⑨ 汉武帝食露盘：《三辅黄图》卷三载："《汉书》曰：'建章有神明台。'《庙记》曰：'神明台，武帝造，祭仙人处，上有承露盘，有铜仙人，舒掌捧铜盘玉杯，以承云表之露。以露和玉屑服之，以求仙道。'"

⑩ 无补多欲：此谓产量少，无法满足多欲的汉武帝的需求。

⑪ 茶薮：盛产茶之地。

⑫ "牛虽瘠"二句：《左传·昭公十三年》载："牛虽瘠（瘦弱），偾（僵仆、倒覆）于豚（小猪）上，其畏不死（还怕不死）？"此指以日铸取代瑞草。

⑬ 募：招募，雇。　歙人：安徽歙县人。以其地多产松萝茶，故当地人多谙焙茶之法。

⑭ 扚（dí）：引。文中所列均为茶叶采制烘焙法。

⑮ 瀹（yuè）：浸渍，以汤煮物。此指烹茶。

⑯ 禊泉：斑竹庵井之水，名禊泉。详见《陶庵梦忆》卷三《禊泉》及《阳和泉》两章。

⑰ 茉莉：花名。花白色，芬香，夏季盛开。

⑱ 旋：刚。

⑲ 竹箨（tuò）：竹皮，笋壳。

⑳ 取青妃（pèi）白：亦作"取青媲白"，以青匹配白。妃，配合、辅佐。

㉑ 倾向素瓷：倒入白色瓷器之中。

㉒ 纂：掺杂。

㉓ 声价：声名，价值。

【评品】 日铸茶，又名日注茶、日铸雪芽。产于绍兴县王化乡日铸岭，为中国名茶之一。宋代以来列为贡品。欧阳修《归田录》："草茶盛于两浙，两浙之品，日铸第一。"宋杨彦令《杨公笔录》云，会稽日铸山"茶尤奇，所收绝少，其真芽长寸余，自有麝气……"日铸茶外形条索细紧，略钩曲，形似鹰爪，银毫显露，滋味鲜醇，清香持久，汤色澄黄明亮，别有风韵。北宋诗人晏殊《烹日注茶》有诗云："稽山新茗绿如烟，静挈都篮煮惠泉。未向人间杀风景，更持醽醁醉花前。"专道该茶之醉人。

作者熟辨水味，精于茶道，诗文涉及此者近十篇。本文叙述其焙制兰雪茶的经过。首叙越茶以"龙山瑞草，日铸雪芽"名世。瑞草少而雪芽丰，于是作者雇人用松萝茶的全套焙制方法，再杂以茉莉，沏襫泉水制成兰雪茶。其中"杂入茉莉……同雪涛并泻也"一段，点明该茶命名的原因，用"如……又如……真如……"一系列博喻形容该茶的色、质、味，极其生动形象，不仅传焙茶的方法，而且状品茶之神韵，非嗜茶成癖并精于茶道者不能道。最后，写兰雪茶声名鹊起，身价百倍，松萝茶为之贬值，不仅"俯就"，而且将松萝改头换面为兰雪。

白洋潮[1]

故事[2]，三江看潮[3]，实无潮看。午后喧传曰："今年暗涨潮。"[4] 岁岁如之。

戊寅八月[5]，吊朱恒岳少师[6]，至白洋，陈章侯、祁世培同席[7]。海塘上呼看潮，余遄往[8]，章侯、世培踵至[9]。立塘上，见潮头一线，从海宁而来[10]，直奔塘上。稍近，则隐隐露白，如驱千百群小鹅，擘翼惊飞[11]。渐近喷沫，冰花蹴起[12]，如百万雪狮蔽江而下，怒雷鞭之，万首镞镞[13]，无敢后先。再近，则飓风逼之，势欲拍岸而上。看者辟易[14]，走避塘下。潮到塘，尽力一礴[15]，水击射，溅起数丈，着面皆湿。旋卷而右，龟山一挡[16]，轰怒非常，炮碎龙湫[17]，半空雪舞。看之惊眩，坐半日，颜始定。先辈言：浙江潮头自龛、赭两山漱激而起[18]。白洋在两山外，潮头更大，何耶？

| 注释 |

① 白洋：今绍兴市绍兴县安昌镇白洋村。明清时设有白洋巡检司。

② 故事：旧事，旧俗。

③ 三江：三江（钱塘江、钱清江与曹娥江）城，又称所城。在古绍兴内河排入钱塘江的入海口，为海防抗击倭寇而建的。据嘉庆《山阴县志》载，所城始建于明太祖洪武年间，由水门、陆门、城楼、敌楼等建筑组成。今绍兴斗门镇

三江村东存其遗迹。

④ 暗涨潮：水下暗流汹涌，水面却不见涌浪潮峰的涨潮。

⑤ 戊寅：崇祯十一年（1638）。

⑥ 朱恒岳少师：朱燮元，字懋和，浙江山阴人。万历二十年进士，由大理评事历官四川左布政使。历任兵部尚书等，崇祯中进少师。十一年卒于官，年七十三。"恒岳"或为其号。详见张岱《琅嬛文集·祭少师朱恒岳》。

⑦ 陈章侯：陈洪绶（1598—1652），字章侯，号老莲等，浙江诸暨人。青年时受业于刘宗周、黄道周。崇祯时国子监生，授舍人。曾奉召进宫临摹历代帝王像，观摩大量名画，技艺大进。召为内廷供奉，不就。清陷浙江，出家云门寺，号悔僧、九品莲台主等。善绘人物、山水、花鸟、虫草，卖画度日，晚归故里，卒于枫桥。 祁世培：见本书卷一《木犹龙》注。

⑧ 遄（chuán）：迅速，快。

⑨ 踵至：接踵而至，紧接着到来。

⑩ 海宁：县名。在浙江省北部，南临杭州湾。沿海有坚固的海塘工程。以海宁潮（即钱塘潮）著称于世。以每年农历八月十五日至十六日尤为壮观。

⑪ 擘（bò）翼：张开翅膀。擘，分开。

⑫ 蹴（cù）起：蹦跳。

⑬ 镞镞：同"簇簇"，攒聚之貌。

⑭ 辟易：退避。

⑮ 礴：撞击，冲击。

⑯ 龟山：又称白洋山、乌凤山，今称大和山，在绍兴白洋村西北。唐中叶时白洋山系矗立在海中的小岛，唐文宗大和年间因在白洋附近筑塘拦潮，白洋山

又改称为大和山，据《绍兴府志·地理志》："乌凤山在府城西北五十里，滨于海，有洞出乌凤。一名龟山。当潮生时，远望之，宛然如龟出没水中。"

⑰ 龙湫：雁荡山瀑布名。此处形容怒潮似龙状的瀑布。

⑱ 龛、赭两山：龛山在浙江萧山县东北五十里，其形如龛。赭山，在浙江海宁县西南五十里。龛山、赭山原来一南一北扼住钱塘江入海口，后来钱塘江改从赭山北入海，龛、赭间水道干涸。　漱激：冲刷激荡。

【评品】　清顾祖禹《读史方舆纪要》记载："白洋山，旧名乌凤山，在府西北五十里滨海，亦名龟山，缘山筑城，设白洋海口巡司戍守。浮山，在府东北三十五里浮海口，与三江所城相对，又有蒙揖山，在府东北四十里，与浮山并峙，上有烽堠。"本文描写白洋潮极富层次感：自远处，而"稍近"、"渐近"、"再近"直至"到塘"；极富动感："如驱千百群小鹅，擘翼惊飞"，"冰花蹴起，如百万雪狮蔽江而下，怒雷鞭之，万首镞镞，无敢后先"，"飓风逼之，势欲拍岸而上"，"水击射，溅起数丈"，"炮碎龙湫，半空雪舞"，描绘其色状、声势、能量，妙喻迭出，必欲穷形极状而后止；极富现场感："看者辟易，走避塘下"，"着面皆湿"，"看之惊眩，坐半日，颜始定"，读来惊魂摄魄，恍若身临其境。可将本文与南宋周密《武林旧事》卷三《观潮》一文中关于海潮声势情状的描写相参看。

阳和泉

禊泉出城中[1]，水递者日至[2]。臧获到庵借炊[3]，索薪、索菜、索米，后索酒、索肉；无酒肉，辄挥老拳。僧苦之。无计脱此苦，乃罪泉，投之刍秽[4]。不已[5]，乃决沟水败泉，泉大坏。张子知之[6]，至禊井，命长年浚之[7]。及半，见竹管积其下，皆鳖胀作气[8]；竹尽，见刍秽，又作奇臭。张子淘洗数次，俟泉至，泉实不坏，又甘冽。张子去，僧又坏之。不旋踵[9]，至再、至三，卒不能救，禊泉竟坏矣。是时，食之而知其坏者半，食之不知其坏，而仍食之者半，食之知其坏而无泉可食，不得已而仍食之者半。

壬申[10]，有称阳和岭玉带泉者[11]，张子试之，空灵不及禊，而清冽过之。特以玉带名不雅驯。张子谓：阳和岭实为余家祖墓，诞生我文恭[12]，遗风余烈[13]，与山水俱长。昔孤山泉出[14]，东坡名之"六一"[15]，今此泉名之"阳和"，至当不易[16]。盖生岭、生泉，俱在生文恭之前，不待文恭而天固已阳和之矣，夫复何疑[17]！土人有好事者，恐玉带失其姓，遂勒石署之。且曰："自张志'禊泉'而'禊泉'为张氏有，今琶山是其祖垄[18]，擅之益易。立石署之，惧其夺也。"时有传其语者，阳和泉之名益著。铭曰："有山如砺，有泉如砥[19]；太史遗烈[20]，落落磊磊。孤屿溢流，'六一'擅之。千年巴蜀[21]，实繁其齿[22]；但言眉山[23]，自属苏氏。"

① 褉泉：见本书卷三《褉泉》注。

② 水递者：运水的人。

③ 臧获：见本书卷二《三世藏书》注。

④ 刍秽：草和污秽物。

⑤ 不已：不止。

⑥ 张子：张岱自称。

⑦ 长年：见本书卷三《褉泉》注。

⑧ 鼍胀作气：指秽物污黑腐沤发酵而出沼气。

⑨ 旋踵：形容极短的时间。

⑩ 壬申：崇祯五年（1632）。

⑪ 阳和岭：在绍兴城南五里琵琶山。因张岱曾祖号阳和，葬于此而称。

⑫ 文恭：张岱曾祖张元汴，见本书卷二《沈梅冈》注。

⑬ 遗风余烈：前人留传的风教和业迹。

⑭ 孤山：因其孤峙于杭州西湖的里湖与外湖之间，故名。

⑮ 六一：六一泉，在杭州孤山西南麓。宋元祐四年，苏轼任杭州知州时，为纪念其恩师欧阳修而命名的。欧阳修号六一。

⑯ 至当不易：再恰当不过，无法也不用更改。

⑰ "不待"二句：早在文恭（号"阳和"）诞生前，上天就已经使其"阳和"（指得天时地利）了，这还用怀疑嘛！

⑱ 祖垄：祖坟。

⑲ 砺：粗磨刀石。 砥：细磨刀石。砥砺合用，作磨练讲。

⑳ 太史：朝廷任命的史官。张元汴曾任修撰，故也称太史。

㉑ 巴蜀：张岱祖籍四川绵竹，常自称"蜀人"、"古剑"。

㉒ 实繁其齿：确实生生不息。

㉓ 眉山：县名，属四川。苏轼的籍贯。

【评品】　文章前半叙述禊泉被破坏的原因和经过：连用五个"索"字，突出恶奴仗势欺人要这要那；和尚不胜其苦，无计摆脱，无处发泄，于是迁怒于泉；作者寻根探源，数次淘浚，僧坏之再三，反复多次，禊泉终坏。在反复排比"食之"之中，分析了饮已坏的禊泉水的三种人的辨水能力和心态。这段描写真实而切近生活。后半段重在叙述于祖坟发现阳和泉及易名、作铭的原因和经过。其实上文恶奴何以能仗势欺人，还不是因为主人一贯巧取豪夺，欺压百姓。所以土人担心地方士族豪右将山水胜景攫为己有，并非杞忧。结尾处作者之铭隐然以六一比阳和，标榜祖德；并以苏氏自许。

闵老子茶¹

周墨农向余道闵汶水茶不置口²。戊寅九月至留都³，抵岸，即访闵汶水于桃叶渡⁴。日晡⁵，汶水他出，迟其归，乃婆娑一老⁶。方叙话，遽起曰："杖忘某所。"[7] 又去。余曰："今日岂可空去?" 迟之又久[8]，汶水返，更定矣[9]。睨余曰[10]："客尚在耶! 客在奚为者?"[11] 余曰："慕汶老久，今日不畅饮汶老茶，决不去。" 汶水喜，自起当炉[12]。茶旋煮[13]，速如风雨。导至一室，明窗净几，荆溪壶、成宣窑磁瓯十余种[14]，皆精绝。灯下视茶色，与磁瓯无别，而香气逼人，余叫绝。余问汶水曰："此茶何产?" 汶水曰："阆苑茶也。"[15] 余再啜之[16]，曰："莫绐余[17]! 是阆苑制法，而味不似。" 汶水匿笑曰[18]："客知是何产?" 余再啜之，曰："何其似罗岕甚也?"[19] 汶水吐舌曰："奇，奇!" 余问："水何水?" 曰："惠泉。"[20] 余又曰："莫绐余! 惠泉走千里，水劳而圭角不动[21]，何也?" 汶水曰："不复敢隐。其取惠水，必淘井，静夜候新泉至，旋汲之。山石磊磊藉瓮底[22]，舟非风则勿行，故水之生磊。即寻常惠水犹逊一头地[23]，况他水耶!" 又吐舌曰："奇，奇!" 言未毕，汶水去。少顷，持一壶满斟余曰："客啜此。" 余曰："香扑烈，味甚浑厚，此春茶耶[24]? 向瀹者的是秋采。"[25] 汶水大笑曰："予年七十，精赏鉴者，无客比。" 遂定交。

注释

① 闵老子：闵汶水，南京人，一说安徽休宁人，住桃叶渡口，钻研茶道数十年，作者多有诗文吟咏之。其子闵子长、闵际行传其茶道。今安徽有闵茶为汶水所制。(详见俞樾《茶香室丛钞》卷二十一)

② 周墨农：见本书卷一《木犹龙》注。　不置口：不绝口。不置，不舍，不止。

③ 戊寅：崇祯十一年（1638）。　留都：王朝迁都后，在旧都常置官员留守，称留都。此指明朝旧都南京。

④ 桃叶渡：在南京秦淮河畔，相传因东晋王献之曾在此歌送其妾桃叶而得名，为金陵四十八景之一，原渡口处立有桃叶渡碑和亭。

⑤ 晡（bū）：申时，下午三时至五时。

⑥ 婆娑：委婉曲折。此状佝偻弯曲貌。

⑦ 遽：急，仓猝。

⑧ 迟：等候。

⑨ 更定：已进入一更（晚七时至九时）。

⑩ 睨余：斜眼看我。

⑪ 奚为者：为什么呢？

⑫ 当炉：此指生火煮水。

⑬ 旋：不久，立刻。

⑭ 荆溪壶：即宜兴壶。宜兴紫砂壶以宜兴特产之泥烧成，红紫无釉，盛暑贮茶不易变味。荆溪，水名。在江苏宜兴市南，以近荆南山而得名。　成宣窑：景德镇宣德窑的青花瓷，成化窑的五彩瓷。　磁瓯：瓷杯。

⑮ 阆苑茶：或指苏州天池山茶。《茶笺》："天池青翠芳馨，可称仙品。"即今天池茗毫。阆苑，相传神仙所居。

⑯ 啜：吃。

⑰ 绐：诓骗。

⑱ 匿笑：暗笑，窃喜。

⑲ 罗岕：浙江长兴县有名茶品种叫岕茶。此茶因产于宜兴、罗岕两山之间，又因种者姓罗故，亦名罗茶。明熊明遇有《罗岕茶记》。

⑳ 惠泉：见本书卷三《禊泉》注。

㉑ 圭角：玉的棱角，犹言锋芒。此状水中茶叶尖新挺立。

㉒ 磊磊：重叠堆积状。明田艺蘅《煮泉小品》："移水，取石子置瓶中，虽养其味，亦可澄水，令之不淆。" 藉：衬垫。

㉓ 犹逊一头地：尚差一头之地，还差一截。

㉔ 春茶：越冬后茶树第一次萌发的芽叶，一般在清明前后采制而成的茶叶称为春茶。叶肉肥厚，维生素含量较高，滋味鲜爽，香气强烈。

㉕ 向瀹（yuè）者：先前煮的。

【评品】 本文写作者以茶会友订交的经过。作者经人介绍，初次造访闵汶水，作者十分意诚，主人却礼疏怠慢。其后两人"茗战"，由茶具而茶叶而茶水，两人边品、边试、边评，相互较量，相互赏识，最终趣味相投，以茶订交。其中对闵汶水言行神态的描摹，如"睨余"、"匿笑"及两处"吐舌"称"奇，奇"，均十分传神。字里行间流露的，则是作者自己精谙茶道为对方赏识的得意之情。

龙喷池[1]

卧龙骧首于耶溪，大池百仞出其颔下[2]。六十年内，陵谷迁徙[3]，水道分裂。崇祯己卯[4]，余请太守橄[5]，捐金纠众[6]，畚锸千人[7]，毁屋三十余间，开土壤二十余亩，辟除瓦砾刍秽千有余艘[8]，伏道蜿蜒，偃潴澄靛[9]，克还旧观[10]。昔之日不通线道者，今可肆行舟楫矣。喜而铭之，铭曰："蹴醒骊龙[11]，如寐斯揭[12]；不避逆鳞[13]，扶其鲠噎[14]。潴蓄澄泓，煦湿濡沫[15]。夜静水寒，颔珠如月。风雷逼之，扬鬐鼓鬣。"[16]

⑫ 如寐斯揭：如同熟睡被搅醒。

⑬ 逆鳞：倒生的鳞。《韩非子·说难》："夫龙之为虫也，柔可狎而骑也，然其喉下有逆鳞径尺，若人有婴之者，则必杀人。人主亦有逆鳞，说者能无婴人主之逆鳞，则几矣。"

⑭ 扶其鲠噎：疏通梗阻。

⑮ 煦湿濡沫：水干涸后，鱼吐沫相濡。《庄子·大宗师》："泉涸，鱼相与处于陆，相煦以湿，相濡以沫，不若相忘于江湖。"

⑯ 鬐鬣（qí liè）：指鱼龙的脊鳍。

【评品】　本文写龙喷池，由淤塞，经募捐，动用民工，清淤除秽，重现往日景观的过程。用航道的今昔对比，说明疏浚治理的效果。因池名"龙喷"，故所作之铭多用龙的典故。

朱文懿家桂[1]

桂以香山名[2]，然覆墓木耳[3]，北邙萧然[4]，不堪久立；单醪河钱氏二桂[5]，老而秃；独朱文懿公宅后一桂，干大如斗，枝叶溟蒙[6]，樾荫亩许[7]，下可坐客三四十席。不亭、不屋、不台、不栏、不砌，弃之篱落间。花时不许人入看，而主人亦禁足勿之往[8]，听其自开自谢已耳[9]。樗栎以不材终其天年，其得力全在弃也[10]。百岁老人多出蓬户[11]，子孙第厌其癃瘴耳[12]，何足称瑞[13]！

注释

① 朱文懿：朱赓（1535—1609），字少钦，山阴（今浙江绍兴）人。隆庆二年进士，入翰林。万历中累官礼部尚书，兼东阁大学士，参预机务。沈一贯、沈鲤去位，赓独当国。时朝政日弛，赓力请更新庶政，终不能用。万历三十七年（1609），卒于官，年七十四。赠太保，谥文懿。作者祖母朱恭人，乃朱赓之女。

② 香山：在河南洛阳龙门山之东。又《绍兴府志》卷三："香山，在鹿池山（鉴湖旁）东，木犀（桂花）甚繁华。"此指后者。

③ 覆墓木：用作覆盖拱卫坟墓的树木。

④ 北邙：山名。在河南洛阳市东北。汉魏以来，王公贵族多葬于此，后多代指墓地。

⑤ 箪醪河：箪醪河，又名投醪河，在绍兴府西。相传越王勾践出师之日，有献樽酒（即箪醪）者，受之，投水上流，士卒竞饮，勇气倍增。

⑥ 溟蒙：混沌广大貌。

⑦ 樾：树荫。

⑧ 禁足不之往：驻足不去那里。

⑨ 听：任凭，听凭。

⑩ "樗栎"句：喻无用之才因其无用而享长寿。樗栎（chū lì）：臭椿和栎树，喻无用之材。《庄子·逍遥游》："吾有大树，人谓之樗。其大拥肿，而不中绳墨，其小枝卷曲，而不中规矩。立之途，匠者不顾。"

⑪ 蓬户：用蓬草编成的门户。喻指穷苦人家。

⑫ 第：但，只。　厌：嫌弃。　癃瘇：衰弱多病。瘇，足肿。

⑬ 称瑞：称人瑞。人瑞，指德高望重、受人尊敬的百岁老人。

【评品】　《越中园亭记》："秋水园，在朱文懿公居第后，凿池园中，翔鸿阁迥立其上，有'水天一色'扁，神庙御笔也。公未拜麻时，常游咏于此。旁有桂树，大数围，荫一亩余。"文章在众多桂中突出朱氏桂树之茂盛。并与"樗栎以不材终其天年"相对比，点明其茂盛的原因全在"听其自开自谢已耳"。结尾再用百岁老人多出蓬户，遭儿孙嫌弃（所以称不上人瑞），说明无论人与物，其之所以能保全，以享天年，"得力全在'弃'也"。此乃作者所信奉的老庄崇尚自然的养生之道。

逍遥楼[1]

滇茶故不易得[2]，亦未有老其材八十余年者。朱文懿公逍遥楼滇茶[3]，为陈海樵先生手植[4]，扶疏蓊蔚[5]，老而愈茂。诸文孙恐其力不胜苞[6]，岁删其萼盈斛[7]，然所遗落枝头，犹自燔山熠谷焉[8]。文懿公，张无垢后身[9]。无垢降乩与文懿[10]，谈宿世因甚悉[11]，约公某日面晤于逍遥楼。公伫立久之，有老人至，剧谈良久[12]，公殊不为意[13]。但与公言："柯亭绿竹庵梁上[14]，有残经一卷，可了之。"寻别去，公始悟老人为无垢。次日，走绿竹庵，简梁上[15]，有《维摩经》一部[16]，缮写精良，后二卷未竟，盖无垢笔也。公取而续书之，如出一手。

先君言[17]，乩仙供余家寿芝楼[18]，悬笔挂壁间，有事辄自动，扶下书之，有奇验。娠祈子[19]，病祈药，赐丹，诏取某处，立应[20]。先君祈嗣[21]，诏取丹于某簏临川笔内[22]，簏失钥闭久，先君简视之，锁自出觚管中[23]，有金丹一粒，先宜人吞之[24]，即娠余。朱文懿公有姬媵[25]，陈夫人狮子吼[26]，公苦之。祷于仙，求化妒丹。乩书曰："难，难！丹在公枕内。"取以进夫人，夫人服之，语人曰："老头子有仙丹，不饷诸婢，而余是饷，尚昵余。"[27]与公相好如初。

| 注释 |

① 逍遥楼：在绍兴府中宝林山下，是明代朱赓（谥文懿）的读书处。

② 滇茶：见本书卷一《金乳生草花》。

③ 朱文懿公：见本书卷三《朱文懿家桂》注。

④ 陈海樵：陈鹤，字鸣轩，山阴人，号海樵生。嘉靖举人，官百户。画水墨花草，最为卓绝。有《海樵先生集》、《越海亭诗集》。

⑤ 扶疏荟蔚：草木繁茂纷披的样子。

⑥ 文孙：原指周文王之孙，后泛指人之孙。　其力不胜葩：担心老枝承受不住众多的花葩。

⑦ 盈斛：满斛。斛，量器名。古以十斗为一斛，后又以五斗为斛。此用以状所删除的花萼之多。

⑧ 燔：烧，烤。　熠：光耀。

⑨ 张无垢：张九成，字子韶，钱塘人。宋高宗绍兴年间廷试第一，官礼部侍郎。曾因忤秦桧谪居十四年，潜心著述，解释经义。自号横浦居士、无垢居士。桧死，起知温州。卒赠太师，谥文忠。有《横浦集》。　后身：转世。

⑩ 降乩（jī）：画沙作字，回答占卜，预言人事祸福。乩，旧时术士，用两人扶丁字架，下放沙盘装作鬼神附身，画沙作字，预言人事祸福。

⑪ 宿世因：前世的因缘。

⑫ 剧谈：畅谈。

⑬ 不为意：不在意。

⑭ 柯亭：见本书卷二《表胜庵》注。

⑮ 简：检视。

⑯《维摩经》：即《维摩诘经》，鸠摩罗什译。称维摩诘（意译净名、无垢称）为佛在世时，毗舍离城深通大乘、修菩萨道的富有居士，通过描述他与文殊师利等菩萨、罗汉共论佛法，贬斥小乘，高扬大乘深入世间而超越世间的思想。

⑰ 先君：张岱之父张耀芳。见本书卷一《木犹龙》。

⑱ 乩仙：指扶乩的仙人像。　供：供奉。

⑲ 娠：怀孕。　祈：求。

⑳ 立应：马上应验。

㉑ 嗣：后代，子孙。

㉒ 簏：竹箱。　临川：今江西抚州市。此指笔之产地。

㉓ 镄，同“簧”，指锁簧。　觚（gū）：多棱型的器物。

㉔ 宜人：封建时代妇人因丈夫或子孙而得的一种封号。明清五品官之妻、母

封宜人。张岱之父曾为鲁王府长史，五品，故张岱之母称宜人。

㉕ 姬媵（yìng）：姬妾。

㉖ 狮子吼：佛家以喻威严，后用以喻悍妻的怒骂声。典出苏轼戏陈慥的诗。陈慥，字季常，妻柳氏，悍妒。苏轼《寄吴德仁兼简陈季常》诗云："忽闻河东（在山西，柳氏郡望）师子吼，拄杖落手心茫然。"

㉗ 昵：亲昵。

【评品】　本文内容较为复杂。前半先叙述逍遥楼滇茶花之盛，再叙述朱文懿公与无垢两人于逍遥楼前世后身的因缘、授取及续写《维摩经》的经过；后半叙述作者父亲寿芝楼扶乩祈药、祈子及朱文懿公祈化妒丹——应验云云，皆有类小说家言，荒诞而偏能似实。不仅可见作者思想的驳杂，亦显作者手笔之细腻，描摹细节之逼真。文章以朱文懿公之滇茶起，以公之妒姜结；以乩仙为线索，联系起朱、张二家（文懿公为张岱祖母之父）之"灵异"，结构散而不乱。

天镜园[1]

天镜园浴凫堂，高槐深竹，樾暗千层[2]，坐对兰荡，一泓漾之[3]，水木明瑟，鱼鸟藻荇[4]，类若乘空[5]。余读书其中，扑面临头，受用一绿[6]，幽窗开卷，字俱碧鲜。每岁春老⁷，破塘笋必道此⁸。轻舠飞出⁹，牙人择顶大笋一株掷水面¹⁰，呼园中人曰："捞笋!"鼓栧飞去¹¹。园丁划小舟拾之，形如象牙，白如雪，嫩如花藕，甜如蔗霜¹²。煮食之，无可名言，但有惭愧。

注释

① 天镜园：在绍兴城南门外里许，兰荡附近。

② 樾：树荫。

③ 泓：此指深而广的水面。

④ 藻荇：多年生草本植物，叶圆浮在水面，根生在水底，花黄色，根茎可吃，全草可供药用或作饲料、肥料。

⑤ 乘空：凌驾于空中。状水之清澈透明。

⑥ 受用：享用。 一绿：一片葱绿。

⑦ 春老：春晚。指季春三月。

⑧ 破塘笋：破塘，绍兴村名，所出破塘笋为浙江名土产。 道此：经过此处。

⑨ 舠：小舟。

⑩ 牙人：旧时集市贸易中以中介牵线买卖为业的人。

⑪ 栧（yì）：船桨。一说船舵。

⑫ 蔗霜：白糖。亦称糖霜。

【评品】 祁彪佳《越中园亭记》："天镜园：出南门里许为兰荡，水天一碧。游人乘小艇过之，得天镜园。园之胜以水，而不尽于水也。远山入座，奇石当门。为堂为亭，为台为沼，每转一镜界，辄自有丘壑斗胜簇奇，游人往往迷所入。其后为五泄君（张岱五叔，号五泄），新构南楼尤为畅绝。越中诸园，推此为冠。"

本文前半描写园景之美："水木明瑟，鱼鸟藻荇，类若乘空。"读书其中"扑面临头，受用一绿"以致"幽窗开卷，字俱碧鲜"；后半描述破塘笋之美："形如象牙，白如雪，嫩如花藕，甜如蔗霜。"着墨无多，其景其味，读者皆同亲见口尝。作者真乃绘景状物之圣手。

包涵所[1]

西湖之船之楼，实包副使涵所创为之。大小三号：头号置歌筵，储歌童；次载书画；再次偫美人[2]。涵老以声伎非侍妾比，仿石季伦、宋子京家法[3]，都令见客。常靓妆走马，媻姗勃窣[4]，穿柳过之，以为笑乐。明槛绮疏，曼讴其下[5]，撤簾弹筝[6]，声如莺试。客至，则歌童演剧，队舞鼓吹，无不绝伦。

乘兴一出，住必浃旬[7]，观者相逐，问其所止。南园在雷峰塔下[8]，北园在飞来峰下[9]。两地皆石薮[10]，积牒磊砢[11]，无非奇峭。但亦借作溪涧桥梁，不于山上叠山，大有文理。大厅以拱斗抬梁[12]，偷其中间四柱[13]，队舞狮子甚畅。北园作八卦房，园亭如规，分作八格，形如扇面。当其狭处，横亘一床，帐前后开合，下里帐则床向外，下外帐则床向内。涵老据其中，扇上开明窗[14]，焚香倚枕，则八床面面皆出。穷奢极欲，老于西湖者二十年。金谷、郿坞[15]，着一毫寒俭不得[16]，索性繁华到底，亦杭州人所谓"左右是左右"也[17]。西湖大家何所不有，西子有时亦贮金屋[18]。咄咄书空[19]，则穷措大耳[20]。

① 包涵所：包应登，字涵所，杭州人，万历十四年（1586）进士，官福建提学副使。张岱《老饕集序》载："余大父与武林涵所包先生、贞父黄先生为饮食社，讲求正味，著《饕史》四卷。"乃张岱祖父张汝霖之友。其庄园为包衙庄，见《西湖梦寻》卷四《包衙庄》。

② 偫（zhì）：储备。

③ 石季伦：石崇（249—300），字季伦，晋南皮人。历任散骑常侍、荆州刺史等职。于洛阳西北的金谷涧筑金谷园。清泉茂林，娱目欢心之物毕备，歌舞吹唱之乐无厌。与贵戚王恺、羊琇等斗富尚奢，挥霍无度。后为孙秀所谮，被杀。　宋子京：宋祁（998—1061），字子京，安州安陆（今属湖北）人。北宋天圣进士，累擢知制诰、翰林学士承旨，历知数州。与修《新唐书》。家多内宠，因奢侈过度，为台谏交劾。

④ 蹙姗：即蹒跚，缓行貌。　勃窣（sū）：跛行貌。司马相如《子虚赋》："蹙姗勃窣上金堤。"

⑤ 曼讴：轻歌柔唱。

⑥ 擪（yè）籥（yuè）：以指按捺笛孔。籥，古代乐器，形状像笛。

⑦ 浃旬：十天。浃，周匝。

⑧ 雷峰塔：在南屏山净慈寺前。

⑨ 飞来峰：见本书卷二《岣嵝山房》注。

⑩ 薮（sǒu）：人或物聚集的地方。

⑪ 积牒：垒积叠布。　磊砢：委积众多貌。

⑫ 拱斗：拱与斗，均为我国木结构建筑中的支承构件，在立柱和横梁交接处。从柱顶探出的弓形肘木叫拱，拱与拱之间的方形垫木叫斗。斗拱承重结构，可使屋檐较大程度外伸，形式优美，为我国传统建筑造型的一个主要特征。　抬梁：托承梁柱。

⑬ 偷：省减。

⑭ 扃：门户。

⑮ 郿坞：东汉末董卓为实现其擅权篡政的野心而筑，在陕西眉县北，高厚七丈，高与长安城相等，号万岁坞，积谷为三十年储。

⑯ 着一毫寒俭不得：丝毫不显寒碜。

⑰ 左右是左右：干脆、索性这样。

⑱ 西子：西施。指代美人。此则代指西湖。　贮金屋：汉武帝为太子时，长公主欲以女配帝，问曰："阿娇好否？"（帝）笑对曰："好，若得阿娇作妇，当作金屋贮之。"（《汉武故事》）

⑲ 咄咄书空：晋殷浩被桓温废免，整天用手在空中写"咄咄怪事"四字。后用以形容出乎意外、令人惊异的事情。

⑳ 穷措大：旧时对贫穷读书人的讥称。

斗鸡社

天启壬戌间好斗鸡[1]，设斗鸡社于龙山下[2]，仿王勃《斗鸡檄》[3]，檄同社。仲叔、秦一生日携古董、书画、文锦、川扇等物与余博[4]，余鸡屡胜之。仲叔忿懑，金其距[5]，介其羽[6]，凡足以助其膈膊蹯味者[7]，无遗策[8]，又不胜。人有言徐州武阳侯樊哙子孙[9]，斗鸡雄天下，长颈乌喙，能于高桌上啄粟。仲叔心动，密遣使访之，又不得，益忿懑。一日，余阅稗史[10]，有言唐玄宗以酉年酉月生[11]，好斗鸡而亡其国[12]。余亦酉年酉月生[13]，遂止。

注释

① 天启壬戌：1622 年，天启：明熹宗朱由校的年号。

② 龙山：见本书卷一《砎园》注。

③ 王勃：（650—约 676），字子安，绛州龙门（今山西河津）人。"初唐四杰"

之一。高宗麟德初应举及第，授朝散郎。沛王李贤闻其名，召为沛府修撰。当时诸王好斗鸡，勃戏为文檄英王鸡。高宗览之，怒，斥出府。久之，补虢州参军，后因事除名，渡南海溺水而死。

④ 仲叔：见本书卷二《焦山》注。　秦一生：见本书卷一《天砚》注。

⑤ 距：鸡爪。后专指雄鸡足后突出如趾的尖骨。《后汉书·五行志》中之上注曰："距，鸡附足骨，斗时所用刺之。"　金：以金属裹之。

⑥ 介其羽：为其翅披甲。

⑦ 膈膊（bì bó）：象声词，鸡声。韩愈《斗鸡联句》："膈膊战声喧，膦翻落羽雌。"　鷨味（zhòu）：鸟嘴。此指鸡嘴。　鷨，《集韵·薛韵》释为"鸡声"。

⑧ 无遗策：千方百计。

⑨ 樊哙：（？—前189），汉沛人，以屠狗为业，后随刘邦起事。鸿门宴上，哙临危不惧，面责项羽，使刘邦得以逃脱。后以军功封舞（本文作武）阳侯。

⑩ 稗史：相对于官方修撰的官史而言的、民间或私人修撰的史书，亦称野史。

⑪ 唐玄宗：（685—762），685年为乙酉年，玄宗生于该年八月，即酉月。

⑫ 好斗鸡而亡："玄宗在藩邸时，乐民间清明节斗鸡戏。及即位，治鸡坊于两宫间。索长安雄鸡，金毫、铁距、高冠、昂尾千数，养于鸡坊。选六军小儿五百人，使训扰教饲。上之好之，民风尤甚。诸王世家、外戚家、贵主家、侯家倾帑破产市鸡以偿鸡值，都中男女，以弄鸡为事。"里中小儿贾昌因善驯鸡而得宠，天下号为"神鸡童"。时人为之语曰："生儿不用识文字，斗鸡走马胜读书。贾家小儿年十三，富贵荣华代不如。"玄宗始终不悟，直至酿成安史之乱。（详见陈鸿《东城老父传》）

⑬ "余亦"句：张岱生于万历二十五年，即丁酉年八月。

【评品】 斗鸡走狗，本是民间劳作闲暇的娱乐戏嬉，后因宫廷和纨绔子弟沉溺其中，成为玩物丧志的博戏。作者为世家子弟，也未能免俗。不仅结社斗鸡博胜，且作有《斗鸡檄》（详见《琅嬛文集》）。文中对其叔一输再输，虽千方百计博胜，却无济于事，于是愤懑不甘的心情刻画得较为形象。他本人停止斗鸡虽系迷信，但耽于声色玩乐，于国于己无益有害，则毋庸置疑。

栖 霞[1]

戊寅冬[2]，余携竹兜一、苍头一[3]，游栖霞，三宿之。山上下左右鳞次而栉比之，岩石颇佳，尽刻佛像，与杭州飞来峰同受黥劓[4]，是大可恨事。山顶怪石巉岏[5]，灌木苍郁，有颠僧住之[6]。与余谈，荒诞有奇理，惜不得穷诘之[7]。日晡[8]，上摄山顶观霞[9]，非复霞理，余坐石上痴对。复走庵后，看长江帆影，老鹳河、黄天荡[10]，条条出麓下，悄然有山河辽廓之感。

一客盘礴余前[11]，熟视余，余晋与揖[12]，问之，为萧伯玉先生[13]，因坐与剧谈[14]，庵僧设茶供。伯玉问及补陀[15]，余适以是年朝海归[16]，谈之甚悉。《补陀志》方成，在箧底，出示伯玉，伯玉大喜，为余作叙。取火下山，拉与同寓宿，夜长，无不谈之，伯玉强余再留一宿。

| 注释 |

① 栖霞：山名。在江苏南京市东北。山分中峰、东峰、西峰三支。山中名胜古迹甚多，尤以栖霞寺著名。

② 戊寅：崇祯十一年（1638）。

③ 竹兜：有座无厢的简易竹轿，多作登山用。　苍头：汉代奴仆多裹苍头巾，故以指代奴仆。

④ 飞来峰：见本书卷二《岣嵝山房》注。　黥：古代在犯人脸上刺刻涂墨的刑罚。　劓（yì）：古代割鼻的酷刑。

⑤ 巉屼：山峰高峭。

⑥ 颠僧：行为乖戾癫狂的僧徒。

⑦ 穷诘：追问深究。

⑧ 晡（bū）：下午三时至五时。

⑨ 摄山：即栖霞山。南朝梁太平元年陈霸先大败北齐于此。

⑩ 老鹳河：在南京市东北黄天荡南，也称老鹳嘴，后又称新河，已淤塞。宋建炎四年宋将韩世忠围入侵的金帅兀术于黄天荡达四十天之久，兀术夜凿老鹳河故道通秦淮，得以逃脱。

⑪ 盘礴：徘徊不去。

⑫ 晋：进。　揖：行拱手礼。

⑬ 萧伯玉：萧士玮（1585—1651），字伯玉，泰和（今属江西）人。万历四十四年进士，官行人司行人，后迁评事、礼部主事、吏部主事、南京吏部考功司郎中。明亡归里，专心著述，与石涛、钱谦益等有交往。著有《春浮园集》、《起信论解》，另有多种日录传世。钱谦益论其为人："无俗情、无俗务、无俗

文、无俗诗。"

⑭ 剧谈：畅谈。

⑮ 补陀：即普陀山，在浙江东北部宁波市普陀县，是舟山群岛中的一个小岛。我国佛教四大名山之一，供奉观音菩萨的道场。张岱著有《海志》详述其游览该山所见所闻，即下文所云《补陀志》（见《琅嬛文集》）。

⑯ 朝海：此指渡海朝拜普陀山。

【评品】 本文前半写游览南京栖霞山的所见所感：恨岩崖乱刻佛像；惜不能与颠僧深诘奇理；感山河之辽廓。后半写所遇：邂逅萧伯玉，彻夜长谈；以文会友，投缘契合。"拉"字、"强"字，生动形象地表达了两人相见恨晚、相处恨短之意。

湖心亭看雪

崇祯五年十二月[1]，余住西湖。大雪三日，湖中人鸟声俱绝。

是日更定矣[2]，余拏一小舟，拥毳衣炉火[3]，独往湖心亭看雪。雾凇沆砀[4]，天与云、与山、与水，上下一白。湖上影子，惟长堤一痕[5]，湖心亭一点，与余舟一芥[6]，舟中人两三粒而已。

到亭上，有两人铺毡对坐，一童子烧酒，炉正沸。见余大喜，曰："湖中焉得更有此人！"拉余同饮。余强饮三大白而别[7]。问其姓氏，是金陵人[8]，客此。及下船，舟子喃喃曰："莫说相公痴，更有痴似相公者。"

| 注释 |

① 崇祯五年：1632 年。

② 更定：见本书卷三《闵老子茶》注。

③ 毳（cuì）：皮衣。毳，鸟兽的细毛。

④ 雾凇：冬季或初春，雾或细雨附着于地表或物体表面的冻结物，似雾似雪，色白，质松脆。　沆砀（hàng dàng）：白气弥漫貌。

⑤ 一痕：一道，一条。

⑥ 芥：小草。引申为细微的事物。

⑦ 大白：大酒杯。

⑧ 金陵：今江苏南京市。

【评品】　湖心亭，在西湖中，初名振鹭亭，又称清禧阁。始建于明嘉靖三十一年（1552），万历后方称湖心亭。作者于严冬傍晚，冒寒踏雪，领赏湖中雪景的雅兴逸情，以"湖中人鸟声俱绝"为反衬，以亭中两人赏雪品酒为陪衬，可用"痴绝"概括。作者迭用几个"一"字，别具匠心地选用了几个表示微小的量词"痕"、"点"、"芥"、"粒"，不仅准确新奇，而且反衬出冰雪世界之浩渺与人烟之稀绝。短文写尽湖山雪景的洁净、迷蒙，传尽西子银装素裹的风姿神韵。晚明嘉兴人汪珂玉有"西湖之胜，晴湖不如雨湖，雨湖不如月湖，月湖不如雪湖"之说。验诸本文可谓不谬。

陈章侯[1]

崇祯己卯八月十三[2]，侍南华老人饮湖舫[3]，先月早归[4]。章侯怅怅向余曰："如此好月，拥被卧耶？"余敕苍头携家酿斗许[5]，呼一小划船再到断桥[6]，章侯独饮，不觉沾醉。过玉莲亭[7]，丁叔潜呼舟北岸，出塘栖蜜橘相饷[8]，畅啖之。章侯方卧船上嚎嚣。岸上有女郎，命童子致意云："相公船肯载我女郎至一桥否？"余许之。女郎欣然下，轻纨淡弱，婉嬺可人[9]。章侯被酒挑之曰[10]："女郎侠如张一妹，能同虬髯客饮否？"[11]女郎欣然就饮。移舟至一桥，漏二下矣[12]，竟倾家酿而去。问其住处，笑而不答。章侯欲蹑之，见其过岳王坟[13]，不能追也。

| 注释 |

① 陈章侯：见本书卷三《白洋潮》注。其善画人物，曾作版画《水浒叶子》刻画四十位水浒英雄人物的形象，造型夸张，富有装饰趣味，对后世颇有影响。兼工山水、花鸟。能诗词，擅书法。著有《宝纶堂集》。

② 崇祯己卯：1639 年。

③ 南华老人：张岱季祖张汝懋，字众之，万历癸丑年进士，历任休宁县令、御史、大理寺丞。号芝人、亭芝公。又因其为"南华山房"主人，故又号"南华老人"。（参见《陶庵梦忆·及时雨》及《乾隆绍兴府志·人物志九》）湖舫：湖中画舫。

④ 先月早归：未等月出先回。

⑤ 敕：告谕。　苍头：见本书卷三《栖霞》注。

⑥ 断桥：又名段桥、宝祐桥。一说桥处于杭州西湖里外湖的分水点上。

⑦ 玉莲亭：白居易任杭州太守多年，浚湖筑堤，"湖葑尽拓，树木成荫。乐天每于此地，载妓看山，寻花问柳。居民设像祀之。亭临湖岸，多种青莲，以象公之洁白。"（《西湖梦寻·玉莲亭》）

⑧ 塘栖：杭州古镇。在今余杭县，处大运河口岸，历来为杭州水上门户。《陶庵梦忆》卷四《方物》中也曾提及塘栖蜜橘。

⑨ 婉嫕（yì）：柔顺貌。

⑩ 被酒：此指酣酒，醉酒。

⑪ "女郎"二句：此用唐杜光庭传奇小说《虬髯客传》的典故：杨素的红拂妓张一妹，私投李靖，并认侠客虬髯客为兄。

⑫ 漏二下矣：计时滴漏二下，即二更。晚上九时至十一时。

⑬ 岳王坟：在杭州西湖畔栖霞岭下。南宋隆兴元年，孝宗即位，为岳飞昭雪，改葬遗骸于此。嘉定十四年改北山智果院为祠庙，即今之岳王庙。

【评品】　本文叙写作者与陈洪绶月夜泛舟西湖，饮酒啖桔，邂逅女郎的艳遇。女郎"轻纨淡弱，婉嬺可人"的仪态；忽然而来，要求搭载，毫不介意对方的酒酣挑逗，欣然就饮，"竟倾家酿"的爽朗豁达；笑而不答、飘然而去的狡黠神秘，着墨无多，却刻画得十分生动。而陈洪绶作为著名画家，其豪放不羁的性格也描绘得十分传神。

卷四

不系园[1]

　　甲戌十月[2]，携楚生住不系园看红叶[3]。至定香桥，客不期而至者八人：南京曾波臣[4]、东阳赵纯卿[5]、金坛彭天锡[6]、诸暨陈章侯[7]、杭州杨与民[8]、陆九、罗三，女伶陈素芝[9]。余留饮。章侯携缣素为纯卿画古佛[10]，波臣为纯卿写照，杨与民弹三弦子[11]，罗三唱曲，陆九吹箫。与民复出寸许紫檀界尺[12]，据小梧[13]，用北调说《金瓶梅》一剧[14]，使人绝倒。是夜，彭天锡与罗三、与民串本腔戏[15]，妙绝；与楚生、素芝串调腔戏[16]，又复妙绝。章侯唱村落小歌，余取琴和之，牙牙如语。纯卿笑曰："恨弟无一长，以侑兄辈酒。"[17]余曰："唐裴将军旻居丧[18]，请吴道子画天宫壁度亡母[19]。道子曰：'将军为我舞剑一回，庶因猛厉以通幽冥。'[20]旻脱缞衣[21]，缠结，上马驰骤，挥剑入云，高十数丈，若电光下射，执鞘承之[22]，剑透室而入[23]，观者惊栗。道子奋袂如风[24]，画壁立就。章侯为纯卿画佛，而纯卿舞剑，正今日事也。"纯卿跳身起，取其竹节鞭，重三十斤，作胡旋舞数缠[25]，大噱而罢[26]。

| 注释 |

　　① 不系园：在杭州定香桥附近。定香桥，据光绪间刊《杭州府志》卷七引

《乾隆志》："在今花港观鱼景亭前，元名袁公桥，宋袁韶建。《西湖志》袁公、定香两载，非。"

② 甲戌：崇祯七年（1634）。

③ 楚生：朱楚生，戏曲女演员。"色不甚美，虽绝世佳人，无其风韵。楚楚谡谡，其孤意在眉，其深情在睫，其解意在烟视媚行。性命于戏，下全力为之。"尤妙于科白，后以情死。（详见本书卷五《朱楚生》）

④ 曾波臣：曾鲸（1568—1650），字波臣，福建莆田人，流寓江浙一带，明末著名肖像画家。擅长丹青，汲取某些西洋画法，写照传神，如镜取影，妍媸惟肖，后人传为波臣派。

⑤ 东阳：浙江省中部的县名。　赵纯卿：未详。曾鲸为其所作肖像画今存。

⑥ 金坛：江苏省县名。　彭天锡：与著名说书艺人柳敬亭同时，多扮丑净，串戏妙天下。（详见本书卷六《彭天锡串戏》）。

⑦ 诸暨：浙江省市名。　陈章侯：见本书卷三《白洋潮》注。

⑧ 杨与民：杭州人，善弹三弦说书。或为客串演员。

⑨ 陈素芝：女伶。

⑩ 缣素：供作书画用的白绢。

⑪ 三弦：弹拨乐器。其形制，音箱木制，椭圆形，两面蒙以蟒皮，长柄，无品，张三根弦，按四、五度关系定弦。

⑫ 界尺：原指画直线和压纸用的尺子。此指说书、演唱时拍案镇场的尺子。

⑬ 梧：支架。

⑭ 《金瓶梅》：是我国第一部文人独创的以家庭生活为题材的长篇世情小说，署名兰陵笑笑生作。万历年间刊行。全书以西门庆、潘金莲故事为线索，暴露

明代社会的黑暗和官商恶霸的荒淫残暴。书名取自西门庆的妾婢潘金莲、李瓶儿和春梅三人的名字。

⑮ 串本腔戏：搬演故事戏目。因角色须连贯成队，故称串。扮演本行外的角色，称客串。本腔，相对于从别的剧种移植来的剧本，而用本剧种的腔调演唱而言，指该戏曲剧本原本所用的腔调。此指昆腔。

⑯ 调腔戏：戏曲剧种，又称"掉腔"、"绍兴高调"。唱腔为联曲体，采取帮腔和滚调。

⑰ 侑：助，佐助。

⑱ 唐裴将军旻：裴旻，唐玄宗时人。善舞剑，与李白的歌诗、张旭的草书并称三绝。尝与幽州都督孙佺北伐，为奚族部队所围。旻舞刀立马上，矢四集，皆迎刃而断。奚人大惊而去。后以龙华军使守北平。本文所引故事，出自唐李亢的《独异志》。

⑲ 吴道子：又名道玄，唐玄宗朝著名画家。阳翟（今河南禹州市）人。善画佛道人物，远师南朝梁张僧繇，近学张孝师。玄宗闻其名，任以内教博士，在宫廷作画。曾在长安、洛阳寺观作佛道宗教壁画三百余间，笔迹磊落，势状雄峻，生动有立体感。衣褶飘举，有"吴带当风"之誉。 度：超度。佛道以使死者灵魂得以脱离地狱诸苦难为超度。

⑳ 庶因：或许能借。

㉑ 缞（cuī）衣：古代用粗麻制成的孝服。缞，披于胸前的麻布条。服三年之丧者用之。

㉒ 鞘：刀剑鞘，刀剑套。

㉓ 透室而入：剑刺透了皮制的刀剑套。室，此指鞘。

㉔ 奋袂如风：衣袖舞动疾如风。形容挥笔作画之迅捷。袂，衣袖。

㉕ 胡旋舞：唐代朝野流行的西北少数民族的舞蹈。出自康国（唐代属安西大都护府管辖）。以各种各样的旋转动作为主，故名。多名唐代诗人曾赋诗吟咏之。本文所述这种手持多节鞭的胡舞，融入武术。至今，在我国新疆和中亚一带的民间舞中，还有类似的形式。　数缠：数圈。缠，绕。

㉖ 噱（jué）：大笑。

【评品】　本文一名《定香桥小记》（见《西湖梦寻·于坟》所附诗文），叙写作者游园与诸书画、演艺界朋友不期而遇，喜出望外，于是丝竹唱曲竞技，丹青舞鞭相酬，投合畅怀，尽兴惬意的情状。结尾处以《独异志》所写故事相比，更觉雅兴不浅，情趣盎然。

秦淮河房[1]

秦淮河河房，便寓、便交际、便淫冶[2]，房值甚贵，而寓之者无虚日[3]。画船箫鼓，去去来来，周折其间。河房之外，家有露台[4]，朱栏绮疏[5]，竹帘纱幔。夏月浴罢，露台杂坐。两岸水楼中，茉莉风起，动儿女香甚[6]。女客团扇轻纨[7]，缓鬓倾髻，软媚着人。年年端午，京城士女填溢，竞看灯船。好事者集小篷船百什艇，篷上挂羊角灯如联珠[8]，船首尾相衔，有连至十余艇者。船如烛龙火蜃⁹，屈曲连蜷，蟠委旋折，水火激射。舟中鐉钹星铙¹⁰，宴歌弦管，腾腾如沸。士女凭栏轰笑，声光凌乱，耳目不能自主。午夜，曲倦灯残，星星自散。钟伯敬有《秦淮河灯船赋》¹¹，备极形致。

时从西域传入，用于歌舞、戏曲、民乐的伴奏。　铙（náo）：又称钲。我国最早使用的青铜圆形打击乐器，大于钹，用于军中号令。

⑪ 钟伯敬：钟惺（1574—1624），字伯敬，湖北竟陵人。万历三十八年进士，官至福建提学佥事。能诗善画，其诗文幽深古峭，反对拟古，倡抒性灵，是竟陵派的代表诗人。

【评品】　明末的秦淮河两岸士林荟萃，伎伶云集，歌吹沸天，灯火映河。文章对此先作概括描述，后特写端午灯会的盛况：既有灯船首尾相接，倒映水中，"水火激射"，宛如"烛龙火蜃"的璀璨夜景，又有丝竹钹铙，宴歌轰笑，"声光凌乱"的喧闹场面。非独钟伯敬之《秦淮河灯船赋》，本文所状，亦已"备极形致"。

兖州阅武[1]

辛未三月[2]，余至兖州，见直指阅武[3]。马骑三千，步兵七千，军容甚壮。马蹄卒步，滔滔旷旷[4]，眼与俱驶，猛掣始回[5]。其阵法奇在变换，旛动而鼓[6]，左抽右旋，疾若风雨。阵既成列，则进图直指前，立一牌曰："某阵变某阵"。连变十余阵，奇不在整齐而在便捷。扮敌人百余骑，数里外烟尘坌起[7]。逻卒五骑[8]，小如黑子，顷刻驰至，入辕门报警[9]。建大将旗鼓，出奇设伏。敌骑突至，一鼓成擒，俘献中军。

内以姣童扮女三四十骑[10]，荷斾被毳[11]，绣祛髽结[12]，马上走解[13]，颠倒横竖，借骑翻腾，柔如无骨。乐奏马上，三弦、胡拨、琥珀词、四上儿、密失叉儿机[14]、僰侏兜离[15]，罔不毕集，在直指筵前供唱，北调淫俚，曲尽其妙。是年，参将罗某，北人，所扮者皆其歌童外宅[16]，故极姣丽，恐易人为之，未必能尔也。

| 注释 |

① 兖州：今属山东。

② 辛未：崇祯四年（1631）。

③ 直指：官名。朝廷派往地方处理问题的官员，也称直指使者。

④ 滔滔旷旷：盛多广大。

⑤ 掣：拉，拽住。

⑥ 旝（kuài）：旌旗的一种，通常作为将领指挥的旗子，用以号令。

⑦ 坌（bèn）：聚集。

⑧ 逊卒：担任清道警卫的士卒。

⑨ 辕门：军营大门。行军打仗时常竖战车之辕作军营之门，故以代指。

⑩ 姣童：面目清秀的儿童，据下文可知这是一些身怀绝技的杂技小演员。

⑪ 荷斾（zhān）：扛着赤色曲柄的旗。 被毳（cuì）：披着粗糙的毛织物。

⑫ 祛：袖口。 髽结：同椎结。绾发髻形如椎。

⑬ 走解：马上杂技。一人执旗导引于前，二人驰马继出，呈艺炫技马上，或

上或下，或左或右，腾跃矫捷，人马相得，俗名走解。

⑭ 三弦：见本书卷四《不系园》注。　胡拨：纳西族的弹拨乐器，又名苏古笃，木制四弦。　琥珀词：乐器名，似琵琶。又名"浑不似"、"火不思"。形制与胡拨基本相似。　四上儿：《四上》乐曲名。王暕《观乐诗》："参差陈九夏，依迟分四上。"　密失叉儿机：应为土儿密失、叉儿机。据《帝京景物略》卷二"灯市"、"乐作"句下有注云："其器则胡拨四、土儿密失、叉儿机等。"　《日下旧闻考》卷四十五引刘侗此句，把译名换作："和必斯，蒙古语乐器名也，旧作胡拨四；都哩，蒙古语式样也；默色，器械也，旧作土儿密失；察尔奇，满洲语扎板也，旧作叉儿机。"

⑮ 僸佅兜离：古代四方少数民族的乐曲名。班固《东都赋》："僸佅兜离，罔不具集。"注引《孝经·钩命诀》："东夷之乐曰佅，南夷之乐曰任，西夷之乐曰株离，北夷之乐曰僸。"

⑯ 外宅：旧时非正式夫妻关系而同居的妇女叫外宅。亦称外妇、外妻。

【评品】　文章前半叙述军中阅武，马兵步卒万人，"军容甚壮"：阵法操阅，突出变化迅捷；出奇设伏，突出擒敌有方。后半写参将的姣童外宅，或表演马上杂耍，或直指筵前献唱，北调淫词，罔不毕集。如此阅兵，军"容"虽壮，军"力"堪忧，殆同银样镴枪头。无怪乎十几年后明亡于内忧外患。

牛首山打猎[1]

　　戊寅冬[2]，余在留都[3]，同族人隆平侯与其弟勋卫[4]、甥赵忻城[5]、贵州杨爱生[6]、扬州顾不盈[7]、余友吕吉士[8]、姚简叔[9]、姬侍王月生、顾眉、董白、李十、杨能[10]，取戎衣衣客，并衣姬侍[11]。

　　姬侍服大红锦狐嵌箭衣、昭君套[12]，乘款段马[13]，鞲青骹[14]，绁韩卢[15]，铣箭手百余人[16]，旗帜棍棒称是[17]。出南门，校猎于牛首山前后[18]，极驰骤纵送之乐。得鹿一、麂三、兔四、雉三、猫狸七[19]。看剧于献花岩[20]，宿于祖茔[21]。次日午后猎归，出鹿麂以飨士，复纵饮于隆平家。江南不晓猎较为何事，余见之图画戏剧，今身亲为之，果称雄快。然自须勋戚豪右为之[22]，寒酸不办也[23]。

注释

① 牛首山：在南京中华门外。双峰角立，形似牛首，故称。

② 戊寅：崇祯十一年（1638）。

③ 留都：南京。

④ 隆平侯：不详。当为明成祖朱棣朝隆平侯张信的后裔，故张岱称其为族人。

　勋卫：侍卫官名。古时多以功臣子弟担任。

⑤ 赵忻城：据陈公献《六壬指南》，曾为京营提督，后升为京营戎政。又据

《江南闻见录》载："乙酉（1645）五月初十日，连日警报迭至。是日，赵忻城有演放大炮之示，不果。"

⑥ 杨爱生：可能是崇祯时任江宁知县的贵阳人杨文骢之子杨鼎卿。详见王长友《林钝翁交游考——杨爱生考》（《明清小说研究》2007 年第 2 期）。

⑦ 顾不盈：据清朝余怀《板桥杂记》中卷《丽品》："扬州顾尔迈，字不盈，镇远侯（顾肇迹）介弟也。挟戚里之富，往来平康。"为南京兵部尚书范景文的幕僚，慷慨任气，侠肝义胆，辑有《明珰彰瘅录》一卷。

⑧ 吕吉士：见本书卷二《燕子矶》注。

⑨ 姚简叔：姚允在，字简叔，会稽人。工画山水人物，遒劲不凡。为张岱挚友，详见本书卷五《姚简叔画》。

⑩ 姬侍：侍妾。 王月生：南京名妓。张岱多有诗文记之。详见本书卷八《王月生》。 顾眉：（1619—1664），名媚，又名眉。字眉生，人称横波夫人。江苏上元（今南京）人，金陵名伎。才貌双全，精诗画，尤善画兰。通晓音律，时人推为南曲第一。后为崇祯进士龚鼎孳之妾，改姓徐氏。 董白：（1624—1651），字小宛，一字青莲，金陵人。自幼聪慧，容貌媚妍。工书善画，能诗精琴，食谱茶经无不通晓。与顾眉同为"秦淮八艳"之列。为名士冒襄宠姿，与张岱、方以智、侯方域、钱谦益等均有交往。 李十：李淑真，字雪衣，号十娘，后改名为贞美。性嗜雅洁，能鼓琴清歌。与张岱、方以智、余怀等明末名士有交往，详见余怀《板桥杂记》。

⑪ 取戎衣衣客：拿军服戎装给客人穿。后一"衣"字作动词用。"并衣姬侍"中"衣"同。

⑫ 箭衣：古代射者之服。袖端去其下半，仅可覆手，以便于射，谓之箭袖。

昭君套：汉代王昭君出塞和亲时所戴的饰物，用条状貂皮围于髻下额上，如帽套。

⑬ 款段马：驽马。款段，马行迟缓貌。

⑭ 鞲（gōu）：革制的臂衣，用以架猎鹰。此用作动词。　青骹：一种青胫的猎鹰。

⑮ 绁：拴，缚。　韩卢：春秋时韩国的良犬名，或称韩子卢（详见《战国策·齐策三》）。此指猎犬。

⑯ 铳（chòng）：旧时指枪一类的火器。

⑰ 称是：与之（此指人数）相称。

⑱ 校猎：设栅栏以便圈围野兽，然后加以猎取。亦泛指打猎。

⑲ 麖：似鹿而小，毛色黄黑，雄性角较短小。

⑳ 献花岩：在祖堂山南，唐法融禅师入定处。因有百鸟献花之异，故名。

㉑ 祖莹：即祖堂山，在牛首山南。《夜航船·地理部·祖堂》："在应天府治南。唐法融和尚得道于此，为南宗第一祖师，在山房禅定，有百鸟献花，故又名献花岩。"

㉒ 勋戚豪右：功臣外戚，豪门望族。

㉓ 不办：办不到，办不了。

【评品】　本文叙写作者与勋戚豪右家在留都南京近郊的校猎。参与者门客幕僚、姬妾伶伎侍从数百人，戎衣猎具，马队鹰犬，一应齐全。白天校猎，所获颇丰。夜晚听曲观戏，享食野味，"极驰骤纵送之乐"。如此校猎，确如作者所言"自须勋戚豪右为之"，贫寒之家，温饱尚且不足，如何办得？

杨神庙台阁[1]

枫桥杨神庙[2]，九月迎台阁。十年前迎台阁，台阁而已；自骆氏兄弟主之，一以思致文理为之[3]。扮马上故事二三十骑[4]，扮传奇一本[5]，年年换，三日亦三换之。其人与传奇中人必酷肖方用，全在未扮时一指点为某似某，非人人绝倒者不之用[6]。迎后，如扮胡槌者[7]，直呼为胡槌，遂无不胡槌之[8]，而此人反失其姓。人定，然后议扮法。必裂缯为之[9]。果其人其袍铠须某色、某缎、某花样，虽匹锦数十金不惜也。一冠一履，主人全副精神在焉。诸友中有能生造刻画者[10]，一月前礼聘至，匠意为之，唯其使。装束备，先期扮演，非百口叫绝又不用。故一人一骑，其中思致文理，如玩古董名画，一勾一勒不得放过焉。

土人有小小灾祲[11]，辄以小白旗一面到庙禳之[12]，所积盈库。是日以一竿穿旗三四，一人持竿三四，走神前，长可七八里，如几百万白蝴蝶回翔盘礴在山坳树隙。四方来观者数十万人。市枫桥下[13]，亦摊亦篷[14]。台阁上马上，有金珠宝石堕地，拾者，如有物凭焉不能去[15]，必送还神前；其在树丛田坎间者，问神，辄示其处，不或爽[16]。

① 台阁：宋代百戏的一种。周密《武林旧事·迎新》："以木床、铁擎为仙佛神鬼之类，驾空飞动，谓之台阁。"从本文及当代这种民俗遗存看，明清以来，台阁的表演从形式到内容都有了很大的发展。

② 枫桥：浙江诸暨县东北五十里有枫桥镇。宋代为枫桥驿，为杭、绍、台、婺之间的交通要道。镇中的杨神庙祀杨俨，宋时曾被封为紫薇侯，为绍兴府重要的会市场所，每年农历九月十五，均有祭神、贸易盛会。

③ 一以思致文理为之：完全依据思想意趣、情节发展的需要去扮演。

④ 扮马上故事：扮演在马上的戏曲故事和人物造型，犹如今之彩车上扮演戏曲故事和人物。

⑤ 传奇：明清时以演唱南曲为主的戏曲形式。由宋元南戏发展而来，也吸收元杂剧的优点。但情节处理更为紧凑，人物刻画更为细腻，角色分工更为细致，音乐上采用宫调区分曲牌，兼唱北曲或南北合套。明中叶到清中叶最为盛行。

⑥ 绝倒：（因为酷似而）大笑不能自持。

⑦ 胡桩：即"胡连"，明传奇《蕉帕记》中的人物。

⑧ 胡桩之：胡桩用作动词。形容彻头彻尾剧中人物化。

⑨ 缯：丝织品。

⑩ 生造：再造，再生。

⑪ 灾祲：灾祸。祲，阴阳二气相侵所形成的云气。

⑫ 禳：祈祷消灾。

⑬ 市：贸易，集市。

⑭ 亦摊亦篷：有的设摊，有的支篷。

⑮ 有物凭焉：有物附着在身上。

⑯ 不或爽：丝毫不差。

【评品】 台阁这种戏曲演出形式自宋至今传承发展演变已有近千年的历史，现已成为国家非物质文化遗产保护项目。今浙江温州、温岭石塘、遂昌石练、苏州东山、广西靖西等地，在节庆日都有各种形式的台阁演出。有的台阁较为简单，将方桌、长方桌各一张，翻过来拼在一起，用各种彩纸、彩花扎成一个小舞台，上挂汽灯并布置剧情相应的场景，由几个十来岁长相俊俏的孩童化妆，扮演各种脍炙人口的戏曲剧目（如《单刀赴会》、《三打白骨精》、《哪吒闹海》、《断桥相会》等）人物，演绎剧情，表演奇险技艺等。小舞台由几个青壮年抬着，后面紧跟着锣鼓乐队，走村串巷游行演出。也有为渔民演出的水上台阁，一般搭在龙舟上。近年有温州民营企业家出资数百万打造的龙舟台阁高达三层，相当华丽。

本文通过杨神庙台阁，反映明末江浙一带民间庙会集市演戏的民俗。文章中所描述的是马上扮演的传奇。从人物角色遴选的百般讲究，人物行头着装的不惜工本，到排演一招一式的一丝不苟，不无夸张地详细道来，并以鉴赏"古董名画，一勾一勒不得放过"相比，突出追求演出"百口叫绝"的艺术效果。这些似非一般草头班子所能办到。主办者骆氏兄弟恐怕既应是行家，又得是财东。文章后半写庙会集市场面之盛大热闹，庙神祈祷禳灾之灵验。本文具有古代民俗史、戏曲史的史料价值。

雪　精[1]

外祖陶兰风先生，倅寿州[2]，得白骡，蹄跲都白[3]，日行二百里，畜署中。寿州人病噎膈[4]，辄取其尿疗之。凡告期[5]，乞骡尿状[6]，常十数纸。外祖以木香沁其尿，诏百姓来取。后致仕归[7]，捐馆[8]，舅氏啬轩解骖赠余[9]。余豢之十年许，实未尝具一日草料。日夜听其自出觅食[10]，视其腹未尝不饱，然亦不晓其何从得饱也。天曙，必至门祗候[11]，进厩候驱策，至午勿御，仍出觅食如故。后渐跋扈难御，见余则驯服不动，跨鞍去如箭，易人则咆哮蹄啮[12]，百计鞭策之不应也。一日，与风马争道城上[13]，失足堕濠堑死[14]，余命葬之，谥之曰"雪精"。

| 注释 |

① 雪精：指白驴或白骡。详见《司马温公诗话》。

② 陶兰风：陶允嘉（1556—1622），字幼美，号兰风。曾为即墨、东莱县幕，后官至福建盐运同知。　倅：古时地方的佐贰副官称丞或倅。　寿州：治所在寿春（今安徽寿县）。

③ 跲（jiá）：蹄趾。

④ 噎嗝：食不下咽，胃中气体从口中逆出并发出声音的病症。

⑤ 告期：申请。

⑥ 状：旧时叙述事件的文辞。

⑦ 致仕：告老辞官。

⑧ 捐馆：捐弃所居住的馆舍。死亡的婉称。

⑨ 啬轩：节省车乘。　解骖：春秋齐国越石父有贤名，在狱中。晏婴脱左骖以
赎之，载归，延为上客。后因称以财物救人困急为解骖。此处则仅谓以副驾之
牲相赠。

⑩ 听：任凭。

⑪ 祇候：恭候。

⑫ 易人：换人（乘骑）。　蹄啮：踢咬。

⑬ 风马：此指惊马。

⑭ 濠堑：壕沟。

【评品】　作者颇通医术，本文前半写外祖用雪精之尿为民治病，因
十分灵验，故颇受欢迎的情景。后半写自己豢养雪精的粗放方式，由
其自行觅食，听其来去，并述雪精的种种灵异之处，以见动物也有其
灵性。从中可见作者崇尚任性自适的老庄处世哲学。

严助庙

陶堰司徒庙，汉会稽太守严助庙也[1]。岁上元设供[2]，任事者[3]，聚族谋之终岁[4]。凡山物粗粗（虎、豹、麋鹿、獾猪之类）[5]，海物噩噩（江豚、海马、鲟黄、鲨鱼之类）[6]，陆物痴痴（猪必三百斤，羊必二百斤，一日一换。鸡、鹅、凫、鸭之属，不极肥不上贡）[7]，水物唅唅（凡虾、鱼、蟹、蚌之类，无不鲜活）[8]，羽物毵毵（孔雀、白鹇、锦鸡、白鹦鹉之属，即生供之）[9]，毛物毲毲（白鹿、白兔、活貂鼠之属，亦生供之）[10]，泊非地（闽鲜荔枝、圆眼、北苹婆果、沙果、文官果之类）[11]、非天（桃、梅、李、杏、杨梅、枇杷、樱桃之属，收藏如新撷）[12]、非制（熊掌、猩唇、豹胎之属）[13]、非性（酒醉、蜜饯之类）[14]、非理（云南蜜唧、峨眉雪蛆之类）[15]、非想（天花龙蜓、雕镂瓜枣、捻塑米面之类）之物[16]，无不集。庭实之盛[17]，自帝王宗庙社稷坛墠所不能比隆者[18]。

十三日，以大船二十艘载盘轮[19]，以童崽扮故事，无甚文理[20]，以多为胜。城中及村落人，水逐陆奔，随路兜截[21]，转折看之，谓之"看灯头"。五夜，夜在庙演剧，梨园必倩越中上三班[22]，或雇自武林者[23]，缠头日数万钱[24]。唱《伯喈》、《荆钗》[25]，一老者坐台下，对院本[26]，一字脱落，群起噪之，又开场重做。越中有"全伯喈"、"全荆钗"之名起此。

天启三年[27]，余兄弟携南院王岑、老串杨四、徐孟雅、圆社河南张大来辈往观之^㉘。到庙蹴术^㉙，张大来以"一丁泥"、"一串珠"名世。球着足，浑身旋滚，一似粘粹有胶、提掇有线、穿插有孔者，人人叫绝^㉚。剧至半，王岑扮李三娘，杨四扮火工窦老，徐孟雅扮洪一嫂，马小卿十二岁，扮咬脐，串《磨房》、《撒池》、《送子》、《出猎》四出^㉛。科诨曲白^㉜，妙入筋髓，又复叫绝。遂解维归^㉝。戏场气夺^㉞，锣不得响，灯不得亮。

| 注释 |

① 严助：(？—前122)，西汉会稽吴人，一说由拳（今浙江嘉兴）人。严忌之子（一说为其族子）。著名辞赋家。郡举贤良对策，武帝擢为中大夫，两次率兵平定瓯越，拜会稽太守。后为侍中，淮南王刘安来朝，厚赂遗助交私论议。及安反，坐诛。墓遗址在浙江嘉兴。《绍兴府志·祠祀志》引《嘉泰会稽志》载："严司徒庙，在县东三十五里，相传云汉司徒助也。"《万历会稽志》载："严助未尝为司徒，似误。"　司徒：中国古代职官。西周始置，位次三公，与六卿相当，与司马、司工（即司空）合称"三有司"。是管理土地、人民的官，与后世的户部尚书相当。春秋时沿置。　陶堰：乾隆刻本《绍兴府志·水利志》载："陶堰在会稽县植利门内，今废。"故址在今绍兴市东郊十三公里陶堰镇。汉永和年间，太守马臻筑湖围堰以防水。元末陶姓居此，遂名。

② 上元：农历正月十五日为上元节。

③ 任事者：执掌该事务（贡祭）者。

④ 终岁：终年。

⑤ 粗粗：壮硕貌。

⑥ 噩噩：肥腴貌。　江豚：哺乳纲、鲸目。生活在长江水域，咸淡水均能适应。背无鳍，色灰白，以食鱼虾为主。今为国家二级保护动物。　海马：鱼纲，海龙目，珍贵浅海小型鱼类。头似马，眼似变色龙，身似有棱有角的木雕，尾似猴。为名贵药材。　鲟黄：似为红鲟鱼而黄。

⑦ 痴痴：肥硕貌。

⑧ 唅唅（yǎn yǎn）：鱼张口呼吸状。此形容水物鲜活。

⑨ 毵毵（xiǎn xiǎn）：毛羽整齐的样子。　白鹇：鸡形目，又称银雉、白雉，著名观赏鸟。雄雌异色，雄鸟头及脸和脚部均为红色，羽翼及长尾黑白相间。食昆虫、草叶、果实。　锦鸡：鸡形目，有红腹、白腹两种。前者分布较广，后者分布在西南高山林区。雄性毛色绚丽。均为国家二级保护动物。

⑩ 毧毧（róng róng）：毛密貌。

⑪ 洎：到，及。　非地：不是当地出产。　圆眼：疑即桂圆。　苹婆果：即本书卷四《方物》所指的北京苹婆果，即苹果。　沙果：又名花红。产于黄河、长江流域。果实小于苹果，味甜酸而涩，有保健食疗的作用。　文官果：又名文冠果、岩木瓜。本书卷四《方物》称"山东文官果"。落叶灌木，耐旱寒，食用油料树种。

⑫ 非天：不是正当时令的。　撷：采摘。

⑬ 非制：不合常规礼制。

⑭ 非性：此指让人沉醉。

⑮ 非理：不合常理。　蜜唧：亦作蜜蝍，一种客家的菜肴。刚出生未开眼的幼鼠，饲以蜜而食之。唐代张文成《朝野金载》载："岭南獠民好为蜜唧，即鼠

胎未瞬，通身赤蠕者，饲之以蜜，钉之筵上，喂喂而行，以箸夹取啖之，唧唧作声，故曰蜜唧。" 雪蛆：虫名。又名冰蛆、雪蚕。大如指。生长于阴山、峨嵋山雪山的雪中，味美，可治内热。陆游《老学庵笔记》卷六："《嘉祐杂志》云：'峨眉雪蛆治内热。'予之蜀，乃知此物实出茂州雪山。雪山四时常有积雪，弥遍岭谷，蛆生其中。取雪时并蛆取汁，能蠕动。久之雪消，蛆亦消尽。"

⑯ 非想：匪夷所思，平常人想象不到。 天花龙蜓：以雪花浸渍的蜗牛。

⑰ 庭实：周礼，诸侯朝觐天子或互访时，参与聘、觐和享礼时，将贡礼陈列中庭，称庭实。

⑱ 坛墠（mén）：祭祀的场所。

⑲ 盘轮：即盘铃，乐器名。用其伴奏的傀儡杂技称"盘铃傀儡"。（详见唐韦绚《刘宾客嘉话录》）

⑳ 无甚文理：此指剧情不合情理，艺术性低下。

㉑ 兜载：此指搭载车船。

㉒ 梨园：戏班。因唐玄宗曾在宫中梨园教习艺伶，故以代指。 倩：借助。请别人替自己做事。 越中：越地。 上三班：指最上乘的戏班。

㉓ 武林：见本书卷一《奔云石》注。

㉔ 缠头：古代歌舞艺人表演时，以锦缠头，演毕，客人以罗锦相赠，称缠头。此代指演出酬报。

㉕《伯喈》：即南戏《琵琶记》，明高则诚根据民间流传的南戏赵贞娘改编。蔡伯喈，名邕，在京试中状元后，为牛丞相所逼，入赘相府。发妻赵五娘在家奉养公婆，艰难度日。后公婆死于灾荒。她千里乞讨，进京寻夫。后得牛女相

助，夫妻团圆。此以《伯喈》代《琵琶记》。 《荆钗》：南戏《荆钗记》，元柯丹丘作。写贫士王十朋以荆枝作钗为聘，与钱玉莲结为夫妻。十朋中状元后，坚拒万俟丞相招赘，被其由饶州佥判改为潮州佥判，并不许回家省亲。十朋家书又被人暗中改为休书。玉莲继母逼其改嫁，玉莲投江，为福建安抚钱载和救起，收为义女。得悉饶州王佥判病故，误以为十朋已死。五年后十朋改为吉安太守，至道观设醮，追祭玉莲，与玉莲不期而遇，以荆钗为凭，得以团圆。

㉖ 院本：金元时行院演剧时所用的脚本。

㉗ 天启三年：1623 年。

㉘ 老串：本非伶人而参加戏班演出，或扮演本行之外的角色，称为"客串"，参加这种活动的人称为"串客"，经常客串戏曲中角色者称"老串"。 杨四、徐孟雅：关于两人客串戏曲中角色的情况，潘之恒《鸾啸小品》卷二《神合》载："杨四情钟故耦，感慨忾离，敝貂苏季，独不念绣被鄂君耶？""徐孟激扬蹈厉，声躁而志昂。古来英雄，以暴自锢，一彻而昭，在此观矣。" 圆社：宋代踢球人的团体。

㉙ 蹴术：表演踢毽的技艺。

㉚ "一似"二句：浑如粘麦有胶，摆弄有线（傀儡），穿插有孔的样子。麰，大麦。掇，拾取。

㉛ 李三娘：与下文的窦老、洪一嫂、咬脐，均为元南戏《刘知远白兔记》中的人物。李三娘的丈夫刘知远入赘不久，不堪三娘兄嫂的虐待而投军，后入赘岳帅府。三娘受尽兄嫂的折磨，在磨房产下一子，取名"咬脐郎"，托人送至刘知远处抚养。十余年后，咬脐郎狩猎，追一白兔而得与母团圆。 《磨房》、

《撒池》、《送子》、《出猎》：均为《白兔记》的剧目。

㉜ 科诨：插科打诨。演剧时，掺入诙谐之语和滑稽动作，引人发笑。　曲白：唱曲说白。

㉝ 解维：解开缆绳，指开船。

㉞ 气夺：精神已散，生气已尽。

【评品】　本文介绍绍兴严助庙上元节庙会民情民俗。前半部用汉赋排比的手法，铺陈庙中设供的庭实之珍稀、名贵、丰盛，以致有"自帝王宗庙社稷坛壝所不能比隆者"。其中自有作者逞才炫博、有意夸张的地方。文中状物选词的运用生新贴切；"非天"、"非理"等句式的运用，也系创新，有助于作者旨意的表达。后半部则描述庙会戏曲杂耍的演出情景。先描绘庙会戏班档次之高，并说明演出的是整本全剧，对演唱要求极严，用先扬后抑的手法，为下文作衬垫；然后详述自带几个名伶、老串与会，名为"观之"，实为叫板对垒：不仅详述了张大来的"蹴术"出神入化："有胶"、"有线"、"有孔"，更将其"蹴术"的浑身解数和盘托出，以致"人人叫绝"；而且那些名伶老串所串演的折子戏"妙入筋髓"，让观众"又复叫绝"，夺了专业剧团演出的观众，相形之下庙会反倒"戏场气夺，锣不得响，灯不得亮"。作者的得意之情，溢于言表。

乳　酪[1]

　　乳酪自驵侩为之[2]，气味已失，再无佳理[3]。余自豢一牛，夜取乳置盆盎[4]，比晓[5]，乳花簇起尺许[6]，用铜铛煮之[7]，瀹兰雪汁[8]，乳斤和汁四瓯[9]，百沸之。玉液珠胶，雪腴霜腻，吹气胜兰，沁入肺腑，自是天供[10]。或用鹤觞花露入甑蒸之[11]，以热妙；或用豆粉搀和，漉之成腐[12]，以冷妙；或煎酥，或作皮，或缚饼，或酒凝，或盐腌，或醋捉[13]，无不佳妙。而苏州过小拙和以蔗浆霜[14]，熬之、滤之、钻之、掇之、印之，为带骨鲍螺[15]，天下称至味。其制法秘甚，锁密房，以纸封固，虽父子不轻传之。

| 注释 |

① 乳酪：用牛、羊等奶汁炼制而成的食品。

② 驵（zǎng）侩：亦作"驵会"。牲畜交易的经纪人。

③ 再无佳理：再也没有上好的道理。

④ 盎：一种腹大口小的盆。

⑤ 比晓：等到拂晓。

⑥ 簇起：此指发酵而膨胀。

⑦ 铛（chēng）：一种用以烙饼或做菜用的平底浅锅。

⑧ 瀹（yuè）：煮。　兰雪：详本书卷三《兰雪》注。

⑨ 乳斤：一斤乳汁。

⑩ 雪腴霜腻：形容液汁丰腴、厚腻似雪霜。　天供：上天所赐，极言其美。

⑪ 鹤觞：酒名。北魏"河东刘白堕善酿，六月以罂贮酒，暴于日中，经一旬，其酒不动，饮之者香美，醉而经月不醒。朝贵相饷，逾于千里。以其远至，号曰鹤觞，如鹤之一飞千里也。"（《夜航船·日用部·白堕鹤觞》）　花露：酒名。宋王楙《野客丛书·银瓮酒库》："真州郡斋，旧有酒名谓之花露，人亦莫晓。仆读姚合《寄卫拾遗乞酒》诗：'味轻花上露，色似洞中泉。'得非取此乎？"　甄：蒸馏或使物体分解的器皿。

⑫ 漉：让液体下渗而过滤。

⑬ 醋捉：即用醋渍。

⑭ 蔗浆霜：蔗糖浆。

⑮ 鲍螺：此处并非海鲜贝壳类鲍螺，而是"鲍酪"、"泡螺"，应是一种由鲍氏创制的乳酪饼。明人《市肆记》"果子"类中即列有"鲍螺"一品，或因其外形像螺蛳而得名。

【评品】　本文专门介绍作者自制乳酪的种种方法和吃法，后面以苏州过小拙家将家传制法秘而不宣，锁而固之，"虽父子不轻传之"的做法相对照。

二十四桥风月¹

广陵二十四桥风月²，邗沟尚存其意³。渡钞关⁴，横亘半里许，为巷者九条。巷故九⁵，凡周旋折旋于巷之左右前后者，什百之。巷口狭而肠曲，寸寸节节，有精房密户，名妓、歪妓杂处之。名妓匿不见人，非向导莫得入。歪妓多可五六百人，每日傍晚，膏沐熏烧⁶，出巷口，倚徙盘礴于茶馆、酒肆之前⁷，谓之"站关"。茶馆、酒肆岸上纱灯百盏，诸妓掩映闪灭于其间，疤痔者帘⁸，雄趾者阈⁹。灯前月下，人无正色，所谓"一白能遮百丑"者，粉之力也。游子过客，往来如梭，摩睛相觑¹⁰，有当意者¹¹，逼前牵之去；而是妓忽出身分，肃客先行¹²，自缓步尾之。至巷口，有侦伺者¹³，向巷门呼曰："某姐有客了！"内应声如雷。火燎即出，一一俱去，剩者不过二三十人。沉沉二漏¹⁴，灯烛将烬，茶馆黑魆无人声¹⁵。茶博士不好请出，惟作呵欠，而诸妓酾钱向茶博士买烛寸许¹⁶，以待迟客。或发娇声，唱《擘破玉》等小词¹⁷，或自相谑浪嘻笑，故作热闹，以乱时候¹⁸；然笑言哑哑声中，渐带凄楚。夜分不得不去¹⁹，悄然暗摸如鬼。见老鸨²⁰，受饿、受笞俱不可知矣。

余族弟卓如，美须髯，有情痴，善笑，到钞关必狎妓，向余噱曰："弟今日之乐，不减王公。"²¹余曰："何谓也？"曰："王公大人侍妾数百，到晚耽耽望幸²²，当御者不过一人。弟过钞关，美人数百人，目挑心招，视我如潘安²³，弟颐指气使²⁴，任意拣择，亦必得一当意者呼而侍我。王公大人岂过我哉！"复大嚯，余亦大嚯。

① 二十四桥：古代名胜，在江苏扬州城外。唐杜牧《寄扬州韩绰判官》："二十四桥明月夜，玉人何处教吹箫？"二十四桥有二说，据沈括《梦溪笔谈·补笔谈》载，唐时扬州城内水道纵横，有茶园桥、大明桥、九曲桥、下马桥、作坊桥、洗马桥、南桥、阿师桥、周家桥、小市桥、广济桥、新桥、开明桥、顾家桥、通泗桥、太平桥、利园桥、万岁桥、青园桥、参佐桥、山光桥等二十四座桥。后水道逐渐淤没，宋元祐时仅存小市、广济、开明、通泗、太平、万岁诸桥。现在仅有开明桥、通泗桥的地名，桥已不存。另一说即吴家砖桥。《扬州鼓吹词》云："是桥因古之二十四美人吹箫于此，故名。"此桥又名红药桥，因桥边盛产红芍药而得名。姜夔《扬州慢》词云："二十四桥仍在，波心荡，冷月无声。念桥边红药，年年知为谁生。" 风月：喻男女之情。

② 广陵：郡名。治所在今江苏扬州市。

③ 邗沟：即邗江，古运河名。春秋时吴国所凿，隋炀帝时加以大规模改造，由江苏境内自扬州市西北至淮安县北入淮的运河。

④ 钞关：明清收关税之所。此以作地名，在扬州南门。

⑤ 巷故九：巷道固然只有九条。故，通"固"。

⑥ 膏沐：妇女润肤抹发的油脂。

⑦ 倚徙盘礴：来回徘徊。

⑧ 疤戾者：有雀斑、斑疤的人。　帘：用作动词，下帘。

⑨ 雄趾者：未缠足的大脚者。　阈：门坎，门限。此谓以门坎作挡。

⑩ 摩睛：目光相接触。

⑪ 当意：合意。

⑫ 肃：敬请。

⑬ 侦伺：张望等候。

⑭ 二漏：古代滴漏计时。二漏为二更，约晚上十一时。

⑮ 黑魖（xū）：漆黑无光。

⑯ 醵（jù）钱：凑钱。集资。

⑰ 《擘破玉》：民间曲词名。流行于明中叶后。一般九句五十一字。与《挂枝儿》相似，仅最后二句重叠一次。

⑱ 以乱时候：用以扰乱时候。明明是夜深人静，偏当作时候尚早，十分热闹。

⑲ 夜分：半夜。

⑳ 老鸨：妓女的鸨母，实即妓院老板。

㉑ 噱（xué）：逗乐，笑。

㉒ 耽耽：同"眈眈"，切盼注视貌。

㉓ 潘安：即潘岳（247—300），字安仁，西晋荥阳中牟人。仕至给事黄门侍郎。工诗赋，美姿容，有潘郎车过，妇女掷果盈车的故事。戏曲中多称潘郎、潘安，后借指妇女所倾慕的男子。

㉔ 颐指气使：用面部表情和口鼻出气示意，指使人奔走于前。形容权势气焰之盛。

世美堂灯[1]

儿时跨苍头颈[2]，犹及见王新建灯[3]。灯皆贵重华美，珠灯料丝无论[4]，即羊角灯亦描金细画[5]，缨络罩之。悬灯百盏，尚须秉烛而行，大是闷人[6]。余见《水浒传》"灯景诗"有云："楼台上下火照火[7]，车马往来人看人。"已尽灯理。余谓灯不在多，总求一亮。余每放灯，必用如椽大烛，专令数人剪卸烬煤[8]，故光迸重垣[9]，无微不见。十年前，里人有李某者，为闽中二尹[10]，抚台委其造灯[11]，选雕佛匠，穷工极巧，造灯十架，凡两年，灯成而抚台已物故[12]，携归藏椟中[13]。又十年许，知余好灯，举以相赠，余酬之五十金，十不当一[14]，是为主灯。遂以烧珠[15]、料丝、羊角、剔纱诸灯辅之[16]。而友人有夏耳金者[17]，剪采为花，巧夺天工，罩以冰纱¹⁸，有烟笼芍药之致。更用粗铁线界划规矩，匠意出样，剔纱为蜀锦¹⁹，墁其界地²⁰，鲜艳出人。耳金岁供镇神²¹，必造灯一盏，灯后，余每以善价购之。余一小傒善收藏，虽纸灯亦十年不得坏，故灯日富。又从南京得赵士元夹纱屏及灯带数副²²，皆属鬼工，决非人力。灯宵²³，出其所有，便称胜事。鼓吹弦索²⁴，厮养臧获²⁵，皆能为之。有苍头善制盆花²⁶，夏间以羊毛炼泥墩，高二尺许，筑"地涌金莲"²⁷，声同雷炮，花盖亩余。不用煞拍鼓铙²⁸，清吹唢呐应之²⁹，望花缓急为唢呐缓急，望花高下为唢呐高下。灯不演剧，则灯意不酣；然无队舞鼓吹³⁰，则灯焰不发。余敕小傒串元剧四五十本。演元剧四出，则队舞一回，鼓吹一回，弦索一回。其间浓淡、繁简、松实之妙，全在主人位置。使易人易地为之，自不能尔尔。故越中夸灯事之盛，必曰"世美堂灯"。

| 注释 |

① 世美堂：归有光夫人的曾祖父王致谦（祖上迁居至浙江余姚）在明成化初年建造，四明的杨守阯太史为它作了《世美堂记》，归有光作有《世美堂后记》。本文似以指代余姚王氏。

② 跨苍头颈：骑在奴仆的脖子上。苍头，见本书卷三《栖霞》注。

③ 王新建：王守仁（1472—1529），字伯安，浙江余姚人。弘治进士，正德十四年平宁王朱宸濠之叛。嘉靖时，官至南京兵部尚书，封新建伯。为心学的创始人。据清悔堂老人《越中杂识·理学》载：王守仁"子正亿，二岁而孤，长袭新建伯，卒。子承勋嗣，督漕运，卒，无子，侄先通嗣，崇祯十七年春流贼陷京师，被杀。"则此王新建应为王承勋或王先通。张岱《家传·附传》提及

大江以南收藏之富："王新建、朱石门、项墨林、周铭仲与仲叔（张联芳）而五焉。"由此，本文谓其所收藏的灯笼备极精美，则不足为奇。

④ 珠灯：以珍珠串缀而成。　料丝：灯名。以玛瑙、紫石英等为原料，抽丝制成的灯。王夫之《薑斋文集》卷九《杂物赞·料丝灯》序曰："烧药石为之，六方合成，外加丝，内如屏，花卉虫鸟，五彩斯备。然灯其中，尤为绮丽。"无论：姑且不论。

⑤ 羊角灯：用羊角或牛蹄经煎熬成液体、和以彩色、冷凝后轧成薄片，谓之明瓦，联缀成灯等六七道复杂工序制成。在玻璃普及之前，它是透明度最好的一种灯。因无火患，宫中多用之。

⑥ 闷人：让人纳闷、不理解。

⑦ 灯景诗：引自《水浒传》第七十二回"柴进簪花入禁院　李逵元夜闹东京"。

⑧ 烬煤：此指灯芯烛灰。

⑨ 光进重垣：灯光强烈，能穿透数重墙。

⑩ 二尹：此指地方官之副佐之职。尹，治理。又为古代官名。

⑪ 抚台：巡抚。官名，各省常置。督理税粮，总理河道，抚治流民，整饬边关。以巡行天下、抚军安民为职。

⑫ 物故：死亡的婉称。

⑬ 椟：柜、函一类的藏物器。

⑭ 十不当一：抵不上价值的十分之一。

⑮ 烧珠：此指用烧制的琉璃珠为饰的灯。

⑯ 剔纱：此指在纱布上用灯草灰作剔墨之画，以纱绷灯，照以火光，纱隐隐如无，但纱上的花鸟浮动如生的灯笼。

⑰ 夏耳金：本书卷八《瑞溪草亭》谓："有夏耳金者，制灯剪彩为花，亦无虚日。人称耳金为'败落隋炀帝'。"

⑱ 冰纱：又称三股纱，布面亮度好，稳重，可植绒、印花等。

⑲ 蜀锦：古代的一种丝织物，以其织法源自蜀地而得名。产地除川蜀之外，还有泰州、湖州等地。

⑳ 墁：用砖或石铺饰地面。此指铺饰。

㉑ 镇神：镇守、安定一方的神祇。

㉒ 赵士元：明代著名灯艺屏扇制作巧匠。张岱《夜航船·宝玩部·夹纱无间》载："赵士元制夹纱及夹纱帏屏，其所翻翎毛花卉，颜色鲜明，毛羽生动，妙不可言。扇扇是黄荃、吕纪得意名画。"可与本文相参。

㉓ 灯宵：农历正月十五元宵灯节。

㉔ 鼓吹弦索：演奏丝竹管弦乐器。

㉕ 厮养：即厮役。干粗杂活、供驱使的奴仆。　臧获：奴婢的贱称。

㉖ 苍头：见本书卷三《栖霞》注。　盆花：此指形似盆花的花炮。

㉗ 地涌金莲：本为多年生丛生草本植物，系我国云南省、四川省特产花卉。因其假茎低矮而粗壮，先花后叶，于早春开花时，忽从地下涌冒而出，花色金黄，故有地涌金莲之称。花冠硕大，奇美，当它生长旺盛时，在假茎的叶腋中也能开出众多的小花朵，形成"众星捧月"的奇观。故作者此处用以命名一种花炮。

㉘ 煞拍：打击乐器中的拍板。　铙：铜质圆形的打击乐器，比钹大。

㉙ 清吹唢呐应之：只吹奏唢呐，无其他乐器伴奏以应和它。

㉚ 队舞：唐宋时一种宫廷歌舞形式。"字舞"、"花舞"也是一种队舞。宋代队舞有小儿队和女弟子队。小儿队七十二人，女弟子队四百余人。队舞的节目，

一般可分为"散序"、"排遍"、"入破"、"砌"几个部分。

【评品】　作者认为王新建灯虽然华美贵重，但病在不亮："悬灯百盏，尚须秉烛而行"，以此为反衬，用《水浒传》灯景诗为佐证，突出自己所主张的"灯理"："灯不在多，总求一亮。"作者喜好收藏各种材料、各种制式的灯盏，先后购得当时制灯巧匠李氏、夏氏、赵氏所制的名灯。并于元宵灯节，悬灯放花。以花之高下缓急，指挥唢呐吹奏应和之（犹今之音乐喷泉），似有神契；演剧队舞，其中"浓淡、繁简、松实之妙"，则"全在主人位置"。可见平时主人即导演，与戏班、乐队之间排演之默契。所以作者才敢说"使易人易地为之，自不能尔尔"。全文不仅夸耀越中灯事之盛、自己收藏各色花灯之富，而且描绘了自家演戏之奇。（详可参见本书卷四《张氏声伎》）

宁　了

大父母喜豢珍禽[1]：舞鹤三对、白鹇一对[2]，孔雀二对[3]，吐绶鸡一只[4]，白鹦鹉、鹩哥、绿鹦鹉十数架[5]。一异鸟名"宁了"，身小如鸽，黑翎如八哥[6]，能作人语，绝不含糊。大母呼媵婢[7]，辄应声曰："某丫头，太太叫！"有客至，叫曰："太太，客来了，看茶！"有一新娘子善睡，黎明辄呼曰："新娘子，天明了，起来吧！太太叫，快起来！"不起，辄骂曰："新娘子，臭淫妇，浪蹄子[8]！"新娘子恨甚，置毒药杀之。"宁了"疑即"秦吉了"[9]，蜀叙州出[10]，能人言。一日夷人买去，惊死，其灵异酷似之。

| 注释 |

① 大父母：祖父母。张岱祖父张汝霖，见本书卷一《砎园》注。祖母，朱恭人，系朱文懿公赓之女。

② 白鹇：又称银雉、白雉，著名观赏鸟。雄雌异色。雄鸟头脸和脚部均为红色，羽翼及长尾黑白相间。食昆虫、草叶、果实。

③ 孔雀：《夜航船·四灵部·孔雀》："自爱其尾，遇芳时好景，闻鼓吹则舒张翅尾，盼睐而舞。性妒忌，见妇女盛服，必奔逐啄之。山栖时，先择贮尾之地，然后置身。欲生捕之者，候雨甚，往擒之。尾沾雨而重，人虽至，犹爱尾，不敢轻动也。"

④ 吐绶鸡：又名珍珠鸡，统称火鸡。因上嘴根有肉绶，能伸缩，时时变色，故名。《夜航船·四灵部·吐绶鸡》："形状、毛色俱如大鸡。天晴淑景，颔下吐绶，方一尺，金碧晃耀，花纹如蜀锦，中有一字，乃篆文'寿'字，阴晦则不吐。一名'寿字鸡'，一名'锦带功曹'。"

⑤ 鹩哥：鸟纲，雀形目。是驰名的鸣叫型笼养观赏鸟。黑色有光泽，翅有白块斑，黄肉垂，嘴和脚淡橙色。其歌声嘹亮婉转、富有旋律，并善于模仿其他鸟鸣声，经过训练还能模仿人语，学唱简单歌曲。

⑥ 八哥：鸟纲，雀形目。又名鸲鹆。全身羽毛黑色而有光泽，嘴和脚黄色，

额前羽毛耸立如冠状，两翅有白色斑，飞行时尤为明显，从下面看宛如"八"字，故有八哥之称。尾羽具有白色端，能模仿人言以及其他鸟类的鸣声。

⑦ 媵（yìng）：陪嫁女，多为妾婢。

⑧ 浪蹄子：淫妇。

⑨ 秦吉了：《夜航船·四灵部·秦吉了》："岭南灵鸟。一名'了哥'。形似鸲鹆。黑色，两肩独黄，顶毛有缝，如人分发。耳聪心慧，舌巧能言。有夷人以数万钱买去，吉了曰：'我汉禽，不入胡地。'遂惊死。"

⑩ 叙州：治所在今四川宜宾市。

【评品】　作者在一系列豢养的珍禽中，突出"宁了"之灵、之异。而其灵、其异，全在人之调教驯养。即以其骂新娘子的粗俗语为例，全是平素调教它的人，不好当面指斥，只能背地教"宁了"骂新娘子。而新娘子无法对此人发作，只能迁怒于"宁了"，毒杀之。结尾所补秦吉了的故事，切勿作赘笔等闲视之：它不仅交待了前、后两则事件的相似，而且秦吉了所言"我汉禽，不入胡地"，直是作者作为亡明遗民的心声，其最终惊死的结局，深蕴作者的隐衷。

张氏声伎

谢太傅不畜声伎[1]，曰："畏解，故不畜。"王右军曰："老年赖丝竹陶写[2]，恒恐儿辈觉。"曰"解"，曰"觉"，古人用字深确。盖声音之道入人最微，一解则自不能已，一觉则自不能禁也。我家声伎，前世无之，自大父于万历年间与范长白、邹愚公、黄贞父、包涵所诸先生讲究此道[3]，遂破天荒为之。有"可餐班"，以张彩、王可餐、何闰、张福寿名；次则"武陵班"，以何韵士、傅吉甫、夏清之名；再次则"梯仙班"，以高眉生、李岕生、马蓝生名；再次则"吴郡班"，以王畹生[4]、夏汝开[5]、杨啸生名；再次则"苏小小班"，以马小卿、潘小妃名；再次则平子"茂苑班"[6]，以李含香、顾岕竹、应楚烟、杨骙骃名。主人解事日精一日[7]，而侯童技艺亦愈出愈奇。余历年半百，小侯自小而老、老而复小、小而复老者，凡五易之。

无论"可餐"、"武陵"诸人，如三代法物[8]，不可复见；"梯仙"、"吴郡"间有存者，皆为佝偻老人[9]；而"苏小小班"亦强半化为异物矣[10]；"茂苑班"则吾弟先去，而诸人再易其主。

余则婆娑一老[11]，以碧眼波斯[12]，尚能别其妍丑[13]。山中人至海上归[14]，种种海错皆在其眼[15]，请共舐之[16]。

| 注释 |

① 谢太傅：谢安（320—385），字安石，东晋陈郡阳夏（今河南太康）人。四十后出仕，历任尚书仆射，领吏部，加后将军。一心辅晋，人比之王导。符坚攻晋，安为征讨大都督，遣侄玄等在淝水大败之。拜太保。卒赠太傅。

② 王右军：王羲之（303—361），字逸少，东晋琅玡临沂（今属山东），官至右将军、会稽内史，人称王右军，著名书法家。　丝竹：泛指民乐的管弦乐

器。　陶写：陶冶性情，宣泄忧闷。《世说新语·言语》："谢太傅语王右军曰
'中年伤于哀乐，与亲友别，辄作数日恶。'王曰：'年在桑榆，自然至此。正
赖丝竹陶写，恒恐儿辈觉，损欣乐之趣。'"

③ 大父：见本书卷一《硔园》注。　范长白：范允临，见本书卷五《范长
白》。　邹愚公：邹迪光，字彦吉，无锡人，号愚公。万历进士，历官湖广学
政。罢官时，年尚壮，卜筑锡山下。极亭园歌舞之胜，画山水脱尽时俗，兼工
诗文。　黄贞父：黄汝亨，见本书卷一《奔云石》注。　包涵所：见本书卷三
《包涵所》。

④ 王畹生：名妓玉燕之妹，善画兰。

⑤ 夏汝开：张岱《琅嬛文集》有《祭义伶文》祭奠之。称其为苏州人，携
父母、弟妹五人投靠。其生前傅粉，传登场弩眼张舌，嘻笑鬼诨，观者绝
倒，听者喷饭，无不交口赞夏汝开妙者……死之日，市人行道，儿童妇女，
无不叹惜。

⑥ 平子：张岱族弟。见本书卷二《绍兴琴派》注。

⑦ 解事：此指对戏曲角色行当演技的理解和懂行。

⑧ 三代法物：夏、商、周的古董。法物，原指与佛法有关的物品器具。

⑨ 佝偻：驼背。

⑩ 强半：大半、过半。　化为异物：亡故。

⑪ 婆娑：此指步履蹒跚。

⑫ 碧眼波斯：张岱曾多处用此语，疑犹今之明眼人。似为当时俗语。由于中
西商贸繁荣，唐代以后多有波斯（今伊朗）商人来华交易。其眼深碧，异于汉
人，故以为喻。

⑬ 妍丑：美丑、好坏。

⑭ 山中人至海上归：比喻历经世事沧桑，见多识广。张岱在《西湖梦寻·自序》中也用过此喻。

⑮ 海错：品种杂多的海产品，统称海错。

⑯ 舐：此指凭借鉴赏的眼光，加以品味。

【评品】 作者历叙张家世代戏班的更迭兴替，以"碧眼波斯"、"至海上归"的"山中人"自诩，感叹世事沧桑。作者论戏曲、声律之道在"解"，在"觉"，他于世事人生的感慨，也体现出这种"解"和"觉"。本文所涉及的诸戏曲班艺人，多有本书卷七《龙山雪》一章中与作者交游者，可参看。

方　物[1]

越中清馋[2]，无过余者，喜啖方物。北京则苹婆果、黄鼠、马牙松[3]；山东则羊肚菜[4]、秋白梨[5]、文官果[6]、甜子；福建则福橘、福橘饼、牛皮糖、红腐乳；江西则青根[7]、丰城脯；山西则天花菜[8]；苏州则带骨鲍螺、山查丁、山查糕、松子糖、白圆、橄榄脯[9]；嘉兴则马交鱼脯、陶庄黄雀[10]；南京则套樱桃、桃门枣、地栗团、窝笋团、山查糖；杭州则西瓜、鸡豆子[11]、花下藕、韭芽、玄笋、塘栖蜜橘¹²；萧山则杨梅¹³、莼菜¹⁴、鸠鸟、青鲫、方柿¹⁵；诸暨则香狸、樱桃、虎栗¹⁶；嵊则蕨粉¹⁷、细榧¹⁸、龙游糖；临海则枕头瓜；台州则瓦楞蚶、江瑶柱¹⁹；浦江则火肉²⁰；东阳则南枣；山阴则破塘笋²¹、谢橘²²、独山菱²³、河蟹、三江屯蛏²⁴、白蛤、江鱼、鲋鱼²⁵、里河鲢²⁶。远则岁致之，近则月致之、日致之。耽耽逐逐²⁷，日为口腹谋²⁸，罪孽固重。但由今思之，四方兵燹²⁹，寸寸割裂，钱塘衣带水³⁰，犹不敢轻渡，则向之传食四方³¹，不可不谓之福德也³²。

注释

① 方物：地方土特产品。《尚书·旅獒》："无有远迩，毕献方物。"

② 清馋：士大夫自谓洁而不杂的贪馋。陆游诗"清馋不可耐"。

③ 苹婆果：张岱《咏方物·苹婆果》："西番朱柰果，遗种在燕京。松絮云为母，鲜甜露有兄。安期瓜大枣，楚市密甘萍。仙灶丹砂色，疏疏点蛋清。"据咏，似即今之苹果（古称"柰"，见本书卷四《严助庙》"北苹婆果"注）。而今所谓"苹婆果"，又称凤眼果，产于两广、贵州，而非西番。　黄䴓、马牙松：不详。一说此处当系"黄芽马粪菘"之误，即北京大白菜。李时珍《本草纲目》云："南方之菘，畦内过冬。北方者多入窖内。燕京圃人又以马粪入窖壅培，不见风日，长出苗叶，皆嫩黄色，谓之黄芽菜。"张岱所说，应该正是这种京师特产。

④ 羊肚菜：又名羊肚菌、羊肚蘑。春夏之交长于雨后的林中草地，是一种食用药膳。

⑤ 秋白梨：我国北方最古老梨种。宜于在阳坡沙地生长，喜水耐贮。

⑥ 文官果：又称文冠果。见本书卷四《严助庙》注。

⑦ 青根：青根鱼主要产于长江流域地区，也可人工养殖，鱼肉厚且嫩，味鲜美，富含脂肪，刺大而少，是淡水鱼中的上品。

⑧ 天花菜：又称台蘑。元代吴瑞《日用本草》记述：天花菜出自山西五台山，形如松花而大，香气如簟，白色，食之甚美。唐宋时就被选做宫廷菜，是山西传统的著名特产。

⑨ 带骨鲍螺：一种乳酪饼。本书卷四《乳酪》云："苏州过小拙（将乳酪）和以蔗浆霜，熬之、滤之、钻之、掇之、印之，为带骨鲍螺，天下称至味。"

⑩ 嘉兴：今浙江市名。　马交鱼：即马臯鱼。洪亮吉《晚读书斋杂录·初录》："嘉兴出马臯鱼，味较他鱼清美。"并引《越绝书》考证鱼以地而得名：吴伐越，道遇大风，匹马啼噑，因名马噑城。

⑪ 鸡豆子：疑即鸡头，水生植物，名芡，种子为芡实，可供食用或入药。

⑫ 花下藕：张岱《咏方物·花下藕》："花气回根节，弯弯几臂长。雪映岁月色，璧润杂冰光。香可兄兰雪，甜堪子蔗霜。层层土绣发，汉玉重甘黄。"　塘栖：杭州古镇。处大运河口岸，历来为杭州水上门户。今塘栖以枇杷而非蜜橘著称。

⑬ 萧山：今浙江杭州辖区。

⑭ 莼菜：又名水葵、凫葵。多生于河流湖泊中，叶椭圆形，有长柄浮水面，茎及叶柄有粘液，可作菜羹。

⑮ 方柿：本书卷七《鹿苑寺方柿》云："萧山方柿……必树头红而坚脆如藕者，方称绝品。……六月歊暑，柿大如瓜，生脆如咀冰嚼雪，目为之明。"

⑯ 诸暨：及下文的嵊、临海、东阳、浦江、台州、山阴均为浙江的县市名。

⑰ 蕨：菜名。嫩叶可食，茎多淀粉。

⑱ 榧：木名。子为榧子，其仁可食，能除虫，还可榨油。

⑲ 瓦楞蚶：《夜航船·四灵部·瓦楞蚶》："宁海沿海有蚶田，用大蚶捣汁，竹筅帚洒之，一点水即成一蚶，其状如荸荠，用缸砂壅之，即肥大。" 　　江瑶柱：即江珧，又名西施舌。贝类，壳大而薄，前尖后广，呈楔形。其肉柱味鲜美，名江瑶柱，为海味珍品。苏轼曾为之作传。张岱《咏方物·定海江瑶》："谁传江瑶柱，纂修是大苏。西施牙后慧，虢国乳边酥。柱合珠为母，瑶分玉是雏。广东猪肉子，曾有此鲜无？"

⑳ 浦江火肉：即今金华火腿。张岱《咏方物·浦江火肉》注明"金华"并云："至味惟猪肉，金华蚤得名。珊瑚同肉软，琥珀并脂明。味在淡中取，香从烟里生。腥膻气味尽，堪配雪芽清。"

㉑ 破塘笋：绍兴破塘村特产。本书卷三《天镜园》称其"形如象牙，白如雪，嫩如花藕，甜如蔗霜"。

㉒ 谢橘：余姚谢氏园所产之橘。

㉓ 独山：即蜀山，在绍兴城西柯山之东，俗称独山，盛产菱。

㉔ 三江屯：在绍兴城北，为明朝巡检司所在地。

㉕ 鲥鱼：名贵食用海鱼。体扁而长，腹部银白色。五六月间入淡水产卵。以其进出有时，故名鲥鱼。

㉖ 鰶：即白鲦鱼。淡咸水中均有，长不逾尺。

㉗ 耽耽逐逐：沉溺和追逐（美食）。

㉘ 口腹：饮食。《孟子·告子上》："饮食之人，无有失也，则口腹岂适为尺寸之肤哉！"

㉙ 兵燹：兵祸战乱。

㉚ 衣带水：一衣带水，形容水流狭窄，不足为阻。《南史·陈后主纪》祯明二

年，"隋文帝谓仆射高颎曰：'我为百姓父母，岂可限一衣带水不拯之乎？'"

㉛ 向之：过去的。　传食：辗转受人供养。《孟子·滕文公下》："后车数十

乘，从者数百人，以传食于诸侯，不以泰乎。"

㉜ 福德：因行善而得到的福利。

【评品】　作者《咏方物》诗自注："自是老饕，遂为诸物董史。"还

自称"越中清馋，无过余者"，殆非夸饰。除本文之外，犹有《咏方

物》诗二十（今仅存十）首、《老饕集序》及《夜航船》等多处论述

方物特产和美食，可见作者确是美食家，谙于食道，精于辨味，工于

烹调。本文所列各地特产，有的至今尚存，有的已经失传。所以本文

自有其民俗资料价值。作为世家子弟，作者坦言曾"日为口腹谋"。

林林总总的各地土特名产，"远则岁致之，近则月致之、日致之"，如

此豪奢，"罪孽固重"，也是明末名士放浪不羁生活的一部分，但在

"四方兵燹"，国土"寸寸割裂"，自身衣食不继之时回想起来，却是

别有一番滋味在心头的。

祁止祥癖[1]

人无癖不可与交，以其无深情也；人无疵不可与交[2]，以其无真气也。余友

祁止祥有书画癖，有蹴踘癖[3]，有鼓钹癖[4]，有鬼戏癖[5]，有梨园癖[6]。壬午[7]，至南都[8]，止祥出阿宝示余，余谓："此西方迦陵鸟[9]，何处得来？"阿宝妖冶如蕊女[10]，而娇痴无赖[11]，故作涩勒[12]，不肯着人。如食橄榄，咽涩无味，而韵在回甘[13]；如吃烟酒，鲠餲无奈[14]，而软同沾醉。初如可厌，而过即思之。止祥精音律，咬钉嚼铁，一字百磨，口口亲授，阿宝辈皆能曲通主意[15]。乙酉[16]，南都失守，止祥奔归，遇土贼，刀剑加颈，性命可倾，阿宝是宝[17]。丙戌[18]，以监军驻台州，乱民卤掠[19]，止祥囊箧都尽，阿宝沿途唱曲，以膳主人[20]。及归，刚半月，又挟之远去。止祥去妻子如脱屣耳[21]，独以娈童崽子为性命[22]，其癖如此。

注释

① 祁止祥：祁豸佳，字止祥，山阴人。天启丁卯（1627）年举人，以教谕迁吏部司务，与陈章侯、王雨谦等结"云门十子"社不赴。明亡，不仕。工书画（详见《越中杂识·文苑》）。尤长于曲律："常按红牙板教诸子或自度曲，或自倚洞箫和之，借以抒其愤郁。"（周亮工《读画录》）与张岱多有诗文唱酬，张岱有《寿祁止祥八十》诗，称其为"曲学知己"（详见《祭周戬伯文》）。止祥曾为《西湖梦寻》序，谓张岱文"有郦道元之博奥，有刘同人之生辣，有袁中郎之倩丽，有王季重之诙谐"，可见二人也是文学知己。　癖：对某一事物深嗜酷爱，到痴迷的程度。

② 疵：毛病，缺点。

③ 蹴踘：即蹴鞠，古代军中习武之戏，类似今之足球赛。蹴，踢。踘，同鞠，毬。

④ 钹（bó）：见本书卷四《秦淮河房》注。

⑤ 鬼戏：祁彪佳《祁忠敏公日记·归南快录》："午后作书，饯罗和阳公祖。止祥兄于灯下作鬼戏，眉面生动，亦一奇也。"

⑥ 梨园：戏曲戏班。见本书卷四《严助庙》注。

⑦ 壬午：崇祯十五年（1642）。

⑧ 南都：南京。

⑨ 迦陵：鸟名。梵语迦陵频伽的略称。义译为好声音鸟。《夜航船·四灵部·迦陵鸟》："鸣清越如笙箫，妙合宫商，能为百虫之音。《楞严经》云：'迦陵仙音，遍十方界。'"

⑩ 蕊女：花龄少女。

⑪ 无赖：此作顽皮、可爱讲。辛弃疾《清平乐·村居》："最喜小儿无赖，溪头卧剥莲蓬。"

⑫ 涩勒：本为竹之一种。此作不随顺、别扭讲。

⑬ 韵在回甘：情韵的甜美，在于回味。

⑭ 鲠馅：哽咽。

⑮ 曲通主意：百般切合主人的意图。

⑯ 乙酉：清顺治二年（1645）。南京于是年失守。

⑰ "性命"二句：谓其性命可丢，只视阿宝为宝。

⑱ 丙戌：清顺治三年（1646）。是年鲁王朱以海监国于绍兴。

⑲ 卤掠：掳掠。掠夺。

⑳ 膳：供食，养活。

㉑ 脱屣：丢弃鞋子。喻看得很轻，不以为意。

㉒ 娈童：被侮弄的美童男。

【评品】　作者认为"人无癖不可与交，以其无深情也；人无疵不可与交，以其无真气也。"既有深理，又有偏颇。"无深情"、"无真气"的人确不值得深交；然"有癖"、"有疵"的人则也未必皆可深交，须视其有何"疵"、何"癖"而定。即以祁止祥而言，其书画癖、梨园癖，实为文人雅好，"无深情"、"无真气"、无"疵"、无"癖"，何以专精？不千锤百炼何以专精？而其"去妻子如脱屣耳，独以娈童崽子为性命"，这是旧社会文人狎玩的陋习，则不足称道。文中对音律韵味的描摹品味，深得个中三昧。

泰安州客店[1]

客店至泰安州，不复敢以客店目之[2]。余进香泰山，未至店里许，见驴马槽房二三十间；再近，有戏子寓二十余处；再近，则密户曲房，皆妓女妖冶其中。余谓是一州之事[3]，不知其为一店之事也。投店者，先至一厅事，上簿挂号[4]，人纳店例银三钱八分[5]，又人纳税山银一钱八分[6]。店房三等：下客夜素早亦素，午在山上用素酒果核劳之，谓之"接顶"。夜至店，设席贺，谓烧香后求官得官，求子得子，求利得利，故曰贺也。贺亦三等：上者专席，糖饼、五果、十肴、果核、演戏[7]；次者二人一席，亦糖饼，亦肴核，亦演戏；下者三四人一席，亦糖饼、肴核，不演戏，用弹唱。计其店中，演戏者二十余处，弹唱者不胜计。庖厨炊爨亦二十余所[8]，奔走服役者一二百人。下山后，荤酒狎妓惟所欲，此皆一日事也。若上山落山，客日日至，而新旧客房不相袭，荤素庖厨不相混，迎送厮役不相兼，是则不可测识之矣。泰安一州与此店比者五六所[9]，又更奇。

| 注释 |

① 泰安州：治所在今山东泰安市。

② 目之：看待它。

③ 一州之事：此指一州所有客店所共有的（牲口棚、戏子寓和妓女院）。

④ 上簿挂号：犹今之登记在册。

⑤ 店例：此指食宿费。

⑥ 税山银：犹今之登山门票。

⑦ 肴：酒菜。　核：果实中坚硬包含果仁的部分，此指代水果。

⑧ 庖厨炊爨：指代厨房。爨，灶。

⑨ 比者：可比肩相仿的客店。

【评品】　作者由远而近：由投店、入住、登记、交费而及餐食、娱乐、登顶、烧香，有条不紊地描摹了泰安州的一家客店。其规模之大，设施之多，演戏者、弹唱者、奔走服役者之众，令人"不可测识之"；接客、待客内容、方式、场所、档次等级之五花八门，以至于以作者之见多识广，犹谓"是一州之事，不知其为一店之事也"，以至于不敢以客店目之。文章为明末该地民俗民风之一瞥，并从一个侧面反映出当年泰山游客之盛，泰安之繁华。

51

卷
五

范长白[1]

范长白园在天平山下，万石都焉[2]。龙性难驯[3]，石皆笏起[4]，旁为范文正墓[5]。园外有长堤，桃柳曲桥，蟠屈湖面，桥尽抵园[6]，园门故作低小，进门则长廊复壁，直达山麓。其绘楼幔阁、秘室曲房[7]，故故匿之[8]，不使人见也。山之左为桃源[9]，峭壁回湍，桃花片片流出。右孤山[10]，种梅千树。渡涧为小兰亭[11]，茂林修竹，曲水流觞，件件有之。竹大如椽，明静娟洁，打磨滑泽如扇骨，是则兰亭所无也。地必古迹，名必古人，此是主人学问。但桃则溪之，梅则屿之，竹则林之，尽可自名其家，不必寄人篱下也。

余至，主人出见。主人与大父同籍[12]，以奇丑著。是日释褐[13]，大父嘲之曰[14]："丑不冠带[15]，范年兄亦冠带了也。"人传以笑。余亟欲一见。及出，状貌果奇，似羊肚石雕一小猱[16]，其鼻垩[17]，颧颐犹残缺失次也[18]。冠履精洁，若谐谑谈笑，面目中不应有此。开山堂小饮，绮疏藻幕[19]，备极华褥，秘阁清讴[20]，丝竹摇飏[21]，忽出层垣，知为女乐[22]。饮罢，又移席小兰亭，比晚辞去。主人曰："宽坐[23]，请看'少焉'。"余不解，主人曰："吾乡有缙绅先生[24]，喜调文袋[25]，以《赤壁赋》有'少焉月出于东山之上'句[26]，遂字月为'少焉'。顷言'少焉'者，月也。"固留看月，晚景果妙。主人曰："四方客来，都不及见小园雪，山石岭岈²⁷，银涛蹴起，掀翻五泄²⁸，捣碎龙湫²⁹，世上伟观，惜不令宗子见也。"³⁰步月而出，至玄墓³¹，宿葆生叔书画舫中³²。

| 注释 |

① 范长白：范允临，字长倩，一号长白，华亭（今上海）人，居吴县（今属苏州）。万历二十三年进士，历任南兵部主事、工部郎中，以按察佥事提学云南，迁福建布政使参议。有《输寥馆集》。工书画，与董其昌齐名。筑室天平山之阳，卒年八十四。　天平山：在苏州城西三十里，位于灵岩山、支硎山之间。因山势高峻，唐代曾称其为白云山。又因山顶正平而称天平山。怪石、枫林、甘泉为天平三绝。山的东麓有北宋名臣范仲淹三代墓葬，亦称"范坟山"。范长白或系其族裔。

② 都：聚集，汇集。

③ 龙性难训：此状天平山形似难驯之龙。

④ 笏起：挺起如笏板。笏，古代士大夫朝会时所佩的手板。遇事可记其上，以备遗忘。

⑤ 范文正：即范仲淹（989—1052），字希文，吴县人。大中祥符进士。仁宗朝官至枢密副使、参知政事，主持"庆历新政"。卒谥文正。

⑥ 抵园：抵达，通往园林。

⑦ 绘楼：画梁雕栋的楼宇。　幔阁：幔帐为帘的阁楼。

⑧ 故故：特意。

⑨ 桃源：原为晋陶渊明《桃花源记》中所描绘的世外桃源境地。此与下文

"孤山"、"兰亭"皆为园中所筑的仿景。

⑩ 孤山：在杭州西湖。北宋初林逋绝意仕进，隐居于此，植梅养鹤，人称"梅妻鹤子"。

⑪ 兰亭：在绍兴兰渚山下。东晋王羲之曾撰《兰亭集序》，记叙永和九年三月三日他与朋友在此修禊的盛况。园内有茂林修竹，他们进行了"曲水流觞"的游戏。所谓"曲水流觞"是一种在环曲的水溪旁宴集，水面上的酒杯流停在谁面前，谁即取饮的游戏活动。

⑫ 大父：张岱祖父张汝霖。见本书卷一《砎园》注。　同籍：登记在同册，指同年进士。

⑬ 释褐：即做官。脱去布衣，换着官服。此取后义。

⑭ 嬲（niǎo）：戏弄。

⑮ 冠带：指入仕为官。亦指换着官服。

⑯ 羊肚石：白石。　猱（náo）：古书上说的一种猴。

⑰ 垩：涂白土。

⑱ 颧颐：颧骨，面颊。

⑲ 绮疏：雕饰花纹的窗户。　藻幕：有彩饰的帐幕。

⑳ 清讴：清美的歌唱。

㉑ 丝竹：见本书卷二《朱云崃女戏》注。

㉒ 女乐：乐舞奴隶，古代专业的歌舞艺人。

㉓ 宽坐：留坐的敬辞。

㉔ 缙绅：见本书卷一《日月湖》注。

㉕ 调文袋：掉书袋。喜引古书，逞渊博。

㉖ 《赤壁赋》：苏轼因乌台诗案获罪后，被贬为黄州团练副使。居闲职，处险境，悲年华易逝，苦事业无成，故寄情山水，以求解脱。曾两游赤壁，写下前、后《赤壁赋》。此指前《赤壁赋》。

㉗ 岈岈：山深貌。

㉘ 五泄：溪名，又称五瀑，在诸暨县东北。瀑从五泄山顶飞泻而下，凡五级，景色各异。溪两岸异峰怪石，有七十二峰。

㉙ 龙湫：浙江乐清县雁荡山大龙湫。水从 192 米的连云峰凌空而下，白练飞垂，十分壮观。

㉚ 宗子：张岱字宗子。

㉛ 玄墓：山名，在今苏州吴县。相传东晋郁泰玄葬此，故名。它与光福、邓尉诸山相连，多植梅花，花开望之若雪，有"香雪海"之誉。

㉜ 葆生叔：张岱二叔张联芳，见本书卷二《焦山》注。

【评品】 文章前半写园，后半状人。范长白工书画，故所筑园林亭阁雅有诗情画意。作者由园外而园门而园内，从山左到山右，纡徐道来，有条不紊，移步换景，历历如绘，确系苏州园林的特色。园中桃园之桃、孤山之梅、兰亭之竹，"地必古迹，名必古人，此是主人学问"，但未免有矮人看场、附庸风雅之嫌；作者认为"但桃则溪之，梅则屿之，竹则林之，尽可自名其家，不必寄人篱下也"。岂但园林营造如是，诗文创作亦应如是，这正是作者审美趋尚的高人一筹之处。前半部分的描绘是未见其人，先赏其园，亦以园写人也。后半写主人之貌陋，颇含戏谑，与园亭之雅致、冠履之精洁、陈设之华缛、女乐之清雅，对比鲜明。园中宴乐，是实写，详写，晚景、"雪"景，是略写，虚写。

于　园

　　于园在瓜州步五里铺[1]，富人于五所园也[2]。非显者刺[3]，则门钥不得出。葆生叔同知瓜州[4]，携余往，主人处处款之。园中无他奇，奇在磊石[5]。前堂石坡高二丈，上植果子松数棵，缘坡植牡丹、芍药，人不得上，以实奇。后厅临大池，池中奇峰绝壑，陡上陡下，人走池底，仰视莲花，反在天上，以空奇。卧房槛外，一壑旋下如螺蛳缠[6]，以幽阴深邃奇。再后一水阁，长如艇子，跨小河，四围灌木蒙丛，禽鸟啾唧[7]，如深山茂林，坐其中，颓然碧窈。瓜州诸园亭，俱以假山显，胎于石[8]，娠于磊石之手[9]，男女于琢磨搜剔之主人[10]，至于园可无憾矣。仪真汪园[11]，舁石费至四五万[12]，其所最加意者[13]，为"飞来"一峰[14]，阴翳泥泞，供人唾骂。余见其弃地下一白石，高一丈，阔二丈而痴，痴妙[15]；一黑石，阔八尺，高丈五而瘦，瘦妙。得此二石足矣，省下二三万收其子母[16]，以世守此二石何如[17]？

| 注释 |

① 瓜州：在江苏邗江县南、大运河入长江处。与镇江市相对，又称瓜埠洲。

本为江中沙洲，沙渐长，状如瓜字，故名。 步：通埠，泊船之处。

② 所园：所修建的园林。

③ 显者：显达的人。 刺：投刺。古代在竹简上刺上名字，称刺，犹如今之名片。将其递上求见，称投刺。

④ 葆生叔：见本书卷二《焦山》注。 同知：宋代以后，州、府、军的副贰官职称同知。

⑤ 礌：石众多貌。

⑥ 螺蛳：即螺丝。外有旋线硬壳的软体动物。

⑦ 啾唧：禽鸟的鸣叫声。

⑧ 胎于石：（假山）胎息于山石。

⑨ 娠于礌石之手：孕育于礌石工匠之手。

⑩ 男女于琢磨搜剔之主人：以世间形貌各异的男女比喻千姿百态的山石，它们成于琢磨搜剔（此指创意搜罗构思经营）的主人。

⑪ 仪真：今江苏仪征市，为扬州代管市。 汪园：疑即汪机（士衡）延请著名园艺大师计成设计的"寤园"。

⑫ 舆：运载。

⑬ 加意：着意，刻意。

⑭ 飞来：峰名，在杭州灵隐寺前。见本书卷二《岣嵝山房》注。此处借指园石。

⑮ 痴：痴肥，肥胖。

⑯ 子母：利息和本钱。

⑰ 世守：世代保有。

【评品】　于园"园中无他奇，奇在礨石"，所以文章以石为中心，写其何以"以实奇"，"以空奇"，以"幽阴深邃奇"。然后广而言之："瓜州诸园亭，俱以假山显，胎于石，娠于礨石之手，男女于琢磨搜剔之主人，至于园可无憾矣。"盛赞于园石之奇。最后用仪真汪园反衬之：该园斥巨资运石，最加意为之的"飞来峰"，反不如其所弃置于地的黑白二石：一痴，一瘦，相映成趣。可见人们审美情趣、品位之不同。

诸　工

竹与漆与铜与窑[1]，贱工也[2]。嘉兴之腊竹[3]，王二之漆竹[4]，苏州姜华雨之篦箕竹[5]，嘉兴洪漆之漆，张铜之铜，徽州吴明官之窑[6]，皆以竹与漆与铜与窑名家起家，而其人且与缙绅先生列坐抗礼焉[7]。则天下何物不足以贵人，特人自贱之耳。

| 注释 |

① 窑：此指瓷窑。

② 贱工：人所轻视、瞧不起的工艺。

③ 嘉兴：市名。今属浙江省。　腊竹：当作"蜡竹"。蜡涂制加工过的竹器。

④ 漆竹：漆饰的竹器。

⑤ 姜华雨：据清阮葵生《茶馀客话》载："苏州姜华雨、赵良璧、黄元吉、归懋德治锡，李昭（一作荷叶李）、马勋治扇，周柱治镶嵌，吴爱山冶金，王小溪治玛瑙，蒋抱云、王吉制铜，雷文、张越治琴，范昌白治三弦子，杨茂、张成治漆器，江千里治嵌漆，胡四治铜炉，谈氏笺、顾氏绣、洪氏漆、孙春阳烛，又文衡山非方扇不书，穆大展刻字，顾二娘、王幼君治砚，张玉贤竹笔竹器，皆名闻朝野，今传后无疑也。"则姜华雨所长不仅篶箓竹而已。　篶箓竹：又称梅鹿竹，斑竹之一种。

⑥ 徽州：府名。今安徽黄山市。　吴明官：晚明徽州陶瓷著名艺人。《陶录余编》："按徽州与景（德）镇甚近，吴明官或亦曾陶吾镇（在景德镇制陶）著名当时者欤？不然，徽地无窑也。"

⑦ 缙绅：见本书卷一《日月湖》注。　列坐：并列而坐。　抗礼：行对等之礼。

【评品】 作者虽出身于官宦世家，对各色民间工艺却情有独钟，真正将其作为高尚、精湛的艺术加以鉴赏品味，列述名家名品，如数家珍。自古儒家以百工为贱，以致史书往往失其真名，而仅以其所长之艺名之，如本文"张铜"、"洪漆"。作者则认为这些民间工艺家足以"与缙绅先生列坐抗礼焉"。作者还认为"天下何物不足以贵人，特人自贱之耳"。深含哲理，足以励志。也是对封建礼教等级制度的否定，对民间诸工艺大师及其精艺的衷心礼赞。

姚简叔画

姚简叔画千古，人亦千古^①。戊寅^②，简叔客魏^③，为上宾。余寓桃叶渡^④，往来者闵汶水、曾波臣一二人而已^⑤。简叔无半面交，访余，一见如平生欢，遂榻余寓^⑥。与余料理米盐之事，不使余知。有空，则拉余饮淮上馆^⑦，潦倒而归^⑧。京中诸勋戚大老、朋侪缁衲、高人名妓^⑨，与简叔交者，必使交余，无或遗者。

与余同起居者十日，有苍头至^⑩，方知其有妾在寓也。简叔塞渊不露聪明^⑪，为人落落难合^⑫，孤意一往^⑬，使人不可亲疏。与余交不知何缘，反而求之不得也。访友报恩寺^⑭，出册叶百方^⑮，宋元名笔。简叔眼光透入重纸，据梧精思^⑯，面无人色。及归，为余仿苏汉臣^⑰：一图，小儿方据澡盆浴，一脚入水，一脚退缩欲出；宫人蹲盆侧，一手掖儿^⑱，一手为儿擤鼻涕；旁坐宫娥，一儿浴起伏其膝，为结绣裼^⑲。一图，宫娥盛装端立，有所俟，双鬟尾之；一侍儿捧盘，盘列二瓯^⑳，意色向客；一宫娥持其盘，为整茶锹^㉑，详视端谨。复视原本，一笔不失。

注释

① 姚简叔：姚允在，字简叔，会稽人。工山水人物，遒劲不凡。张岱在《柳麻子说书》诗中曾称誉："波臣写照简叔画。"在《祭周戬伯文》中视其为字

画知己。在《石匮书后集·妙艺列传》谓其"下笔淡远，一洗画工习气，其摹仿古人，见其临本，直可乱真……四方鉴赏家，得其片纸，如获拱璧。"

千古：千古一人，极喻难得。

② 戊寅：崇祯十一年（1638）。

③ 客魏：为魏国公门客。魏国公，清李瑶《绎史摭遗》卷十一载，徐弘基，字绍公，中山武宁徐达之后。崇祯朝袭封魏国公。守备南京。甲申之变，迎福王于江浦。后因忤阮大铖、马士英而乞归。本书卷一《钟山》一文中主祭的"魏国"即其人。

④ 桃叶渡：见本书卷三《闵老子茶》注。

⑤ 闵汶水：见本书卷二《燕子矶》注。在《与胡季望》书中，叹惜"金陵闵汶水死后，茶之一道绝矣。" 曾波臣：曾鲸（1568—1650），字波臣，福建莆田人，见本书卷四《不系园》注。

⑥ 榻：设榻，留宿。

⑦ 淮上馆：指秦淮河沿岸的酒馆青楼。

⑧ 潦倒：此形容大醉状。

⑨ 勋戚：有功劳的皇亲国戚。 大老：德高望重位尊者。 朋侪：朋辈。 缁衲：指代僧道。僧着衲（缝补、补缀）袍，道着缁（黑）衣。

⑩ 苍头：见本书三《栖霞》注。

⑪ 塞渊：诚实而深远。《诗·邶风·燕燕》："仲氏任只，其心塞渊"疏曰："其心诚实而深远。"

⑫ 落落难合：形容与人合不来。落落，状寂寞孤单。

⑬ 孤意一往：执意，执拗。

⑭ 报恩寺：在今中华门外古长干里。创建于三国吴时，明成祖朝重建。当时规模宏大，有殿堂二十余座，住僧五百余人。

⑮ 册叶：册页。书画分页装潢折叠成册。

⑯ 据梧：靠着桐木几案。梧，当作桐木几案讲。

⑰ 苏汉臣：宋代画家。河南开封人。徽宗朝宣和画院待诏，绍兴年间复职，隆兴初授承兴郎。师法刘宗古，善绘释道人物，用笔工整细劲，敷色鲜润。尤以写婴儿嬉戏和货郎担著称于世。

⑱ 掖：用手臂夹抱。

⑲ 裋：短衣。

⑳ 瓯：杯。

㉑ 茶锹：茶勺、茶匙之类的取茶之具。蔡襄《茶录》："茶匙要重，击拂有力，黄金为上。人间以银、铁为之；竹者轻，建茶不取。"

【评品】 作者赞美姚简叔之画不同凡俗，先写其人之不同凡俗："塞渊不露聪明，为人落落难合，孤意一往，使人不可亲疏。"也许是投缘契合，他与作者虽素昧平生，却独一见如故。不仅一起同住十余日，而且凡其所交，必介绍给作者。他读画、观画时，"眼光透入重纸，据梧精思，面无人色"。其专注入神程度可见。惟其如此，他在事后仿制模拟时，才能乱真：视原本，"一笔不失"。作者对其仿制品的描述说明，人物身份、方位、动作乃至神情、清晰细致，亦"一笔不失"。

炉峰月[1]

炉峰绝顶，复岫回峦[2]，斗耸相乱，千丈岩陬牙横梧[3]，两石不相接者丈许，俯身下视，足震慑不得前。王文成少年曾跻而过[4]，人服其胆。余叔尔蕴以毡裹体[5]，缒而下[6]，余挟二樵子，从壑底撺而上[7]，可谓痴绝。

丁卯四月[8]，余读书天瓦庵[9]，午后同二三友人绝顶，看落照。一友曰："少需之[10]，俟月出去。胜期难再得[11]，纵遇虎，亦命也。且虎亦有道[12]，夜则下山觅豚犬食耳[13]，渠上山亦看月耶[14]？"语亦有理。四人踞坐金简石上[15]。是日，月政望[16]，日没月出，山中草木都发光怪，悄然生恐。月白路明，相与策杖下山。行未数武[17]，半山嘑呼，乃余苍头同山僧七八人，持火燎[18]、韂刀[19]、木棍，疑余辈遇虎失路，缘山叫喊耳。余接声应，奔而上，扶掖下之。次日，山背有人言："昨晚更定[20]，有火燎数十把，大盗百余人，过张公岭，不知出何地？"吾辈匿笑不之语。谢灵运开山临澥，从者数百人，太守王琇惊骇[21]，谓是山贼，及知为灵运，乃安。吾辈是夜不以山贼缚献太守，亦幸矣。

| 注释 |

① 炉峰：香炉峰，见本书卷二《表胜庵》注。

② 岫：峰峦。 峦：绵延的山岭。

③ 陬（zōu）牙：角牙，边牙。 横梧：横撑。

④ 王文成：王守仁（1472—1528），号阳明，明代著名思想家，浙江余姚人。弘治十二年进士，官至南京兵部尚书，封新建伯，卒谥文成，世袭伯爵。趵：跳跃。

⑤ 尔蕴：张岱的七叔，名烨芳，字尔蕴，号七磬。不喜文墨，生而跛尪，召里中侠邪，陆博、弹筝、傅粉登场、斗鸡走狗，食客五六十人。（详见张岱《家传·附传》）

⑥ 缒：以绳拴住人或物体，从上而下。

⑦ 搲（wā）：吴俗谓手爬物曰"搲"。

⑧ 丁卯：天启七年（1627）。

⑨ 天瓦庵：《越中园亭记》："天瓦山房，在表胜庵下，背负绝壁，楼台在丹崖青嶂间。近张平子（张岱弟）读书其中，引溪当门，夹植桃李，建溪山草亭于山址，更自引人着胜。"

⑩ 少需之：稍等片刻。

⑪ 胜期：佳期，好日子。

⑫ 有道：此指遵循一定的生活规律。

⑬ 豚：小猪，也泛指猪。

⑭ 渠：岂。

⑮ 踞坐：一种两脚底和臀部着地两膝上耸的坐姿。 金简石：相传绍兴宛委山上有磐石，石上有金简青玉古字，故称。

⑯ 月政望：农历每月的十五日。

⑰ 武：半步。

⑱ 火燎：火把，火炬。

⑲ 鞰：插在靴筒中的刀。

⑳ 更定：见本书卷三《闵老子茶》注。

㉑ 谢灵运：(385—433)，南朝宋时著名山水诗人。陈郡阳夏人（今河南太
康），出生于会稽始宁（今浙江上虞）。因从小寄养在钱塘杜家，故乳名为客
儿，世称谢客。谢玄之孙，晋时袭封康乐公。性好山水，"凿山浚湖，功役无
已。寻山陟岭，必造幽峻，岩障千重，莫不备尽。登蹑常着木履，上山则去前
齿，下山去其后齿。尝自始宁南山，伐木开径，直至临海，从者数百人。临海
太守惊骇谓为山贼，徐知是灵运，乃安。"（《宋书·谢灵运传》）　澥：海。
骇："骇"的古字。

【评品】　作者先写炉峰之险，叙文成公、七叔和自己上下千丈岩的
不同方式，突出峰之险、人之痴。然后详述一次月夜游炉峰的遭遇。
先是虎吓人，为虚；后是人吓人，为实。再以谢灵运开山凿路，从者
数百，夜游临海，被人误为山贼的遭遇相比。结尾以自己被认作山
贼，却未被缚送太守为幸，也是一种自我调侃。总之是有惊无险。一
次平常的午后至月夜的登山活动，作者写得波澜迭起，有声有色。

湘　湖[1]

西湖，田也而湖之[2]，成湖焉；湘湖，亦田也而湖之，不成湖焉。湖西湖

者[3]，坡公也[4]，有意于湖而湖之者也；湖湘湖者，任长者也[5]，不愿湖而湖之者也。任长者有湘湖田数百顷，称巨富。有术者相其一夜而贫[6]，不信。县官请湖湘湖，灌萧山田，诏湖之，而长者之田一夜失，遂赤贫如术者言。今虽湖，尚田也[7]，不下插板[8]，不筑堰，则水立涸；是以湖中水道，非熟于湖者不能行咫尺。游湖者坚欲去，必寻湖中小船与湖中识水道之人，溯十阆三[9]，鲠咽不之畅焉[10]。湖里外锁以桥，里湖愈佳[11]。盖西湖止一湖心亭为眼中黑子[12]，湘湖皆小阜、小墩、小山乱插水面，四围山趾[13]，棱棱砺砺[14]，濡足入水，尤为奇峭。

余谓西湖如名妓，人人得而媟亵之[15]；鉴湖如闺秀[16]，可钦而不可狎[17]；湘湖如处子[18]，眠娗羞涩[19]，犹及见其未嫁时也。此是定评，确不可易。

⑦ "今虽"二句：现在虽说还算湖，但还可种田。

⑧ 插板：立柱插板夯土，以筑堰墙。

⑨ 溯十阂三：上溯湖水十里，倒有三里是泥淤的道。

⑩ 鲠咽：咽喉梗阻不畅。

⑪ "湖里外"二句：湘湖分上下两湖，中狭处架桥以通两岸。

⑫ 湖心亭：在西湖中。见本书卷三《湖心亭看雪》注。

⑬ "湘湖皆小阜"二句：湘湖四周有越王台、狮子峰、至湖岭等胜迹，湖心有
摩乌山秀立，竹树苍翠。

⑭ 棱棱砺砺：锋芒毕露的样子。

⑮ 媟亵：轻狎，亵玩。

⑯ 鉴湖：又称镜湖，在绍兴府城南三里，湖周三百余里。东汉太守马臻，筑
塘蓄水，溉田九千余顷。

⑰ 钦：仰慕。

⑱ 处子：处女。

⑲ 眂："视"之古字。　姘：姿容美好。

【评品】 本文写萧山县湘湖。开头对比西湖、湘湖成因之异同：西湖
有人工精心修缮经营，而湘湖则无心维护，任其淤塞。巧用"湖"词
动用的句式，遂有句意句法生新简洁之效。穿插术者占卜任长者富而
骤贫应验的传说，增强了文章的可读性。中间写湘湖"虽湖尚田"和
与此相应的行船游湖特点："必寻湖中小船与湖中识水道之人，溯十

阔三，鲠咽不之畅焉。"并比较了同有里外湖，湘湖与西湖的不同特色。最后各以女子为喻，比较了西湖、湘湖、鉴湖三者给人的不同审美感受。这比喻是作者的得意之笔，详见于《西湖梦寻·西湖总记·明圣二湖》。

柳敬亭说书

南京柳麻子，黧黑[1]，满面疤瘰[2]，悠悠忽忽[3]，土木形骸[4]，善说书。一日说书一回，定价一两。十日前先送书帕下定[5]，常不得空。南京一时有两行情人[6]：王月生[7]、柳麻子是也。

余听其说《景阳冈武松打虎》白文[8]，与本传大异[9]。其描写刻画，微入毫发，然又找截干净[10]，并不唠叨。哱夬声如巨钟[11]，说至筋节处[12]，叱咤叫喊，汹汹崩屋[13]。武松到店沽酒，店内无人，謦地一吼[14]，店中空缸空甓皆瓮瓮有声[15]。闲中着色[16]，细微至此。主人必屏息静坐，倾耳听之，彼方掉舌[17]。稍见下人咕哗耳语[18]，听者欠伸有倦色[19]，辄不言，故不得强。每至丙夜[20]，拭桌剪灯，素瓷静递[21]，款款言之[22]，其疾徐轻重，吞吐抑扬，入情入理，入筋入骨，摘世上说书之耳而使之谛听，不怕其不齿醋舌死也[23]。

柳麻子貌奇丑，然其口角波俏[24]，眼目流利[25]，衣服恬静，直与王月生同其婉娈[26]，故其行情正等[27]。

① 黧黑：面色黑而黄。

② 疤瘤：斑疤和肿包。

③ 悠悠忽忽：举止随便，不拘谨。

④ 土木形骸：人之形体像土木一样本色，不事修饰。《世说新语·容止》："刘
伶身长六尺，貌甚陋悴，而悠悠忽忽，土木形骸。"

⑤ 书帕下定：送去请柬和定金。明初规定，地方官员进京晋见京官，"具一
书一帕"为礼，故名"书帕"。明代万历后贿赂公行，地方官入京谒见，改为
金银珠宝作礼，包以绢帕，仍称书帕。

⑥ 两行情人：两个当时走红行市的人。

⑦ 王月生：南京名妓。本书卷八《王月生》言："南京朱市妓，曲中羞与为
伍；王月生出朱市，曲中上下三十年，决无其比也……善楷书，画兰、竹、水
仙，亦解吴歌，不易出口。南京勋戚大老力致之，亦不能竟一席。富商权胥得
其主席半晌，先一日送书帕，非十金则五金，不敢亵订。与合卺，非下聘一二
月前，则终岁不得也。"

⑧ 白文：说大书的脚本。一人独说不带弹唱，唯以醒木、扇子为道具，仅有
说白，也称白文。

⑨ 本传：指《水浒传》中有关武松的章节。

⑩ 找截：找，指情节的回叙和补叙。截，指中间停顿或情节告一段落时的收
结。　干净：指当补则补，应止则止，毫不拖泥带水。

⑪ 呶夬（jué）：形容声音高亢干脆。

⑫ 筋节处：关键处。

⑬ 汹汹：此形容说书至紧要处，声宏气壮。

⑭ 暋（pó）：本指因痛而呼叫。此指怒而吼叫。

⑮ 甓（pì）：砖，此指瓦器。

⑯ 闲中着色：在情节细微处，添枝加叶。

⑰ 掉舌：动舌，开口说话。

⑱ 下人：仆役。　呫（chè）哔：低声絮语。

⑲ 欠伸：打哈欠，伸懒腰。

⑳ 丙夜：夜里十一时至一时。

㉑ 素瓷静递：雅洁的茶杯，轻轻地端送。

㉒ 款款：轻缓貌。

㉓ "不怕"句：谓其他说书人聆听了柳氏说书，恐怕都会无地自容，自咬其舌，不敢再说书了。齰（zé）舌死，咬舌而死。《史记·魏其武安侯列传》："魏其必内愧，杜门齰舌自杀。"齰，咬。

㉔ 口角波俏：口齿伶俐。波俏，本形容人俏丽有风致。

㉕ 眼目流利：目光灵动有神采。

㉖ 直：简直。　婉娈：美好。

㉗ 行情：身价。

【评品】　柳敬亭（1587—1670?），本姓曹，名逢春，因避仇家，易姓改名，逃亡在外。生于泰州，善说书，得云间（今上海松江）儒生莫后光指点，技艺日进。曾为名将左良玉的幕僚。明亡，借说书抒悲愤，潦倒而死。吴伟业、黄宗羲均曾为其作传。黄氏称其说书"五方土音，乡俗好尚，习见习闻，每发一声，使人闻之，或如刀剑铁骑，飒然浮空；或如风号雨泣，鸟悲兽骇。亡国之恨顿生，檀板之声无声"。(《柳敬亭传》)

本文犹如人物特写，专写其说书技艺；写说书，只举武松进店这一片断。结构剪裁，干净简洁，不同于一般传记。文章描述说书技艺，不仅有动作语态口吻的直接描摹，还有环境气氛的渲染。其生动具体、绘声绘色，细入毫发。作者认为外貌"奇丑"的柳氏与仪态容貌姣美的名妓王月生"同其婉娈"，"行情正等"，因为他们都身怀出神入化、令人心醉神迷的绝技，这种牝牡骊黄的评价，是一种脱略皮相，直究精髓的审美，正表达了他对柳氏说书技艺的推崇之至、倾倒之至。这与他在《柳麻子说书》诗中所云"先生满腹是文情，刻画雕镂夺造化。眼前活立太史公，口内龙门如水泻"同一机杼。从本文也可看出作者对民间文艺的酷爱和对民间艺人的尊重。

樊江陈氏橘[1]

樊江陈氏，辟地为果园，枸菊围之[2]。自麦为蚨酱[3]，自秫酿酒[4]，酒香冽，色如淡金蜜珀[5]，酒人称之。自果自蔌[6]，以螯乳醴之为冥果[7]。树谢橘百株[8]，青不撷，酸不撷[9]，不树上红不撷，不霜不撷，不连蒂剪不撷。故其所撷，橘皮宽而绽，色黄而深，瓤坚而脆，筋解而脱，味甜而鲜。第四门、陶堰、道墟以至塘栖^⑩，皆无其比。余岁必亲至其园买橘，宁迟，宁贵，宁少。购得之，用黄砂缸，藉以金城稻草或燥松毛收之。阅十日，草有润气，又更换之。可藏至三月尽，甘脆如新撷者^⑪。枸菊城主人橘百树^⑫，岁获绢百匹，不愧木奴^⑬。

晒燥松毛拌制，则不烂。松毛湿，则又晒燥换之。无松毛，早稻草铡断，亦好。"可与本文相参。藉，垫衬。

⑫ 枸菊城主人：即樊江陈氏。

⑬ 木奴：柑橘。三国时吴国丹阳太守李衡于宅边种橘千株，临死谓其子曰："汝母恶我治家，故穷如是。然吾州里有千头木奴，不责汝食，岁上一匹绢，亦可足用耳。"（《三国志·吴志·孙休传》注引《襄阳记》）

【评品】 樊江陈氏，既会酿美酒，又能制蜜饯，而本文的重点乃在介绍其所植橘之甜美。在与越产之各种名橘的比较中，用两组排比句说明其橘何以佳、如何好，再介绍怎样才能久贮保鲜。看来作者的确不同于世俗之老饕，不仅精于品尝，而且深究其理，熟谙其道。娓娓道来，如数家珍。钟爱之情，流布其中。结尾用木奴之典，说明主人艺橘收入之丰。

治沅堂

古有拆字法[1]。宣和间[2]，成都谢石拆字[3]，言祸福如响[4]。钦宗闻之，书一"朝"字，令中贵人持试之。石见字，端视中贵人曰[5]："此非观察书也。"[6]中贵人愕然。石曰："'朝'字离之为'十月十日'，乃此月此日所生之天人，得非上位耶?"⁷一国骇异。吾越谢文正厅事名"保锡堂"⁸，后易之他姓。主人至，亟去其匾，人问之，曰："分明写'呆人易金堂'。"朱石门为文选署中额"典劇"二字⁹，继之者顾诸吏曰："尔知朱公意乎? 此二字离合言之，曰：'曲處曲處，八刀八刀'耳。"歙许相国孙志吉为大理评事¹⁰，受魏珰指¹¹，案卖黄山，势张甚，当道媚之，送一匾曰"大卜于门"¹²。里人夜至，增减其笔划凡三：一曰"天下未闻"；一倒读之曰"阄手下犬"；一曰"太平拿问"¹³。后直指提问¹⁴，械至太平，果如其言¹⁵。凡此数者皆有义味。而吾乡缙绅有名"治沅堂"者¹⁶，人不解其义，问之，笑不答，力究之，缙绅曰："无他意，亦止取'三台三元'之义云耳!"¹⁷闻者喷饭。

注释

① 拆字：旧时的一种占卜方法。术士令求卜者任举一字，加以分合增减，随机附会，解释吉凶。也称测字、相字、破字。

② 宣和：宋徽宗赵佶的年号（1119—1125）。

③ 谢石：宋蜀人，字润夫。以术得名，善相字。使人书一字，即知其人用意，以占卜吉凶甚验。高宗时，以相"春"字，谓"秦头太重，压日无光"，忤秦桧，死于戍所。其为钦宗拆字事，见《夷坚志补》卷十九"谢石拆字"条。

④ 中贵人：宫中宦官为皇帝宠幸者。

⑤ 观察：宋时称缉捕使臣为观察。此指奉命前来的太监。

⑥ 如响：其应如响。谓反应迅捷，如回声之相应和。此形容预言之灵验。

⑦ 得非：莫非是。表示揣测语气。　上位：特指君位，帝位。《管子·牧民》：

"故刑罚繁而意不恐，则令不行矣；杀戮众而心不服，则上位危矣。"

⑧ 谢文正：谢迁，字于乔。浙江余姚人。成化十一年进士第一。秉节直亮，见事明敏，孝宗弘治朝称贤相。武宗正德朝因请诛刘瑾不克，致仕，后被削迁官。世宗嘉靖朝复官。卒赠太傅，谥文正。

⑨ 朱石门：朱文懿公朱赓之子、张岱祖母朱太恭人之兄弟、张岱之舅祖，名敬循，号石门。万历二十年（1592）进士。精于书画收藏鉴赏。《乾隆绍兴府志·人物志九》载朱赓有子名敬循，万历二十三年朱之蕃榜，官通政使，即石门。　曲劇："典"字上半，与"劇"字左半，合成下文"曲处"；"典"字下半，与"劇"字右半，合成下文"八刀"。

⑩ 歙：安徽县名。　许相国：许国，字维桢，号颍阳，明徽州歙县人。嘉靖进士，万历间官国子祭酒，以礼部尚书入阁。卒谥文穆。　孙志吉：许国之孙许志吉。《明史纪事本末》卷七十一《魏忠贤乱政》节载：天启六年六月，歙县人吴养春，官中书，有荒山，家世饶富，收息不赀。其宗人编修吴孔嘉与其有仇，诱其仆吴荣诉于东厂，诬其私占黄山，历年获租税六十余万金。忠贤遂矫旨逮养春至京，将其拷死。"复命太仆寺丞许志吉至歙续追。"籍其家，株曼残酷，徽州几乱。即下文所谓"案卖黄山"。本文及《明史·魏忠贤传》皆谓许志吉为专司审狱的大理评事，而非《明史纪事本末》所云掌牧养战马政事的太仆寺丞。当以本文所载为是。

⑪ 魏珰：魏忠贤（1568—1627），熹宗天启朝权宦，与熹宗乳母客氏勾结，排除异己，专权擅政。参阅奏章，斥逐言官，迫害东林党人，纵容校尉，屡兴大狱，广建生祠，权势炙天，有"九千岁"之称。思宗崇祯朝被贬，自缢死。珰，汉代武职宦官帽上的装饰品。后借指宦官。

⑫ 大卜：掌管占卜的官吏。

⑬ 太平：府名。治所在今安徽马鞍山市当涂县。

⑭ 直指：官名，也称直指使者。朝廷直接派往地方处理问题的官员。

⑮ 果如其言：许志吉被械解至太平，受直指的审问，应验了"太平拿问"四字。

⑯ 缙绅：见本书卷三《禊泉》注。

⑰ 三元：殿试的前三名为三元。三元二字合而为"沅"。　三台：指三公。古代中央三种最高官衔的合称。

【评品】　本文所记，殆同笔记小说，杂糅史事与传说。用拆字法占祸福，卜未来，如何如何灵验云云，虽不过是饭余酒后的谈助，却也增加了文章的趣味性、可读性；而关于"魏珰案"卖黄山许志吉助纣为虐的史事和对匾额的三种拆字法的表述，在游戏文字的应验中表达了世人的人心向背和作者的褒贬取舍。文章篇末点题，缙绅关于"治沅堂"寓意的拆解，深蕴作者对俗绅趋求功名、渴望利禄的嘲讽。

虎丘中秋夜[1]

虎丘八月半，土著流寓[2]、士夫眷属、女乐声伎、曲中名妓戏婆[3]、民间少妇好女、娈子娈童及游冶恶少[4]、清客帮闲、傒僮走空之辈[5]，无不鳞集[6]。自生公台、千人石、鹤涧、剑池、申文定祠下[7]，至试剑石、一二山门[8]，皆铺毡席地坐。登高望之，如雁落平沙，霞铺江上。

天暝月上，鼓吹百十处，大吹大擂，十番铙钹[9]，渔阳掺挝[10]，动地翻天，雷轰鼎沸，呼叫不闻[11]。更定[12]，鼓铙渐歇，丝管繁兴，杂以歌唱，皆"锦帆开"、"澄湖万顷"同场大曲[13]，蹲踏和锣，丝竹肉声[14]，不辨拍煞[15]。

更深，人渐散去，士夫眷属皆下船水嬉，席席征歌，人人献技，南北杂之，管弦迭奏，听者方辨字句，藻鉴随之[16]。二鼓人静，悉屏管弦[17]，洞箫一缕，哀涩清绵，与肉相引，尚存三四，迭更为之。三鼓，月孤气肃，人皆寂阒[18]，不杂蚊虻。一夫登场，高坐石上，不箫不拍，声出如丝，裂石穿云，串度抑扬[19]，一字一刻[20]。听者寻入针芥[21]，心血为枯，不敢击节，惟有点头。然此时雁比而坐者[22]，犹存百十人焉。使非苏州，焉讨识者！

注释

① 虎丘：又名海涌山。在苏州市阊门外。春秋吴王夫差之父阖闾葬于此。相传葬后三日，有白虎踞其上，故名虎丘；一说丘如蹲虎，以形名。今存五代所建云岩寺塔和元代所建断梁殿（二山门）及千人石、剑池、憨憨泉、试剑石、真娘墓等众多名胜古迹。

② 土著：本地人。　流寓：他乡侨居或经留此处者。

③ 曲：此指曲巷、妓院。

④ 崽子：男孩。　娈童：旧指被侮弄的美童。　游冶：游荡娱乐。此指游手好

闲之人。

⑤ 傒：奴仆。　　走空：指诈骗之徒。《醒世姻缘》第十七回："我姓骆，俺家是锦衣卫校尉，专拿走空的人。"

⑥ 鳞集：密集如鱼鳞。

⑦ 生公台：在虎丘山剑池旁。相传晋末高僧竺道生说法之处，大石平衍，盘陀近亩，可坐千人，故又名千人石。世传生公说法，顽石点头。　　剑池：在虎丘山，据载为吴王阖闾墓地。传说曾用其生前所爱之鱼肠、专诸等宝剑殉葬，秦始皇东巡凿石寻剑，形成深池，称剑池。另一说为古代铸剑淬火处。　　申文定：申时行，字汝默，号瑶泉，晚号休休居士，吴县人。嘉靖四十一年进士第一，授修撰，历任左庶子、掌翰林院事、礼部尚书兼文渊阁大学士，累进少傅兼太子大傅、武英殿大学士，吏部尚书、建极殿大学士，最终成为朝廷首辅。后神宗追加少师兼太子太师，中极殿大学士、诏赠太师。谥"文定"。

⑧ 试剑石：在虎丘山上，相传秦始皇试剑于此。　　山门：佛寺的大门。

⑨ 十番：器乐名。用笛、管、箫、弦、中国提琴、云锣、汤锣、木鱼、檀板、大鼓十种器乐合奏，故称。间有用铙、钹两种铜制打击乐器者。

⑩ 渔阳掺挝：鼓曲名。《后汉书·祢衡转》："衡方为渔阳参挝，蹀躞而前，容态有异，声节悲壮，听者莫不慷慨。"李贤注："参挝是击鼓之法。"参通掺。

⑪ 呼叫不闻：形容鼓乐雷鸣，以至淹没了呼叫声。

⑫ 更定：见本书卷三《闵老子茶》注。

⑬ 锦帆开：见传奇《浣纱记》十四出《打围》。　　澄湖万顷：见同剧三十出《采莲》。

⑭ 蹲踏：通"噂沓"，喧哗嘈杂之声。　　丝：丝弦乐器。　　竹：竹管乐器。

肉：歌喉。

⑮ 拍：节拍。 煞：尾曲。

⑯ 藻鉴：同"藻镜"。品藻镜察。品评鉴别之意。

⑰ 屏：弃。撤去。

⑱ 寂阒：寂静。

⑲ 串度：指发声吐字。

⑳ 一字一刻：形容每唱一词，每吐一字，必依曲委婉，一丝不苟，历时颇长。

㉑ 针芥：指曲调的细微末节处。

㉒ 雁比：如雁行排列有序。

【评品】 文章上半描写虎丘中秋夜之盛况：从各色人等"无不鳞集"；各处名胜，皆"铺毡席地坐"两个角度写各处景点人满为患。"雁落"、"霞铺"二喻极美，极贴切，非登高俯视，不能领悟其绝妙。下半以时间为线索，分"天暝"、"更定"、"更深"、"二鼓"、"三鼓"五个时辰描述乐奏歌吹之变化。人虽由多变少，歌吹乐奏却渐入佳境，愈臻曼妙，作者的描摹、环境的陪衬、效果的烘托也更加细腻。文章用字征词，准确精妙，字字珠玑。作者本篇行文审美均受袁中郎的极大影响。比较中郎之《虎丘》与本文之异同，传承发展，不难窥见。

麋 公

万历甲辰¹，有老医驯一大角鹿，以铁钳其趾，设鞯鞲其上²，用笼头衔勒，骑而走，角上挂葫芦药瓮，随所病出药，服之辄愈。家大人见之喜³，欲售其鹿，老人欣然，肯解以赠，大人以三十金售之⁴。五月朔日⁵，为大父寿⁶，大父伟硕⁷，跨之走数百步，辄立而喘，常命小傒笼之⁸，从游山泽。次年，至云间⁹，解赠陈眉公¹⁰。眉公赢瘦，行可连二三里，大喜。后携至西湖六桥、三竺间¹¹，竹冠羽衣，往来于长堤深柳之下，见者啧啧，称为"谪仙"¹²。后眉公复号"麋公"者，以此。

| 注释 |

① 甲辰：万历三十二年（1604）。

② 鞯：囊。此指鞍。 鞲：马腹带。

③ 家大人：张岱之父张燿芳，字尔弢。见本书卷一《木犹龙》注。

④ 售：此指买。

⑤ 朔日：农历每月初一。

⑥ 大父：张岱祖父张汝霖，见本书卷一《砎园》注。

⑦ 伟硕：身材高大魁梧。

⑧ 小傒：见本书卷一《金山夜戏》注。

⑨ 云间：旧时松江华亭的别称。西晋文学家陆云，字士龙，家在华亭（今上海松江区），对客自称"云间陆士龙"，故称。

⑩ 陈眉公：陈继儒（1558—1639），字仲醇，号眉公，又号麋公，华亭人。工诗文，书学苏轼、米芾，能绘画，对小说戏曲均有研究。有《陈眉公全集》。与张岱祖、父均有交往。

⑪ 六桥：杭州西湖苏堤上的六座桥，分别以映波、锁澜、望山、压堤、东浦、跨虹命名之。 三竺：杭州灵隐寺南有上天竺法喜寺、中天竺法净寺、下天竺法镜寺，分别建于五代、隋、东晋。

⑫ 谪仙：唐代诗人李白，号谪仙。意谓由上天贬谪下来的仙人。

【评品】 本文以麋鹿为线索，写其三易其主的不同际遇，点明陈眉公别号麋公之由来。

扬州清明

扬州清明日，城中男女毕出，家家展墓[1]。虽家有数墓，日必展之。故轻车骏马，箫鼓画船，转折再三，不辞往复。监门小户亦携肴核纸钱[2]，走至墓所，祭毕，则席地饮胙[3]。自钞关、南门、古渡桥、天宁寺、平山堂一带[4]，靓妆藻野[5]，袨服缛川[6]。随有货郎，路旁摆设古董古玩并小儿器具。博徒持小杌坐空地[7]，左右铺袒衫半臂[8]，纱裙汗帨[9]，铜炉锡注[10]，瓷瓯漆奁[11]，及肩虽鲜鱼、秋梨福橘之属[12]，呼朋引类，以钱掷地，谓之"趺成"[13]；或六或八或十，谓之"六成"、"八成"、"十成"焉。百十其处，人环观之。是日，四方流寓及徽商西贾、曲中名妓[14]，一切好事之徒，无不咸集。长塘丰草，走马放鹰；高阜平冈，斗鸡蹴踘[15]；茂林清樾，劈阮弹筝[16]。浪子相扑[17]，童稚纸鸢[18]，老僧因果[19]，瞽者说书，立者林林，蹲者蛰蛰[20]。日暮霞生，车马纷沓。宦门淑秀，车幕尽开，婢媵倦归[21]，山花斜插，臻臻簇簇[22]，夺门而入。余所见者，惟西湖春、秦淮夏、虎丘秋[23]，差足比拟[24]。然彼皆团簇一块，如画家横披[25]；此独鱼贯雁比，舒长且三十里焉，则画家之手卷矣[26]。南宋张择端作《清明上河图》[27]，追摹汴京景物，有西方美人之思[28]，而余目盱盱[29]，能无梦想？

| 注释 |

① 展墓：省视坟墓。

② 监门小户：抱柝守关小吏之家，喻小户人家。

③ 胙（zuò）：祭祀所用之肉。

④ 钞关：明清时收取关税之所，在扬州南门（即安江门）外。明宣德四年，委御史、户部、锦衣卫、兵马司官各一，于城门察收税课；舟船受雇装载者，计多寡及路远近纳钞。 古渡桥：据李斗《扬州画舫录》卷七载，古渡桥在城南，距砚池、钞关不远。 天宁寺：在扬州城北，本为晋太傅谢安别墅，后其子司空谢琰舍宅造谢司空寺，宋政和年间改今名。屡经兴废。清代为扬州八大

名刹之首。　平山堂：在扬州瘦西湖畔，蜀岗中峰上，大明寺西侧。为北宋欧阳修于庆历八年守扬州时营建。他常在这里饮酒，赏景，吟诗，坐在堂内，南望江南远山，正与堂栏相平，故名平山堂。

⑤ 靓（liàng）妆：美丽的妆饰。　藻野：点缀田野成为藻饰。

⑥ 袨服：盛服。　缛川：铺垫川原。

⑦ 杌（wù）：坐具，一种小凳子。

⑧ 衵（rì）：内衣。近身衣。　半臂：半袖衣。

⑨ 帨（shuì）：佩巾。古代妇女用帨以拂拭不洁。在家时挂在门右，外出时系于身左。

⑩ 锡注：锡制的注子。注子，古代酒器，像壶。

⑪ 漆奁（lián）：涂漆或漆器做的妇女梳妆镜匣。

⑫ 肩胑（zhì）：猪肘子。肩指动物的腿根部。

⑬ 跌成：古代博戏之一种。清李斗《扬州画舫录》卷十六《蜀冈录》载："跌成，古博戏也。时人谓之'拾博'。用三钱者为三星，六钱者为六成，八钱者为八乂，均字均幕为成，四字四幕为天分，天分必幕与幕偶……盖跌成之戏，古谓之纯。"旧时儿童掷钱为戏称"跌博"，犹其遗意。

⑭ 徽商：旧徽州府籍的商人或商人集团的总称。又称"新安商人"，俗称"徽帮"。徽商萌生于东晋，成长于唐宋，盛于明清，衰于清末。　西贾：此指山西、陕西的商人。　曲中：曲巷青楼。

⑮ 蹴鞠：古代军中习武的游戏，类似今之足球赛。

⑯ 阮：阮咸，弹拨乐器，即月琴。因系晋阮咸所创，故名。

⑰ 相扑：我国古代传统体育项目之一。古称角觚，类今之摔跤。

⑱ 纸鸢（yuān）：鹞鹰状的风筝。

⑲ 因果：宣讲佛法。依据佛教轮回的说法，善因得善果，恶因得恶果。

⑳ 蛰蛰：多盛貌。

㉑ 媵（yìng）：古代诸侯嫁女时随嫁或陪嫁的女子，多为侍妾。

㉒ 臻臻：聚集在一起的样子。

㉓ 秦淮：秦淮河。流经南京城内的秦淮河两岸歌楼酒馆林立。夏夜，士女填溢，竞看灯船。详见本书卷四《秦淮河房》。　虎丘：又名海涌山，在苏州阊门外。见本书卷五《虎丘中秋夜》注。

㉔ 差足：尚可，略可。

㉕ 横披：长条形的横幅，轴在左右两端的书画。

㉖ 手卷：只能卷舒不能悬挂的长卷。

㉗ 清明上河图：宋代画家张择端所作的长卷。取材于北宋都城汴梁（今河南开封）和汴河两岸清明时节的风俗人情，表现了繁华的社会生活。张择端，字正道，东武（今山东诸城）人。早年游学汴京，后习绘画，宋徽宗朝供职翰林图画院。专工中国画，以界笔、直尺划线的技法，用以表现宫室、楼台、屋宇等题材，尤擅绘舟车、市肆、桥梁、街道、城郭，自成一家，别具一格。张择端的画作，大都散佚，只有《清明上河图》完好地保存了下来。

㉘ 西方美人之思：《诗·邶风·简兮》："彼美人兮，西方之人兮。"朱熹注曰："贤者不得志于衰世之下国，而思盛际之显王，故其言如此，而意远矣。"

㉙ 盱盱：张目直视貌。

【评品】　本文犹如一幅《扬州清明风俗图》的长卷。写清明自然少不得写扫墓踏青。作者先写的是当日男女老少，倾城而出，水陆并进，家家扫墓的场面。用"靓妆藻野，袿服缛川"形容之。继而描述货郎摆摊售货、博徒设局下注的情景，用"百十其处，人环观之"概括之。再叙述四方流寓、各地商贾、曲巷名妓、各色人等，是日"无不咸集"；铺叙"长塘丰草"、"高阜平冈"、"茂林清樾"在在处处，均有游乐；排比浪子、童稚、老僧、瞽者，林林总总，各色人等，各有所事。又以其与西湖春、秦淮夏、虎丘秋的比较作概括，以画之横披、长卷为喻，形象地说明了其异同。最后，以宋之张择端作《清明上河图》追摹汴京自比。"能无梦想"四字，迸发呐喊，字字千钧，深痛巨创，撕心裂肺。

金山竞渡[1]

看西湖竞渡十二三次，己巳竞渡于秦淮[2]，辛未竞渡于无锡[3]，壬午竞渡于瓜州[4]，于金山寺[5]。西湖竞渡，以看竞渡之人胜，无锡亦如之。秦淮有灯船无龙船，龙船无瓜州比，而看龙船亦无金山寺比。瓜州龙船一二十只，刻画龙头尾，取其怒；旁坐二十人，持大楫，取其悍；中用彩篷，前后旌幢绣伞，取其绚；撞钲挝鼓[6]，取其节；艄后列军器一架，取其锷[7]；龙头上一人足倒竖，战掇其上[8]，取其危；龙尾挂一小儿，取其险。自五月初一至十五，日日画地而出。五日出金山，镇江亦出。惊湍跳沫，群龙格斗，偶堕洄涡，则百蜎捷挣[9]，蟠委出之[10]。金山上，人团簇，隔江望之，蚁附蜂屯，蠢蠢欲动。晚则万舻齐开[11]，两岸沓沓然而沸[12]。

| 注释 |

① 金山：在江苏镇江市区西北。原屹立在长江中，今已成内陆山。

② 己巳：崇祯二年（1629）。　秦淮：见本书卷四《秦淮河房》注。

③ 辛未：崇祯四年（1631）。

④ 壬午：崇祯十五年（1642）。　瓜州：见本书卷二《焦山》注。

⑤ 金山寺：见本书卷一《金山夜戏》。

⑥ 钲：即锣。

⑦ 锷：刀剑之刃。

⑧ 战掇（diān duō）：也作"拈掇"，用手掂量物体的轻重。此形容人体倒挂的情形。

⑨ 蚨：同"蚁"，即螳螂。此喻龙舟。　捽（cù）：抵触、冲突。

⑩ 蟠委：盘旋回绕。

⑪ 舻：小舟。轻便船。

⑫ 沓沓然而沸：笑声众多嘈杂如汤沸。《诗·大雅·荡》："如沸如羹。"　郑玄笺："其笑语沓沓，又如汤之沸，羹之方熟。"

【评品】　文章首先以亲身经历，概括各地竞渡的不同特色，从中突出了金山竞渡以龙舟为其特色，为他处所不及。再以七个"取其"，详述金山龙舟的形状、陈设、布置、舟中人物的动作表演，面面俱到，却要言不烦，特点鲜明。最后描述江上群龙格斗的惊险情景及岸边观望者"蚁附蜂屯"的场面，是古代龙舟竞渡极其生动的风俗画。

刘晖吉女戏[1]

女戏以妖冶恣[2]，以哗缓恣[3]，以态度恣，故女戏者全乎其为恣也。若刘晖吉则异是。刘晖吉奇情幻想，欲补从来梨园之缺陷[4]。如《唐明皇游月宫》[5]，叶法善作[6]，场上一时黑魆地暗[7]，手起剑落，霹雳一声，黑幔忽收[8]，露出一月，其圆如规，四下以羊角染五色云气[9]，中坐常仪[10]，桂树吴刚[11]，白兔捣药[12]。轻纱幔之，内燃"赛月明"数株[13]，光焰青黎[14]，色如初曙，撒布成梁，遂蹑月窟[15]，境界神奇，忘其为戏也。其他如舞灯，十数人手携一灯，忽隐忽现，怪幻百出，匪夷所思[16]，令唐明皇见之[17]，亦必目睁口开，谓氍毹场中那得如许光怪耶[18]！彭天锡向余道[19]："女戏至刘晖吉，何必男子！何必彭大！"天锡曲中南、董[20]，绝少许可，而独心折服晖吉家姬[21]，其所鉴赏，定不草草[22]。

| 注释 |

① 刘晖吉：刘光斗（1591—1652），字晖吉，号讱韦。南直隶武进（今属江苏

常州市）人，昆曲作家。明天启五年同进士出身，曾任浙江绍兴府推官，授广西道监察御史。清顺治九年任广西乡试主考官，卒于道上。其家乐与明末昆曲风格相反，着重舞台布景、色彩灯光之效果。蓄养之家班，全部皆为女伶。

女戏：女演员演戏曲。

② 女戏：女演员演戏曲。　恕：让人理解。此指讨巧。

③ 啴缓：宽绰舒缓。

④ 梨园：见本书卷四《严助庙》注。

⑤《唐明皇游月宫》：元剧名，白朴著。曹楝亭刊本《录鬼簿》曾署录，又名《唐明皇幸月宫》。今逸。唐传奇小说《异闻录》、《明皇杂录》等多述其事。

⑥ 叶法善：（616—720），唐括州括苍县（今浙江丽水）人。字道元，自曾祖至其世代为道士。传习摄养、阴阳、卜筮，符咒之术，历事高宗、中宗、则天、睿宗、玄宗数朝，授银青光禄大夫、鸿胪卿、越国公、景龙观主。薛用弱《集异记》载：法善应玄宗之求，于开元初八月望夜作法，"与玄宗游月宫，聆月中天乐。问其曲名，曰《紫云曲》。玄宗素晓音律，默记其声，归传其音，名之曰《霓裳羽衣》"。　作：此指其在戏中施展法术。

⑦ 黑魆（xū）：犹魆黑，漆黑。

⑧ 幔：帐幕。下文"幔"作动词下帐幕讲。

⑨ 羊角：此指羊角灯。见本书卷四《世美堂灯》。

⑩ 常仪：人名。即"嫦娥"。神话传说中的奔月者。"仪"与"娥"古同音，通用。

⑪ 桂树吴刚：段成式《酉阳杂俎·天咫》载："旧言月中有桂，有蟾蜍，故异书言月桂高五百丈，下有一人常斫之，树创随合。人姓吴名刚，学仙有过，谪

令伐树。"

⑫ 白兔捣药：古代传说月中有白兔捣药，晋傅玄《拟天问》："月中何有白兔捣药?"

⑬ 赛月明：一种焰火名。《金瓶梅词话》第四十二回描写西门庆拦门玩烟火的情景："彩莲舫，赛月明，一个赶一个，犹如金灯冲散碧天星。"

⑭ 青黎：青黑色。

⑮ 蹑：此状轻步高蹈貌。　月窟：月宫。

⑯ 匪夷所思：不是一般平常人所能想象的。往往形容奇思妙想。

⑰ 令：即令，表示假设。

⑱ 氍毹（qú shū）场：此指戏场戏台。氍毹，毛或毛麻混织的毛布、地毯之类。

⑲ 彭天锡：明末清初昆曲表演艺术家。江苏溧阳人（一说金坛人）。出身富家，醉心戏曲艺术，常为一出戏而破费家资数十金。与冯梦龙、张岱、祁彪佳、虞来初、陈洪绶、柳敬亭等为友，多次在杭州与张岱、曾鲸、陈洪绶等串演本腔戏。彭天锡擅长丑角和净角，尤以扮演权奸之类的反面人物最为成功，善于运用形体动作刻画人物，使人物性格特征更加突出。明代戏曲理论家潘之恒在《鸾啸小品》评述彭天锡的表演"气概雄毅，规模宏远，足以盖世"。详见本书卷六《彭天锡串戏》。其自称彭大，因其在同宗兄弟或戏班同行中排老大。

⑳ 南、董：春秋时齐国史官南史和晋国史官董狐的合称。后世多以喻无所顾忌，敢于直言，严于，精于品评之人。《左传·襄公二十五年》："太史书曰：'崔杼弑其君。'崔子杀之。其弟嗣书而死者二人；其弟又书，乃舍之。南史闻

太史尽死，执简以往；闻既书矣，乃还。"《左传·宣公二年》载，晋灵公无道，赵盾屡谏，灵公欲杀之，盾出奔。盾族人赵穿杀灵公。盾还朝，董狐因盾逃往未处境，返朝不声讨，而书曰："赵盾弑其君。"以示于朝。孔子誉之为古之良史。

㉑ 折服：衷心佩服。

㉒ 草草：草率，随便。

【评品】 文章首先在"以妖冶恕"，"以啴缓恕"，"以态度恕"的众多女戏中，突出刘晖吉独以奇情幻想取胜。继而举《唐明皇游月宫》之"怪幻百出，匪夷所思"为例证实之。并假设唐明皇见之，亦必目瞪口呆，夸张其演出效应。最后以素有"曲中南、董"之誉的彭天锡对晖吉家班女戏的激赏进一步证实之。可见明末家养戏曲唱班风气之盛，且特色各具。

朱楚生

朱楚生，女戏耳，调腔戏耳[1]。其科白之妙[2]，有本腔不能得十分之一者[3]。盖四明姚益城先生精音律[4]，尝得与楚生辈讲究关节[5]，妙入情理，如《江天暮雪》、《霄光剑》、《画中人》等戏[6]，虽昆山老教师细细摹拟，断不能加其毫末也。班中脚色，足以鼓吹楚生者方留之，故班次愈妙[7]。楚生色不甚美，虽绝世佳人，无其风韵。楚楚谡谡[8]，其孤意在眉[9]，其深情在睫，其解意在烟视媚行[10]。性命于戏，下全力为之。曲白有误[11]，稍为订正之，虽后数月，其误处必改削如所语。楚生多坐驰[12]，一往深情，摇飏无主[13]。一日，同余在定香桥[14]，日晡烟生[15]，林木窅冥[16]，楚生低头不语，泣如雨下，余问之，作饰语以对[17]。劳心忡忡[18]，终以情死。

| 注释 |

① 调腔戏：戏曲剧种。又称"掉腔"、"绍兴高调"。解放后称"新昌高调"。是元朝北曲南移，南腔北上，南北交流的产物。北调南腔，是为调腔。明末流行于浙江绍兴、杭州一带。剧目以《西厢记》、《琵琶记》、《荆钗记》等为主。部分剧目用昆腔或四平腔演唱。清末调腔日趋衰落，一部分剧目与音乐已被绍剧所吸收，如绍剧《女吊》、《磨房串戏》等均为用调腔形式演出者。有人认为调腔系余姚腔之遗音，也有人认为调腔即徽池雅调。

② 科白：传统戏曲中，动作为科，言语为白。

③ 本腔：剧本原先所属剧种所用的曲调戏腔。此指明末清初流行于江南的昆山腔。

④ 四明：原为山名，在浙江宁波市西南。相传群峰之间，上有方石，四面如窗，中通日月星辰之光，因名四明山，后指代宁波。　姚益城：姚宗文，浙江慈溪人，万历三十五年进士。任户部给事中，诽谤熊廷弼。天启时依附魏忠贤，任都御史、官吏部给事中。崇祯初，以右佥都御史兼湖广巡抚，魏党败，

被劾罢官。著有《益城集》。

⑤ 关节：此指关键要害处，或情节衔接转捩处。

⑥《江天暮雪》：明人所作，作者不详。"乐府《江天暮雪》之曲，流传诵习，其来已久。演崔君瑞事，盖本元人杂剧，改头换面。"（《曲海总目提要》）叙崔君瑞贪图富贵，入赘姑苏苏佑家，把找上门的妻子郑月娘作逃奴押解还乡，欲于途中加害。月娘去驸马府告状，没想到驸马竟是其兄郑廷玉。廷玉审崔，最后郑月娘、苏小姐与崔君瑞团圆。关于《崔君瑞江天暮雪》的记载，最初见于明徐渭《南词叙录·宋元旧篇》，此后历代曲录文献大都有著录和选辑。近人钱南扬先生从现存明清曲谱中辑得残曲二十九支，收在《宋元戏文辑佚》中。祁彪佳《归南快录》记载了崇祯乙亥（1635）六月初八日在杭州观此剧的情况。 《霄光剑》：明时旧本，明徐复祚撰，叙卫青故事。霄光剑上刻卫青名，其异母兄弟郑质以此杀人，遗祸于青，故名霄光剑。 《画中人》：明吴炳（？—1647）撰，叙书生庚启和画中美女郑琼枝鬼魂结合的故事。此剧《呼画》、《幽会》、《还魂》等主要关目模仿汤显祖《牡丹亭》。吴炳的作品多描写爱情和婚姻，他歌颂爱情的力量："情若果真，离者可以复合，死者可以再生。"（《画中人》）

⑦ "班中"三句：戏班中各种角色的演员，只留用那些能衬托或配得上朱楚生的。所以戏班愈益精妙。

⑧ 楚楚：鲜明、动人貌。 谡谡：喻刚劲严峻。南朝宋刘义庆《世说新语·赏誉》："世目李元礼谡谡如劲松下风。"

⑨ 孤意：与众不同的意态。

⑩ 解意：领悟之意。

⑪ 曲白：唱词、念白。

⑫ 坐驰：身不动而心驰骛于外。《庄子·人间世》："瞻彼阕者，虚室生白，吉祥止止；夫且不且不止，是之谓坐驰。"后用以表示内心向往。

⑬ 摇飏：魂随情往，若不附体。形容投入之深。

⑭ 定香桥：见本书卷四《不系园》注。

⑮ 日晡（bū）：申时，下午三时至五时。

⑯ 窅冥：深渊幽隐貌。

⑰ 饰语：矫饰不实之语。

⑱ 劳心忡忡：忧愁心悴。

【评品】 本文是女演员朱楚生的赞歌和挽歌。她虽"色不甚美"，而"其孤意在眉，其深情在睫，其解意在烟视媚行"，故"虽绝世佳人，无其风韵"。这是作者对她风姿仪态的赞美。而这种审美是脱略了世俗的色相之美的。她视演戏为性命，"下全力为之"；其演戏"科白之妙，有本腔不能得十分之一者"，"讲究关节，妙入情理"，曲白有误必纠，这是作者对其戏德、戏艺的赞美。朱楚生于戏是戏痴，于人一往情深，是为情痴，故作者于其人、其艺，赞赏有加。结尾写其"终以情死"的悲剧。她"低头不语，泣如雨下"，"作饰语以对。劳心忡忡"的种种情态，都说明她心中有诸多难以言喻的隐痛和苦衷，这更能博得读者对她作为绝世佳伶的悲剧下场的深切同情。

扬州瘦马[1]

扬州人日饮食于瘦马之身者数十百人。婆妾者切勿露意,稍透消息,牙婆驵侩[2],咸集其门,如蝇附膻,撩扑不去[3]。

黎明,即促之出门,媒人先到者先挟之去,其余尾其后,接踵伺之。至瘦马家,坐定,进茶,牙婆扶瘦马出,曰:"姑娘拜客。"下拜。曰:"姑娘往上走。"走。曰:"姑娘转身。"转身向明立,面出。曰:"姑娘借手睄睄。"[4]尽褪其袂[5],手出,臂出,肤亦出。曰:"姑娘睄相公。"转眼偷觑,眼出。曰:"姑娘几岁?"曰几岁,声出。曰:"姑娘再走走。"以手拉其裙,趾出。然看趾有法,凡出门裙幅先响者,必大;高系其裙,人未出而趾先出者,必小。曰:"姑娘请回。"一人进,一人又出。看一家必五六人,咸如之。看中者,用金簪或钗一股插其鬓,曰"插带";看不中,出钱数百文,赏牙婆或赏其家侍婢,又去看。牙婆倦,又有数牙婆踵伺之。一日、二日至四五日,不倦亦不尽,然看至五六十人,白面红衫,千篇一律,如学字者,一字写至百至千,连此字亦不认得矣。心与目谋,毫无把柄,不得不聊且迁就,定其一人。"插带"后,本家出一红单[6],上写彩缎若干,金花若干,财礼若干,布匹若干,用笔蘸墨,送客点阅[7]。客批财礼及缎匹如其意,则肃客归[8]。归未抵寓,而鼓乐盘担、红绿羊酒在其门久矣[9]。不一刻,而礼币、糕果俱齐,鼓乐导之去。去未半里,而花轿花灯、擎燎火把[10]、山人傧相[11]、纸烛供果牲醴之属[12],门前环侍。厨子挑一担至,则蔬果、肴馔汤点、花棚糖饼、桌围坐褥、酒壶杯箸、龙虎寿星、撒帐牵红、小唱弦索之类[13]，又毕备矣。不待复命，亦不待主人命，而花轿及亲送小轿一齐往迎，鼓乐灯燎，新人轿与亲送轿一时俱到矣。新人拜堂，亲送上席，小唱鼓吹，喧阗热闹[14]。日未午而讨赏遽去，急往他家，又复如是。

| 注释 |

① 扬州瘦马：谢肇淛《五杂俎》卷八载："维扬居天下之中，川泽秀媚，故女子多美丽而性情温柔……习以此为奇货，市贩各处童女，加意装束，教以书算琴棋之属，以徼厚值，谓之瘦马。"又章大来《后甲集》卷上载："扬州人多买贫家小女子，教以笔札歌舞，长即卖为人婢妾，多至千金，名曰瘦马。言如贩马者养瘦马为肥，得善价也。乐天诗：'莫养瘦马驹，莫教小妓女。'知相传已久。"

② 牙婆：从事买卖妇女勾当，居间介绍的老妪。与媒婆、师婆、虔婆、药婆、稳婆并称"六婆"。　驵（zǎng）侩：又作"驵会"，牲畜交易经纪人。后泛指市场经纪人。

③ 撩扑：挥打、哄赶。

④ 睄睄（shào shào）：瞧瞧。

⑤ 裭（chí）：捋起，此指捋袖。

⑥ 本家：即瘦马家。　红单：红色（志喜）的单据。

⑦ 客：即上文"娶妾者"、"相公"。

⑧ 肃：迎送。

⑨ 盘担：用细小竹条编制的容器，再加上脱胎细漆，镶有花纹图案，十分精致。以前结婚挑盘时，男方都要用大盘担盛着较为贵重的物品（各地风俗不同，家境贫富不一，盘担所盛内容不一）送给女方。女方在出阁之日，也会回送。

⑩ 擎燎：手擎的火炬。　火把：以芦苇扎成柴捆，拖于地上，且烧且走，以迎新人。

⑪ 山人：俗称卜卦、算命、礼赞者流为山人。　傧相：赞礼者和新郎、新娘的伴郎、伴娘。

⑫ 醴：甜酒。

⑬ 龙虎：吴越风俗，婚礼时须在喜堂左右墙上贴龙虎对，以红纸为之，分别书以龙、虎二字，借以镇压邪魔。　撒帐：行婚礼时，散掷彩钱，抛撒瓜果。《东京梦华录》卷五载：新人"对拜毕，就床，女向左、男向右坐。妇女以金钱彩果散掷，谓之撒帐。"　牵红：红色长巾，婚礼时男女各执一端。《梦粱录》卷二十载："其礼官请两新人出房，诣中堂参拜。男执槐简，挂红绿彩，绾双同心结，倒行；女挂于手，面向而行。谓之牵巾。"　小唱：《都城纪胜》载："唱叫、小唱，谓执板唱慢曲、曲破，大率重起轻杀，故曰浅斟低唱。"弦索：指丝弦乐器。

⑭ 喧阗：哄闹。

【评品】　人而被作为牲口贩卖，被称为"瘦马"，乃是人间莫大的悲剧，而仅扬州一地"饮食于瘦马之身"，即依靠买卖人口为生的人贩子，竟多达"数十百人"，然则被贩卖的妇女之多，自不难想象。作者在客观冷静的描述中，为读者演示了这幕人间悲剧。文中相人一段尤为真实生动。娶妾者看至四五十人，直看到"千篇一律"的麻木，"不得不聊且迁就，定其一人"为止；牙婆驱侩，如蝇附膻，媒婆领着相人，日复一日，"不倦亦不尽"；瘦马则面出、手出、臂出、眼出、声出、趾出……作者故意不避重复，详细地将媒人牙婆的一次次问话和指令及瘦马如何一一应答和举动详尽道来，意在向读者表明：这样的一举一动，一问一答，无异于牵线傀儡；这样的相人，无异于牲口买卖。作者不动声色，将鄙薄厌恶之情深寓于白描之中。

卷
六

彭天锡串戏

　　彭天锡串戏妙天下[1]，然出出皆有传头[2]，未尝一字杜撰[3]。曾以一出戏，延其人至家[4]，费数十金者，家业十万缘手而尽[5]。三春多在西湖[6]，曾五至绍兴，到余家串戏五六十场，而穷其技不尽。天锡多扮丑净[7]，千古之奸雄佞幸，经天锡之心肝而愈狠，借天锡之面目而愈刁，出天锡之口角而愈险。设身处地，恐纣之恶不如是之甚也[8]！皱眉视眼，实实腹中有剑[9]，笑里有刀[10]，鬼气杀机，阴森可畏。盖天锡一肚皮书史，一肚皮山川[11]，一肚皮机械[12]，一肚皮磊砢不平之气[13]，无地发泄，特于是发泄之耳。余尝见一出好戏，恨不得法锦包裹[14]，传之不朽；尝比之天上一夜好月，与得火候一杯好茶[15]，只可供一刻受用，其实珍惜之不尽也。桓子野见山水佳处[16]，辄呼："奈何！奈何！"真有无可奈何者，口说不出。

注释

① 彭天锡：见本书卷五《刘晖吉女戏》注。　　串戏：见本书卷四《不系园》注。

② 传头：渊源有自，有流传的源头。

③ 杜撰：凭自己的意思捏造。

④ 延：引进，聘请。

⑤ 缘手而尽：转手即尽。

⑥ 三春：春季三个月。

⑦ 丑净：丑，传统戏曲主要行当之一。因面部化妆用白粉在鼻梁眼窝间构画脸谱，而俗称"小花脸"，多为插科打诨的人物。据所演人物的身份、性格和表演的不同，又分为文丑、武丑。净，传统戏曲主要行当之一。俗称"花脸"、"花面"。通常扮演性格豪迈、粗犷的人物，演唱风趣、粗壮、浑厚。

⑧ 纣：商纣王，商朝的亡国之君，以荒淫暴虐成为后世暴君的代称。

⑨ 实实：强调确实，的确。　腹中有剑：口蜜腹剑，嘴甜心毒。"李林甫为相……尤忌文学之士，或阳与之善，啖以甘言而阴陷之。世谓李林甫'口有蜜，腹有剑'。"（《资治通鉴》卷二百一十五）

⑩ 笑里有刀：唐李义府貌似温恭，与人言嬉怡微笑，凡忤意者，必加倾陷。时人言义府笑中有刀。后以此喻为人阴险。

⑪ 山川：此指天文地理知识。

⑫ 机械：机巧、伶俐。

⑬ 磊砢：委积、众多貌。

⑭ 法锦：古代西南少数民族地区产的一种丝织品。明沈德符《野获编补遗·土司·大古喇》："欧阳永叔《归田录》云：'西南夷法锦有鬻至中国者，其上织梅圣俞《春雪》诗，真宝玩也。'其地即古喇，亦名古剌锦。"

⑮ 得火候：火候恰到好处。

⑯ 桓子野：桓伊，字叔夏，小字子野，谯国轾县（今安徽宿州）人，东晋名将桓宣之子，东晋军事家、音乐家。在前秦苻坚率军队大举南下时，桓伊与谢

玄、谢石带领府兵迎战，史称"淝水之战"。以军功封为永修（今江西永修）县侯，进号右军将军。《晋书》上说他："善音乐，尽一时之妙，为江左第一。"明朱权《神奇秘谱·梅花三弄》琴曲序云："桓伊出笛作《梅花三弄》之调，后人以琴为三弄焉。"《世说新语·任诞》载："桓子野每闻清歌，辄唤奈何。谢公（安）闻之曰：'子野可谓一往有深情。'"

【评品】 作者为彭天锡的串戏立传写照。其人痴迷戏曲，以致不惜倾家荡产。其串戏之"妙"的程度至于"千古奸雄佞幸"，经其艺术创造而"愈狠"、"愈刁"、"愈险"，竟能让观众怀疑奸雄佞幸原本是否真有这么坏。其"妙"的原因在于天锡"一肚皮书史，一肚皮山川，一肚皮机械，一肚皮磊砢不平之气，无地发泄，特于是发泄之耳。"点明彭氏演戏成功在于其学问、经历、艺术技巧与激情。其"妙"的艺术效果是作者恨其所演之戏，因时空的限制，不能传诸不朽，而只能徒叹奈何。其实通过作者的妙笔，彭天锡其人其戏已传诸不朽矣。

目莲戏[1]

余蕴叔演武场搭一大台，选徽州旌阳戏子剽轻精悍[2]、能相扑跌打者三四十人，搬演目莲，凡三日三夜。四围女台百什座[3]，戏子献技台上，如度索舞絙、翻桌翻梯、觔斗蜻蜓、蹬坛蹬臼、跳索跳圈、窜火窜剑之类[4]，大非情理。凡天神地祇、牛头马面、鬼母丧门、夜叉罗刹、锯磨鼎镬、刀山寒冰、剑树森罗、铁城血澥[5]，一似吴道子《地狱变相》[6]，为之费纸札者万钱[7]，人心惴惴[8]，灯下面皆鬼色。戏中套数[9]，如《招五方恶鬼》、《刘氏逃棚》等剧，万余人齐声呐喊。熊太守谓是海寇卒至[10]，惊起，差蠡官侦问，余叔自往复之，乃安。台成，叔走笔书二对。一曰："果证幽明[11]，看善善恶恶随形答响[12]，到底来那个能逃？道通昼夜，任生生死死换姓移名，下场去此人还在。"一曰："装神扮鬼，愚蠢的心下惊慌，怕当真也是如此。成佛作祖，聪明人眼底忽略，临了时还待怎生？"真是以戏说法[13]。

| 注释 |

① 目莲戏：戏曲剧种。一称"还愿戏"，源于唐代目连变文，以"目连救母"故事为主要情节。明、清时流行于皖南等地。明万历年间，徽州祁门人、剧作家郑之珍（1518—1595）根据民间流传的变文和说唱"目连僧（俗名傅罗卡）冥间救母"的故事编写出《目连救母劝善戏文》（简称《劝善记》），分上、中、下三卷，计一百零八折（出），历叙傅相之妻刘青褒渎神明，被打入地狱，其子傅罗卡救母心切，遍历十殿地狱，终于母子团圆的过程。剧中吸收了许多民间传说和故事，富有浓郁的乡土气息；演出中将"唱、做、念、打"融为一体，穿插以筋斗、跳索、蹬坛等杂技表演，在戏曲表演艺术上独树一帜，对其他剧种产生较大影响。

② 蕴叔：张岱七叔张烨芳，见卷五《炉峰月》注。　徽州旌阳：今安徽宣城旌

德县旌阳镇一带。

③ 女台：此指主台四周的小戏台。

④ 度索舞絙：走绳索，舞绳带。　蜻蜓：竖蜻蜓，即倒立。俗称拿大顶。下列诸项目，均类似今之杂技。

⑤ 地祇：地神。　夜叉：佛经中一种形象凶恶的鬼，列为天龙八部神众之一。罗刹：佛经中一种食肉、血气的恶鬼，与夜叉同属北方多闻天王所统。　鼎镬：常用为古代酷刑的大锅。　血瀡：血海。瀡，胶状物由稠变稀。

⑥ 吴道子：唐代著名画家。见本书卷四《不系园》注。　《地狱变相》：诠释佛经关于地狱故事的宗教画。变相，佛道两教绘画仙佛之像及经文中变异故事，称为变相。

⑦ 纸扎：纸做的冥器。此指演戏道具。

⑧ 惴惴：形容又发愁又害怕的样子。

⑨ 套数：套曲。连接数曲有首有尾者，称为一组，以套计数，故称套数。套数内诸曲，一般皆有顺序，通押一韵。

⑩ 熊太守：熊鸣岐，临川人，万历四十一年任绍兴知府。

⑪ 果证：就果与因之相对关系而言，于因位之修行称为因修；依因修而证得果地称为果证。　幽明：指生与死，人间与阴间。唐《冥音录》："幽明路异，人鬼道殊。"

⑫ 随形答响：形容善恶报应之迅捷灵验。

⑬ 以戏说法：借戏文弘扬佛法的因果善恶报应。

【评品】 目连救母的故事，最早见于唐代敦煌变文，后为宋杂剧名。孟元老《东京梦华录》："构肆乐人，自过七夕，便般《目连救母》杂剧，直至十五日至，观者倍增。"然后再被改编为许多地方戏曲的剧目。其共同主旨是宣扬佛教因果报应思想。本文即详述用弋阳腔搬演该剧的详情。既有宏大的演出场面、热闹的杂技竞技的描绘，也有阴森恐怖的地狱场景和"人心惴惴，灯下面皆鬼色"的演出效果的渲染。演出时万人呐喊，以致惊动太守，以为寇至之事。此与谢安率众游山玩水，夜擎火把，开山辟路，惊动太守以为寇至的故事，可谓无独有偶的历史巧合。为恐怖的演出增添了喜剧色彩。结尾二联，谓善恶因果报应皆有灵验，亦颇富调侃情趣。

甘文台炉[1]

香炉贵适用，尤贵耐火。三代青绿[2]，见火即败，哥、汝窑亦如之[3]。便用便火[4]，莫如宣炉[5]。然近日宣铜一炉价百四五十金，焉能办之？北铸如施银匠亦佳，但粗夯可厌[6]。苏州甘回子文台，其拨蜡范沙[7]，深心有法，而烧铜色、等分两，与宣铜款致分毫无二，俱可乱真；然其与人不同者，尤在铜料。甘文台以回回教门不崇佛法[8]，乌斯藏渗金佛[9]，见即锤碎之，不介意，故其铜质不特与宣铜等[10]，而有时实胜之。

甘文台自言佛像遭劫[11]，已七百尊有奇矣[12]。余曰："使回回国别有地狱，则可。"

① 甘文台：即甘文堂，明万历、天启年间著名铸铜艺人，金陵（一说苏州）

人，因系回民，人称甘回子。文堂以乳炉一种最佳，敷色喜用枣红，而稍淡，

俗称猪肝色。所铸铜器称"南铸"，为"南铸"派代表。

② 三代青绿：指夏、商、周三代所制的铜炉。由于年久腐蚀，青绿斑驳。

③ 哥、汝窑：哥窑，是宋代五大名窑之一，以纹片著称。其特征可归纳为：黑

胎厚釉，紫口铁足，釉面开大小纹片。张岱《夜航船·宝玩部·哥窑》："宋

时处州章生一与弟章生二，皆作窑器。哥窑比弟窑色稍白，而断纹多，号白级

碎，曰哥窑，为世所珍。""汝窑，宋以定州白瓷有芒不堪用，遂命于汝州造青

色诸器，冠绝邓、耀二州。"汝窑，所烧汝瓷是我国宋代"汝、官、哥、钧、

定"五大名瓷之一。名瓷之首，汝窑为魁。汝窑的工匠，以名贵的玛瑙入釉，

烧成了具有"青如天，面如玉，蝉翼纹，晨星稀，芝麻支钉釉满足"典型特色

的汝瓷。

④ 便：宜于。

⑤ 宣炉：明宣德年间从暹罗国进口一批红铜，由宫廷御匠吕震和工部侍郎吴

邦佐，参照皇府内藏的柴窑、汝窑、官窑、哥窑、钧窑、定窑等名瓷器的款

式，及《宣和博古图录》、《考古图》等史籍，设计和监制的香炉。为保证香

炉的质量，工艺师挑选了金、银等几十种贵重金属，与红铜一起经过十多次的

精心铸炼，共铸造出三千座香炉，以后再也没有出品。成品后的铜香炉色泽晶

莹而温润，是明代工艺品中的珍品。后宣德炉成为铜香炉的通称。张岱《夜航

船·宝玩部·宣铜》称："宣德年间三殿火灾，金银铜熔作一块，堆垛如山，

宣宗发内库所藏古窑器，对临其款，铸为香炉、花瓶之类，妙绝古今，传为世

宝。"可聊备一说。

⑥ 夯：同"笨"。

⑦ 拨蜡：即仿古铜器拨蜡法。工序包括：一、刻样板；二、捏坯形；三贴蜡，或叫剥蜡；四、敷泥型；五、浇铸；六修整；七接色。此处指剥蜡工序。 范沙：俗称翻砂，即铸造。先以砂作坯样，再将金属熔化灌入，以铸器物。

⑧ 回回教：即伊斯兰教。

⑨ 乌斯藏：地名，亦作乌思藏。在西藏中部。唐为吐蕃国。明置乌斯藏行都指挥使司。 渗金佛：镀金佛像。

⑩ 不特：不只。

⑪ 遭劫：遭遇劫难。此指被锤碎。

⑫ 有奇：还多。

【评品】 作者先提出香炉的品评标准："贵适用，尤贵耐火。"并在众窑香炉中突出宣炉之"便火便用"，然后突出甘文堂所铸铜炉质地款色与宣炉相比"俱可乱真"，再点明其铜质之所以上佳的原因，在于用碎渗金佛像掺和的铜料。最后结尾调侃因宗教信仰不同，所以不忌碎渗金佛像熔炉之事。

绍兴灯景

绍兴灯景为海内所夸者[1]，无他，竹贱、灯贱、烛贱。贱，故家家可为之；

贱，故家家以不能灯为耻。故自庄逵以至穷檐曲巷[2]，无不灯、无不棚者。棚以二竿竹搭过桥，中横一竹，挂雪灯一、灯球六[3]。大街以百计，小巷以十计。从巷口回视巷内，复迭堆垛，鲜妍飘洒，亦足动人。十字街搭木棚，挂大灯一，俗曰"呆灯"，画《四书》、《千家诗》故事[4]，或写灯谜，环立猜射之[5]。庵堂寺观，以木架作柱灯及门额，写"庆赏元宵"、"与民同乐"等字。佛前红纸荷花琉璃百盏，以佛图灯带间之[6]，熊熊煜煜[7]。庙门前高台，鼓吹五夜[8]。市廛如横街、轩亭、会稽县西桥[9]，闾里相约，故盛其灯。更于其地斗狮子灯[10]，鼓吹弹唱，施放烟火，挤挤杂杂。小街曲巷有空地，则跳大头和尚[11]，锣鼓声错，处处有人团簇看之。城中妇女多相率步行，往闹处看灯；否则，大家小户杂坐门前，吃瓜子、糖豆，看往来士女，午夜方散。乡村夫妇多在白日进城，乔乔画画[12]，东穿西走，曰"钻灯棚"，曰"走灯桥"，天晴无日无之。

万历间，父叔辈于龙山放灯[13]，称盛事，而年来有效之者。次年，朱相国家放灯塔山[14]，再次年，放灯蕺山[15]。蕺山以小户效颦[16]，用竹棚，多挂纸魁星灯[17]。有轻薄子作口号，嘲之曰："蕺山灯景实堪夸，葫篆竿头挂夜叉[18]。若问搭彩是何物，手巾脚布神袍纱。"由今思之，亦是不恶。

地燃烧，雪灯上半圆的雪逐渐熔化，火焰透过晶莹洁白的雪向四面八方照射，玲珑剔透，光彩照人。

④ 四书：《论语》、《孟子》、《大学》、《中庸》。 《千家诗》：旧时儿童启蒙读物。宋刘克庄有《分门纂类唐宋时贤千家诗选》二十二卷，所收均为近体。后出的《千家诗》据刘克庄所选增删而成，收诗数十家，上卷七绝八十余首，下卷七律四十余首。

⑤ 猜射：猜灯谜。射，猜。

⑥ 佛图灯带：似指佛塔形灯笼连串成带。佛图，塔的别名。亦称浮图、浮屠。《魏书·释老志》："凡宫塔制度，犹依天竺旧状而重构之，从一级三、五、七、九，世人相承，谓之'浮图'，或云'佛图'。"

⑦ 熊熊煜煜：形容灯火盛燃，火焰明亮。

⑧ 五夜：整夜。古代将一夜分为五更。

⑨ 市廛：店肆市场。 轩亭：在绍兴府治南，中唐时观察使李绅所建。

⑩ 狮子灯：一种大型祭祀性舞蹈，用以祭天地、山神和祖先。舞蹈场面大，动作套路多。舞队即由"狮头"带领操练，上场舞者十八人，头戴面具，手舞兵器，服装也各有特色。舞蹈中间有独舞和一部分武打动作。动作粗犷幅度大，具有晃胯、扭腰等特点。有些动作如转身、走步、武打等动作均有一定的随意性。

⑪ 大头和尚：亦称大头舞、跳罗汉、罗汉舞，流行于中国各地。有些地方，根据舞蹈内容，叫《大头和尚戏柳翠》、《月明和尚逗柳翠》等，多在节日里或喜庆活动时表演。表演时没有语言，人物性格、表情均以身姿动作示意，表演夸张，诙谐幽默。

⑫ 乔乔画画：犹言指指点点。

⑬ "万历间"二句：详见本书卷八《龙山放灯》。

⑭ 朱相国：即朱赓。万历二十九年，以礼部尚书兼东阁大学士，故称"相国"。其女为张岱祖母。详见本书卷三《朱文懿家桂》注。　塔山：在卧龙山南，又名飞来山、龟山、怪山等。以山有应天塔，故称塔山。山下有朱文懿公逍遥楼。

⑮ 蕺山：在卧龙山东北三里，产蕺。相传越王尝吴王秽后，遂病口臭，乃采蕺食之，故名。

⑯ 效颦：《庄子·天运》云："西施病心而矉（同颦，皱眉）其里，其里之丑人，见而美之，归亦捧心而矉其里。其里之富人见之，坚闭门而不出，贫人见之，挈妻子而去之走。彼知矉美，而不知矉之所以美。"后以讽刺不善模仿，弄巧成拙。

⑰ 魁星：传说中主宰文运盛衰的神。

⑱ 箾篍（xiāo）：小竹子。　夜叉：见本书卷六《目莲戏》注。

【评品】　本文介绍绍兴灯景，先突出绍兴灯景的特点：各种材料贱，故灯多，已然形成家家制灯，以不能灯为耻的民俗民风。然后描写不同场合所挂不同样式的灯具。再写灯会时的鼓吹弹唱、舞蹈杂耍、猜谜焰火，及城乡各色人众不同的观灯方式和盛大热闹场景。最后，回忆万历间祖辈豪门放灯，小户仿效，轻薄子嘲之的情景。"由是思之，亦是不恶"的感慨，是作者时过境迁，不得已求其次而不得的无奈。

韵　山

　　大父至老[1]，手不释卷，斋头亦喜书画[2]、瓶几布设[3]。不数日，翻阅搜讨，尘堆砚表，卷帙正倒参差[4]。常从尘砚中磨墨一方，头眼入于纸笔[5]，潦草作书生家蝇头细字[6]。日晡向晦[7]，则携卷出帘外，就天光爇烛[8]，檠高光不到纸[9]，辄倚几携书就灯，与光俱俯，每至夜分[10]，不以为疲。常恨《韵府群玉》、《五车韵瑞》寒俭可笑[11]，意欲广之。乃博采群书，用淮南"大小山"义[12]，摘其事曰《大山》，摘其语曰《小山》，事语已详本韵而偶寄他韵下曰《他山》，脍炙人口者曰《残山》，总名之曰《韵山》。小字襞积，烟煤残楮[13]，厚如砖块者三百余本。一韵积至十余本，《韵府》、《五车》不啻千倍之矣。正欲成帙，胡仪部青莲携其尊人所出中秘书[14]，名《永乐大典》者[15]，与《韵山》正相类，大帙三十余本，一韵中之一字犹不尽焉。大父见而太息曰："书囊无尽，精卫衔石填海[16]，所得几何！"遂辍笔而止。以三十年之精神，使为别书，其博洽应不在王弇州、杨升庵下[17]。今此书再加三十年，亦不能成，纵成亦力不能刻。笔冢如山[18]，只堪覆瓿[19]，余深惜之。丙戌兵乱[20]，余载往九里山[21]，藏之藏经阁，以待后人。

| 注释 |

① 大父：张岱祖父张汝霖，见本书卷一《砎园》注。

② 斋头：书斋案头。

③ 瓶几：案几瓷瓶。

④ 卷帙：书可舒卷的叫卷；数卷成束，用布或布囊装起来叫帙，即书套。此泛指书籍。

⑤ 头眼入于纸笔：据张岱《家传》，张汝霖曾"病目瞢（眼生翳）"，故视力很差。此则状其弱视而埋头抄写著述的情状。

⑥ 蝇头细字：形容极细小的字。陆游《书感》："岂知鹤发残年叟，犹读蝇头细字书。"

⑦ 日晡：下午三时至五时。 晦：指天黑。

⑧ 爇（ruò）：点燃。

⑨ 檠：灯架。借指灯。

⑩ 夜分：夜半。

⑪《韵府群玉》：宋末阴时夫撰。二十卷，收字八千八百二十，分韵一百零六部，为分韵辑录典故词藻的类书。后世科举考试诗赋押韵，均遵用为标准。
《五车韵瑞》：明凌稚隆撰。一百六十卷。以《韵府群玉》为本，增补而成。分经史子集杂五部，每部列出二、三、四字熟语，注明出处。五车，表示书多。《庄子·天下》："惠施多方，其书五车。"后以形容人博学。瑞，美好。
寒俭：浅露、单薄。

⑫ 淮南"大小山"义：汉王逸《楚辞章句》卷十二："《招隐士》者，淮南小山之所作也。昔淮南王（刘）安，博雅好古，招怀天下俊伟之士。自八公之徒，咸慕其德而归其仁。各竭才智，著作篇章，分造辞赋，以类相从，故或称小山，或称大山，其义犹《诗》有《小雅》、《大雅》也。"

⑬ 襞褶：原指衣裙上的褶子。此状密密麻麻。　烟煤：此指墨。　残楮：残废的纸张。

⑭ 仪部：明代为礼部的属部。设郎中、员外郎、主事各一人。掌朝廷礼仪、宗封、举贡、学校等事。　胡青莲：明胡敬辰。敬辰字直卿，余姚人。天启壬戌进士，官至江西驿传道，终光禄寺录事。以所著诗赋、杂文及官县令时谳牍，共为一编，是为《檀雪斋》。其文故为涩体，几不可句读，诗格亦公安之末派。由王思任有《胡青莲檀雪斋序》可知，敬辰，号青莲、檀雪斋。　尊人：对父母的尊称。　中秘书：宫中所藏书籍。

⑮ 《永乐大典》：见本书卷二《三世藏书》注。

⑯ 精卫：传说炎帝之少女，名女娃，溺死于东海，化为精卫鸟，常衔西山之木石，以填于东海。详见《山海经·北山经》。

⑰ 王弇州：见本书卷一《奔云石》注。　杨升庵：杨慎（1488—1559），字用修，号升庵，四川新都人。正德进士，历任翰林修撰，经筵讲官等。后因事充军云南，乃游历名胜古迹，考察风土人情，致力于音韵、诗文、艺术、地理、民俗等方面的著述。部分作品编入《升庵合集》。

⑱ 笔冢：埋笔的坟。李肇《唐国史补》中："长沙僧怀素，好草书，自言得草圣三昧。弃笔堆积，埋于山下，号曰笔冢。"

⑲ 覆瓿（bù）：喻著作价值不高，只能用作盖酱罐。《汉书·扬雄传》："钜鹿侯芭常从雄居，受其《太玄》、《法言》焉。刘歆亦尝观之，谓雄曰：'空自苦！今学者有禄利，然尚不能明《易》，又如《玄》何？吾恐后人用覆酱瓿也。'"

⑳ 丙戌：顺治三年（1646）。　兵乱：指清兵攻陷浙东。

㉑ 九里山：在会稽（今浙江绍兴市）。张岱《家传·附传》：云"庚戌年，大

父开九里山，取道直上炉峰。"祁彪佳《越中园亭记表胜庵》载："山名九里，以越盛时，笙歌闻于九里，故名。"

【评品】　本文追记作者祖父以三十年的精力心血撰写的"厚如砖块者三百余本"的《韵山》，竟以与官修的《永乐大典》相类，"遂辍笔而止"，"笔冢如山，只堪覆瓿"，令读者与作者一起为之扼腕深惜。这是古代交通不便，信息不灵的悲剧。作者详细描述其祖父因有眼疾而弱视，借助天光、灯光书写誊抄格外费劲的情状，借此表现其勤奋笔耕之艰难，更增强了其三十年心血付诸东流的悲剧性。然而也正是在其祖父这种"精卫衔石填海"的精神沾溉和激励下，作者才能在国亡家破，"布衣蔬食，常至断炊"的境况中，也用了将近三十年的心血，"五易其稿，九正其讹"，完成《石匮书》。嗣后又陆续撰成《石匮书后集》、《明於越三不朽名贤图赞》等多种著作，幸运的是作者能拾遗苴漏，补正史之疏缺。故能传诸不朽。本文可与作者的《诗韵确序》相参看。

天童寺僧[1]

戊寅[2]，同秦一生诣天童访金粟和尚[3]。到山门，见万工池绿净[4]，可鉴须眉。旁有大锅覆地[5]，问僧，僧曰："天童山有龙藏，龙常下饮池水，故此水刍秽不入[6]。正德间[7]，二龙斗，寺僧五六百人撞钟鼓撼之，龙怒，扫寺成白地，锅其遗也。"入大殿，宏丽庄严。折入方丈[8]，通名刺[9]。老和尚见人便打，曰"棒喝"[10]。余坐方丈，老和尚迟迟出，二侍者执杖、执如意先导之[11]，南向立，曰："老和尚出。"又曰："怎么行礼?"盖官长见者皆下拜，无抗礼[12]，余屹立不动，老和尚下行宾主礼。侍者又曰："老和尚怎么坐?"余又屹立不动，老和尚肃余坐[13]。坐定，余曰："二生门外汉，不知佛理，亦不知佛法，望老和尚慈悲，明白开示[14]。勿劳棒喝，勿落机锋[15]，只求如家常白话，老实商量，求个下落。"老和尚首肯余言[16]，导余随喜[17]。早晚斋方丈[18]，敬礼特甚。余遍观寺中僧匠千五百人，俱舂者、碓者、磨者、甑者、汲者、爨者、锯者、劈者、菜者、饭者，狰狞急遽[19]，大似吴道子一幅《地狱变相》[20]。老和尚规矩严肃，常自起撞人，不止"棒喝"。

| 注释 |

① 天童寺：在浙江鄞县太白山麓，是我国佛教"中华五山"之一，属禅宗。晋永康元年（300），僧义兴来此结茅。唐开元二十年（732），僧法璇始建寺。其废址今称古天童。至德二年，僧宗弼等另择地建寺，即今天童寺址。乾元二年，赐名天童玲珑寺。明洪武二十五年册定天童寺名。南宋时有日僧来寺求法，回国后创曹洞宗。该宗尊天童为祖庭。

② 戊寅：崇祯十一年（1638）。

③ 秦一生：张岱友人，见本书卷一《天砚》注及《琅嬛文集·祭秦一生》文。金粟和尚：即密云圆悟禅师（1566—1642）。天启年间，其曾在海盐金粟寺弘扬临济宗法，弟子千余人，故称其金粟和尚。崇祯四年主持天童寺。于崇祯八

年建佛殿、天王殿，继而建法堂、先觉堂、藏经阁、方丈殿；崇祯九年建云水堂、供应堂、延寿堂；崇祯十年建西禅堂、东西两客堂；崇祯十三年建东禅堂、新新堂、迥光阁、返照楼，并重浚万工池，修造七宝塔。经过十年的经营，使天童寺得以中兴，奠定了今天寺庙的格局和规模。　　山门：庙门。

④ 万工池：有外万工池、内万工池，均在寺庙建筑的中轴线上。

⑤ 大锅：据载现存的千僧锅，铸于崇祯十四年。该锅直径2.36米，深1.07米，重4 000公斤。

⑥ 刍秽：柴草等污秽物。

⑦ 正德：明武宗朱厚照的年号。

⑧ 方丈：禅宗寺院长老住持的说法之处。亦称丈室、函丈、正堂。后亦指代寺院长老和住持。

⑨ 名刺：见本书卷五《于园》注。

⑩ 棒喝：棒打与大喝。佛教禅师接引学禅人的一种方法。不以语言文字作正面回答，而据学人的疑问和心理状态，或以棒打，或大喝一声。其意旨多在打断学人的意识分别。后世称警醒执迷为"当头棒喝"。

⑪ 如意：梵语阿那律。柄端作手指形或心字形。常人持以搔痒，和尚宣讲佛经时，也持以记经文于其上，以备遗忘。

⑫ 抗礼：行对等之礼。

⑬ 肃：躬身作揖以示恭敬。

⑭ 开示：开导，启示。

⑮ 机锋：禅宗用语。机，谓禅机，指禅师对参禅者根机及心理状态的把握；锋，谓交锋、锋刃。机锋即禅师与参禅者之间请问对答的方式和风格。

⑯ 首肯：点头赞同，肯定。

⑰ 随喜：见他人行善事，修学佛法，随之欢喜，喜他得利益，或随之赞叹表扬。后亦作参观佛寺，行善布施的代称。

⑱ 斋：斋戒，指祭祀前整洁身心。

⑲ 狰狞：凶恶。

⑳ 吴道子：见本书卷四《不系园》注。　地狱变相：画名。佛教谓恶人死后，灵魂将入地狱受种种恐怖可怕的折磨。变相，释道绘仙佛像及经文中变异之事，称为变相。宋黄休复《益州名画录》："吴道子画地狱变相，都人咸观，惧罪修善。"

【评品】　本文先介绍天童寺万工池龙饮的传说；中间用"官长见者皆下拜，无抗礼"和他人常遭棒喝作陪衬，记叙自己抗礼谒见金粟和尚，求其勿用棒喝，勿用机锋，明白开示启悟的经过；最后概述寺中各类僧匠多达千五百人，所司各种职事，应有尽有，可见该寺当年规模之大，佛事之盛。

水浒牌[1]

古貌古服、古兜鍪、古铠胄、古器械[2]，章侯自写其所学所问已耳[3]。而辄呼之曰"宋江"，曰"吴用"，而"宋江"、"吴用"亦无不应者，以英雄忠义之气，郁郁芊芊[4]，积于笔墨间也。周孔嘉丐余促章侯[5]，孔嘉丐之，余促之，凡四阅月而成[6]。余为作缘起曰[7]："余友章侯，才足拔天[8]，笔能泣鬼[9]。昌谷道上，婢囊呕血之诗[10]；兰渚寺中，僧秘开花之字[11]。兼之力开画苑，遂能目无古人，有索必酬，无求不与。既蠲郭恕先之癖[12]，喜周贾耘老之贫[13]，画《水浒》四十人，为孔嘉八口计，遂使宋江兄弟，复睹汉官威仪。伯益考著《山海》遗经[14]，兽毹鸟毲皆拾为千古奇文[15]；吴道子画《地狱变相》[16]，青面獠牙尽化作一团清气。收掌付双荷叶，能月继三石米，致二斗酒，不妨持赠[17]；珍重如柳河东，必日灌蔷薇露，薰玉蕤香，方许解观[18]。非敢阿私[19]，愿公同好。"

注释

① 水浒牌：陈洪绶在民间流行的酒令牌子上刻画水浒英雄形象的版画。共有四十张，今存每张牌上画一幅梁山人物画像，刻画了四十位各具性格，栩栩如生的水浒英雄形象。人物造型夸张，运笔奇诡变幻，衣纹刚折有力。旁注令辞及辞约。行令时，将四十张牌扣于席上，酒客依次揭牌，按照牌上所刻的酒约行令饮酒。

② 兜鍪：即头盔。 铠胄：古代将士穿上用以护身的金属甲衣。

③ 章侯：陈洪绶（1598—1652），字章侯，浙江诸暨人。见本书卷三《白洋潮》、《陈章侯》注。

④ 郁郁芊芊：勃郁，茂盛貌。

⑤ 周孔嘉：张岱《琅嬛文集》卷二《越中五佚记·蛾眉山》载："天启五年，姑苏周孔嘉傲居于轩亭之北，余每至其家，剧谈竟日。"

⑥ 四阅月：经过四整月。

⑦ 缘起：事情发生的因由。此指著书者自述其编著之由来，与序文相类。

⑧ 掞（yàn）天：光芒照天。庾肩吾《侍宴宣猷堂应令》诗："副君德将圣，陈王才掞天。"掞，通焰，光芒。

⑨ 泣鬼：杜甫《寄李十二白二十韵》："笔落惊风雨，诗成泣鬼神。"

⑩ "昌谷"二句：唐代诗人李贺，字长吉，居河南府福昌县之昌谷，后人因以昌谷称之。李商隐《李长吉小传》载："每旦日出与诸公游，未尝得题然后为诗，如他人思量牵合以及程限之意。恒从小奚奴，骑距驴，背一古破锦囊，遇有所得，即书投囊中。及暮归，太夫人使婢受囊出之，见所书多，辄曰：'是儿要当呕出心乃已尔。'上灯与食，长吉从婢取书，研墨叠纸足成之，投他囊中。"

⑪ "兰渚寺"二句：晋王羲之曾书《兰亭宴集序》，自珍爱之。传至其七世孙、山阴永欣寺僧智永禅师，智永传予其弟子辩才。尝于所寝梁上凿暗栏以贮之。唐太宗寻讨此书，辩才密不出示。唐太宗遣御史萧翼伪装商客，与之往还，乘隙窃取。走至半途，袖中偷看，四周遍地开花。（见唐何延之《兰亭记》）兰亭，在山阴县西南二十七里。相传越国勾践尝种兰于此，汉于此建驿亭。晋永和九年上巳日，王右军与谢安、孙绰、许询辈四十一人会此修禊事。今存有流觞曲水、兰亭故址。此二句用典故赞美陈洪绶书画之妙。

⑫ 蠲（juān）：免除。　郭恕先：郭忠恕（？—977），字恕先，又字国宝，洛阳（今属河南）人。五代末期至宋代初期的画家。七岁能诵书属文，举童子及第。后周广顺中（952）召为宗正丞兼国子监书学博士。由于争忿朝堂，不久被贬为崖州司户，秩满去官，不复仕，纵放岐雍、陕洛间。入宋，官国子监主

簿，益纵酒肆言，因讥讽时政，又遭流配登州，死于临邑途中。工画山水，尤擅界画，楼观舟楫皆极精妙。兼通文字学，善写篆、隶书。

⑬ 周：周济，接济。　贾耘老：贾收，字耘老，宋浙江乌程人。有诗名，喜饮酒。苏轼与之交游，酬唱甚多。收素贫，轼每念之，尝画古木怪石以赠。后轼去，收作亭以"怀苏"名之。有诗集号《怀苏集》。

⑭ 伯益：也称益，一作翳。舜时东夷部落的首领。相传其助禹治水有功，禹要让位与他，益避居箕山之北。　《山海》：《山海经》，今本十八篇。书中记述各地山川、道里、部族、物产、祭祀等。刘歆校上卷，称为夏禹、伯益所作，不可信。

⑮ 毨（xiǎn）：毛整齐的样子。　氄（rǒng）：鸟兽细软的绒毛。

⑯ 吴道子：见本书卷四《不系园》注。

⑰ "收掌"四句：双荷叶为宋代贾收之妾的小名。苏轼《答贾耘老》四首之四云："念贾处士贫甚，无以慰其意，乃为作怪石古木一纸，每遇饥时，辄以开看，还能饱人否？若吴兴有好事者，能为君月致米三石、酒三斗，终君之世，便以赠之。不尔者，可令双荷叶收掌，须添丁长以付之。"

⑱ "珍重"四句：据《云仙杂记·大雅之文》载柳宗元得韩愈所寄之诗，"先以蔷薇露灌手，薰玉蕤香后发读。"蔷薇露，即花露水。解观，舒卷观赏。

⑲ 阿私：徇私情。

【评品】　陈洪绶所画《水浒叶子》以名家名作享誉于世，目前尚存四种版本，为版画史上的精品。江念祖《陈章侯水浒叶子引》评论道："图写（罗）贯中所演四十人，颊上生风，眉间火出，一毫一发，凭意撰造，无不令观者为之骇目损心。"可与本文相发明。作者和陈章侯都酷嗜《水浒传》（作者对水浒传的嗜爱详见《古今义烈传自序》）。文章一开始即突出陈章侯所画水浒牌的特点：以古心、古貌写水浒人物，"遂使宋江兄弟，复睹汉官威仪"，而能"英雄忠义之气，郁郁芊芊，积于笔墨间"，所以所画人物，个个鲜活，呼之欲出，"无不应者"。然后补叙作者代人丐求和催促章侯作画的经过。最后作者为之作缘起，因系用骈体，故多引典故，赞美章侯之为人，称颂其诗、字、画俱佳，笔涉谐趣。结尾借苏轼为贾收作画以济贫、柳宗元珍重韩愈赠诗的故事相比，增添其事的情趣雅韵。

烟雨楼[1]

嘉兴人开口烟雨楼，天下笑之。然烟雨楼故自佳[2]。楼襟对鸳泽湖[3]，泾泾濛濛[4]，时带雨意，长芦高柳，能与湖为浅深[5]。

湖多精舫，美人航之，载书画茶酒，与客期于烟雨楼。客至，则载之去，舣舟于烟波缥缈[6]。态度幽闲，茗炉相对，意之所安，经旬不返。舟中有所需，则遑出宣公桥、用里街[7]，果蓏蔬鲜[8]，法膳琼苏[9]，呫嗻立办[10]，旋即归航。柳湾桃坞，痴迷伫想，若遇仙缘，洒然言别，不落姓氏。间有倩女离魂[11]，文君新寡[12]，亦效颦为之[13]。淫靡之事，出以风韵，习俗之恶，愈出愈奇。

| 注释 |

① 烟雨楼：在浙江嘉兴市南湖湖心岛上。始建于五代。吴节度使广陵郡王钱元璙在湖滨筑台作登眺之所，取唐诗人杜牧"南朝四百八十寺，多少楼台烟雨中"诗意命名之。后毁于兵火。嘉靖二十八年（1549），嘉兴知县赵瀛仿旧制建楼于湖中。水木清华，晨烟暮雨，向称胜景。

② 故自佳：本来就好。

③ 襟对：面对，正对。襟在前，故以指代前。　鸳泽湖：即南湖，又名鸳鸯湖。

④ 溶溶濛濛：水气雾气正浓，景色朦胧。

⑤ 能与湖为浅深：指芦柳的高低能与湖水之深浅相应。

⑥ 舣舟：以舟靠岸。

⑦ 宣公桥：唐德宗朝名相陆贽（753—805），字敬舆，嘉兴人。秉性贞刚，严于律己，自许"上不负天子，下不负所学"。他受命于危难之际：吴泚叛乱，德宗出逃，社稷将倾。他指陈时弊，筹划大计，忠言极谏，建议轻徭薄赋，任贤黜恶，储粮备边。为德宗下罪己诏，朝野感动。由于他措施得宜，叛乱得以平定，局面得以转危为安。后被诬遭贬。卒谥宣。桥以其命名，在嘉兴城东一里。　甪（lù）里街：甪里，汉初隐士，商山四皓之一。街以其命名。在嘉兴城东，又名六里、古里。

⑧ 蓏（luǒ）：瓜类蔓生植物的果实。

⑨ 法膳：帝王的常膳。《汉书·王莽传》载，王莽奏言："愿陛下爱精休神，阔略思虑。遵帝王之常服，复大官之法膳。使臣子各得尽欢心。"此指美膳佳肴。　琼苏：美酒名。《北堂书钞·南岳夫人传》载："王子乔等并降，夫人设

琼苏酒。"

⑩ 咄嗟立办：一吩咐，马上置办。

⑪ 倩女离魂：唐陈玄祐小说《离魂记》，谓衡州张镒有女倩娘，与镒甥王宙相恋。镒将女另许他人，倩娘抑郁成病。宙被遣往四川，夜泊，倩女魂赶至船上，与其结为夫妇。五年后，两人归家，房中卧床上的倩娘闻声出见，两女合为一体。元郑光祖据以改编为杂剧《倩女离魂》。

⑫ 文君新寡：卓文君，汉蜀郡临邛人，富豪卓王孙之女。夫亡新寡，慕司马相如才貌，以琴心挑之。两人乘夜私奔，结为夫妻。卓王孙怒而与之绝。在成都文君当垆卖酒，相如为涤器。后相如献赋得官，欲娶茂陵女子为妾，文君作《白头吟》诗劝止。明朱权杂剧《卓文君私奔相如》即写其事。

⑬ 效颦：见本书卷六《绍兴灯景》注。文中指仿两剧情节，作男女风情之事。

【评品】　嘉兴烟雨楼以烟雨名，亦以烟笼雨罩而景佳。作者具体描绘了美人精舫，在烟波缥缈之中，载书画茶酒，与客茗炉相对，态度幽闲，或泛或泊，经旬不返，佳肴美酒、时鲜果蔬，立办俱臻的诗情画意。最后，引用两则古代男女风情韵事，暗示柳湾桃坞所萌生和引发的痴迷梦想。

朱氏收藏

朱氏家藏¹，如"龙尾觥"²、"合卺杯"³，雕镂锲刻，真属鬼工，世不再见。余如秦铜汉玉、周鼎商彝⁴、哥窑倭漆⁵、厂盒宣炉⁶、法书名画⁷、晋帖唐琴，所畜之多，与分宜垺富⁸，时人讥之。余谓博洽好古，犹是文人韵事⁹，风雅之列，不黜曹瞒¹⁰；鉴赏之家，尚存秋壑¹¹。诗文书画未尝不抬举古人¹²，恒恐子孙效尤¹³，以袖攫石、攫金银以赚田宅¹⁴，豪夺巧取，未免有累盛德¹⁵。闻昔年朱氏子孙，有欲卖尽"坐朝问道"四号田者，余外祖兰风先生谑之曰¹⁶："你只管坐朝问道，怎不管垂拱平章？"¹⁷一时传为佳话。

| 注释 |

① 朱氏：指朱赓之子、张岱舅祖朱敬循（号石门）。

② 龙尾觥（gōng）：觥，古代用兽骨制的饮酒器具。龙尾为其形。

③ 合卺（jǐn）杯：合卺杯，是古代婚礼喝交杯酒的杯子。由两个圆筒形杯并连而成。合卺，成婚。卺，瓢。把一个瓢瓜，剖成两半，新郎新娘各持一个饮酒，为旧时成婚仪式。

④ 秦铜汉玉、周鼎商彝：总言文物之古老、珍贵。鼎，古代权贵家烹煮食物的青铜器具，三足两耳。后作权力象征。彝，古代盛酒的器具，也作宗庙祭器的总称。

⑤ 哥窑：见本书卷六《甘文台炉》注。 倭漆：指日本泥金漆器。明代传入我国，曾被国内艺人们仿制，并在仿制中创造了不少新品种。《夜航船·宝玩部·倭漆》载："漆器之妙，无过日本。宣德皇帝差杨瑄往日本教习数年，精其技艺。故宣德漆器比日本等精。"

⑥ 厂盒：一种古玩。《夜航船·宝玩部·厂盒》载："古延厂，永乐年间所造，

重枝叠叶，坚若珊瑚，稍带沉色。新厂宣德年间所造，雕镂极细，色若朱砂，鲜艳无比，有蒸饼式、甘蔗节二种，愈小愈妙，享价极重。" 宣炉：见本书卷六《甘文台炉》。

⑦ 法书：古代将书写于缣楮纸帛而有法度的书法作品均称"法书"。今用于尊称别人的书法作品。

⑧ 分宜：此指籍贯江西分宜县的晚明奸相严嵩，人称严分宜。史载籍没严嵩家，上报金三万二千余两，银二百余万两，另有珠玉宝玩数千件。 埒（liè）富：财力相等。埒，同等。

⑨ 博洽：学识渊博。 韵事：风雅的事。

⑩ 不黜：不罢免。此指不废黜、排斥。 曹瞒：曹操，小名阿瞒。汉末群雄之一。才兼文武，横槊赋诗，开建安一代文风。

⑪ 秋壑：南宋末权相贾似道（1213—1275），宋台州天台（今属浙江）人，号秋壑。其姐为理宗宠妃，官至右丞相。度宗朝封太师，平章军国重事，专恣日盛，朝政决于其杭州葛岭私宅中。《宋史·奸臣传》载：贾似道"酷嗜宝玩，建多宝阁，日一发玩。闻余玠有玉带，求之，已殉葬矣，发其冢取之。"

⑫ "诗文"句：意谓诗文书画往往以古为贵。明代文坛有前后"七子"，均崇尚复古。

⑬ 恒恐：常常忧虑。 效尤：明知是错误的行为，还要效仿。

⑭ 攫金：盗金。《列子·说符》："昔齐人有欲金者，清旦衣冠而之市。适鬻金者之所，因攫其金而去。吏捕得之，问曰：'人皆在焉，子攫人之金何？'对曰：'取金之时不见人，徒见金。'"讽刺利欲熏心，不计利害。冠以"以袖"

者似状其欲掩人耳目。

⑮ 有累盛德：使深厚的功德有所亏损。

⑯ 兰风先生：张岱外祖陶兰风。张岱《快园道古·戏谑部》载：朱文懿当国，其子纳言石门广置田宅。居近南门，凡南门外坐朝问道，四号田欲买尽无遗，巧取豪夺，略无虚日。外祖陶兰风先生谑之曰："石门你只管'坐朝问道'，却忘了'垂拱平章'。"意谓"朱石门你只管掠夺民田，却全然不顾朝里做宰相父亲的脸面了！"

⑰ "你只管坐朝问道"二句："坐朝问道"和"垂拱平章"见于《千字文》，古人好用《千字文》为大宗的货物、房屋之类编号。"坐朝问道"四号田是绍兴南门外的附郭之田。坐朝问道，贤君身坐朝廷，与大臣探讨治国安民之道。垂拱平章，只要抚慰百姓，用人得当，国君就可以垂衣拱手地治理好国家。垂拱，形容天子垂衣拱手，无为而治的意思。平章，商量处理。

【评品】 作者借议论朱氏收藏之盛衰，表明他对文物收藏的态度。他认为："余谓博洽好古，犹是文人韵事"，关键在于取之有道；所以朱石门"以袖攫石、攫金银以赚田宅，豪夺巧取，未免有累盛德"。并借外祖的调侃讽刺痛砭之。可与《琅嬛文集·家传》中"文懿公当国，子孙多骄纵不法"一段参读。

仲叔古董[1]

葆生叔少从渭阳游[2]，遂精赏鉴。得白定炉、哥窑瓶、官窑酒匜[3]，项墨林以五百金售之[4]，辞曰："留以殉葬。"癸卯[5]，道淮上，有铁梨木天然几[6]，长丈六，阔三尺，滑泽坚润，非常理。淮抚李三才百五十金不能得[7]，仲叔以二百金得之，解维遽去[8]。淮抚大恚怒[9]，差兵蹑之[10]，不及而返。庚戌[11]，得石璞三十斤[12]，取日下水涤之[13]，石罅中光射如鹦哥祖母[14]，知是水碧[15]，仲叔大喜。募玉工仿朱氏"龙尾觥"一，"合卺杯"一[16]，享价三千，其余片屑寸皮，皆成异宝。仲叔赢资巨万，收藏日富。戊辰后[17]，倅姑熟[18]，倅姑苏[19]，寻令盟津[20]。河南为铜薮[21]，所得铜器盈数车，"美人觚"一种，大小十五六枚，青绿彻骨[22]，如翡翠，如鬼眼青，有不可正视之者，归之燕客[23]，一日失之。或是龙藏收去。

| 注释 |

① 仲叔：张岱二叔张联芳，字尔葆，号二酉。见本书卷二《焦山》注。

② 渭阳：《诗·秦风·渭阳》："我送舅氏，曰至渭阳。"后世便以渭阳表示甥舅关系或代称舅氏。此指张联芳之舅父、张岱之舅公、朱文懿公朱赓之子朱敬循，万历二十年进士，由太常少卿迁右通政。号石门。为晚明著名收藏鉴赏

家。见本书卷六《朱氏收藏》。

③ 白定炉：定窑所产的瓷炉。定窑在河北曲阳云山镇，古属定州，故称。哥窑：为宋代著名瓷窑之一。见本书卷六《甘文台炉》注。 官窑：宋徽宗时，于汴京置官窑烧制瓷器，胎、釉均薄如纸，为宋代著名瓷窑之一。明清两代景德镇御器厂专烧制瓷器，也称官窑。 匜：兕觥。原指雌犀角制的一种酒器，此指其形似。

④ 项墨林：项元汴（1525—1590），字子京，别号墨林居士，嘉兴人。工绘事，精鉴赏。所藏法书名画，极一时之盛。 售之：收购它。

⑤ 癸卯：万历三十一年（1603）。

⑥ 铁梨木：也叫铁栗木，多产于我国两广等地，树种高大，为常绿乔木，是我国一级保护植物。心材暗红色，纹理像鸡翅木，重量和红木相近。质地坚韧，抗腐耐磨，不易变形，虫蚁不食。铁梨木是我国明清硬木家具四大名木之一，以厚重、拙朴的风格独树一帜。 非常理：纹理不同寻常。

⑦ 李三才：字道甫，顺天通州（今属北京）人。万历进士，历任户部主事、河南副使、南京通政参议、大理少卿等。万历二十七年以右佥都御史总督漕运，巡抚凤阳诸府（即文中所谓淮抚）。交结高攀龙等东林党人。擢为户部尚书。后遭劾落职。

⑧ 解维：解缆绳开船。 遽去：即刻离去。

⑨ 恚（huì）：恨怒。

⑩ 蹑：追踪。

⑪ 庚戌：万历三十八年（1610）。

⑫ 璞：含玉之石或未经加工的玉石。

⑬ 日下：古以帝王为日，以日下为京都。又日落为日下。　涤：淘洗。

⑭ 罅：裂缝。　鹦哥祖母：指祖母绿宝石。

⑮ 水碧：水晶一类的矿石，又称碧玉。

⑯ 合卺杯：见本书卷六《朱氏收藏》注。

⑰ 戊辰：崇祯元年（1628）。

⑱ 倅：州县佐贰之官职。　姑熟：即姑孰，旧县名，因南临姑孰溪而得名。今安徽当涂县。

⑲ 姑苏：苏州及其所属吴县的别称。因其地有姑苏山而得名。

⑳ 寻：不久。　令：任县令。　盟津：今河南孟津县。因史载周武王伐纣，诸侯不期而会于此地者八百，故名。

㉑ 薮：人或物聚集之地。

㉒ 青绿：为古铜锈之色。

㉓ 燕客：见本书卷一《天砚》注。

【评品】　本文写作者仲叔收藏古玩珍宝的佚事。作者《家传·附传》载：葆生"癸卯，落第，至淮安。有贾客以铁黎天然几货者，淮抚李修吾（即李三才）以百金相值，仲叔以二百金得之，放舟亟行。李修吾飞骑追蹑，见朱文懿勘合，不敢问而返。自是收藏日富，大江以南，王建新、朱石门、项墨林、周铭仲、与仲叔而五焉。丙午，造精舍于龙山之麓，鼎彝玩好，充牣其中，倪迂之云林秘阁不是过矣。"所记可与本文相参。

噱　社[1]

仲叔善诙谐[2]，在京师与漏仲容、沈虎臣、韩求仲辈结"噱社"[3]，嗒喋数言[4]，必绝缨喷饭[5]。漏仲容为贴括名士[6]，常曰："吾辈老年读书做文字，与少年不同。少年读书，如快刀切物，眼光逼注，皆在行墨空处，一过辄了。老年如以指头掐字，掐得一个，只是一个，掐得不着时，只是白地[7]。少年做文字，白眼看天，一篇现成文字挂在天上，顷刻下来，刷入纸上，一刷便完。老年如恶心呕吐，以手扼入齿哕出之，出亦无多，总是渣秽。"[8]此是格言，非止谐语。

一日，韩求仲与仲叔同宴一客，欲连名速之[9]，仲叔曰："我长求仲，则我名应在求仲前，但缀绳头于如拳之上[10]，则是细注在前，白文在后[11]，那有此理！"人皆失笑。沈虎臣出语尤尖巧。仲叔候座师收一帽套，此日严寒，沈虎臣嘲之曰："座主已收帽套去，此地空余帽套头。帽套一去不复返，此头千载冷悠悠。"[12]其滑稽多类此。

| 注释 |

① 噱（jué）：大笑。

② 仲叔：张岱二叔张联芳。见本书卷二《焦山》注。

③ 漏仲容：字坦之，怀才不遇，擅八股。王夫之《夕堂永日绪论外编》云：
"为一代文人而不遇者多矣，则胶庠之下，自应有伟人杰作，睥睨古今。乃嘉、
隆以前无一传者。后乃有徐文长渭、漏仲容坦之、张子延大复数首行世，亦无
甚超绝处。" 沈虎臣：沈德符（1578—1642），字景倩，又字虎臣，嘉兴
人。明万历四十六年举人。祖及父皆以进士官京师，少时即习闻历史掌故，
中年南返，搜集两宋以来历史资料，仿《集古录》例，撰成《万历野获
编》。兼精音律，所著《顾曲杂言》对于杂剧南、北曲考证的价值，为现代
研究戏剧者所重视。 韩求仲：韩敬，字求仲，号止修，浙江归安（今浙江
吴兴）人，万历三十八年应庚戌科，会试第一，廷对夺魁，授翰林院修撰，
但为忌妒者所中伤，被降为行人。韩敬才学超群，为人正直，政治上失意
后，即以著书自娱。

④ 嗫喋（dié）：鱼和水鸟吃食之声。此处指张嘴说话声。

⑤ 绝缨喷饭：大笑难忍，以致将帽带撑断，饭食喷出。《史记·滑稽列传》
载，齐人淳于髡使赵，齐王与金百斤，车马十驷，淳于髡犹以为少，"仰天大
笑，冠缨索绝。"苏轼《筼筜谷偃竹记》载，文与可晚饭时看到苏轼写给他的
《筼筜谷》诗，忍俊不禁，"失笑喷饭满案"。

⑥ 贴括：即帖括。唐制，明经科以帖经试士。把经文贴去若干字，令应试者
对答。后考生因帖经难记，乃总括经文编成歌诀，便于记诵应试，称"帖括"。
意谓包括"帖经"的门径。《新唐书·选举志上》："进士科起于隋大业中，是
时犹试策。高宗朝，刘思立加进士杂文，明经填帖，故为进士者皆诵当代之
文，而不通经史，明经者但记帖括。"

⑦ 白地：空白。

⑧ 哕（yuě）：干呕。呕为有物有声。哕为有声无物。　渣秽：渣滓秽物。

⑨ 速：召请，招致。

⑩ 蝇头：极状细小。多形容小楷。

⑪ "细注"二句：详注在前，原文在后，本末倒置。

⑫ "座主"四句：套用崔颢《黄鹤楼》诗的句式。座主即座师，唐进士对主考官的尊称。明、清举人、进士亦用以称其本科主考或总裁官。

【评品】　明末文人多因某些方面的志同道合而聚会，结成各色各类的社团，亦文坛一时风尚。本文记述作者仲叔所结"噱社"几位社友的谐语趣事。其中漏仲容所言，比较少年与老年读书行文的不同，非亲历者不能道，乃深有体会的格言，的确"非止谐语"。当然，老人所出"总是渣秽"，则大不然，相反，不少是人生历练的成败得失，历尽沧桑后的真知灼见，非未更世事的后生所能洞彻。

鲁府松棚¹

报国寺松²，蔓引骈委³，已入藤理。入其下者，蹒跚局蹐⁴，气不得舒。鲁府旧邸二松，高丈五，上及檐甃⁵，劲竿如蛇脊，屈曲撑距⁶，意色酣怒⁷，鳞爪拿攫，义不受制，鬣起针针⁸，怒张如戟。旧府呼"松棚"，故松之意态情理无不棚之。便殿三楹盘郁殆遍[9]，暗不通天，密不通雨。鲁宪王晚年好道[10]，尝取松肘一节[11]，抱与同卧，久则滑泽酡酡[12]，似有血气。

| 注释 |

① 鲁府：见本书卷二《鲁藩烟火》。 松棚：用松树枝叶搭的棚舍。

② 报国寺：在北京广宁门外，寺之天王殿前有二株古松。刘侗《帝京景物略》："左之偃，不过檐甍；右之偃，不俯栏石。影无远移，遥枝相及，鳞鳞蹲石，针针乱棘。"

③ 嚲（duǒ）：下垂的样子。 委：曲折。

④ 蹒跚：盘旋貌。 局蹐：畏缩恐惧貌。

⑤ 檐甍：瓦砌的屋檐。

⑥ 撑距：撑持，支拄。

⑦ 酣怒：盛怒。

⑧ 拿攫：夺取。 鬣：兽之颈毛。

⑨ 楹：间。

⑩ 鲁宪王晚年好道：张岱《家传》载："鲁献（按：应作'宪'）王好神仙，先子（指张岱父亲）精引导，君臣道合，召对宣室，必夜分始出。"

⑪ 松肘：松树粗壮的枝干。

⑫ 酡酡：像酒醉脸红一样的色泽。

一尺雪

"一尺雪"为芍药异种[1]，余于兖州见之[2]。花瓣纯白，无须萼[3]，无檀心[4]，无星星红紫，洁如羊脂[5]，细如鹤翮[6]，结楼吐舌，粉艳雪映。上下四旁方三尺，干小而弱，力不能支，蕊大如芙蓉[7]，辄缚一小架扶之。大江以南，有其名无其种，有其种无其土，盖非兖勿易见之也。兖州种芍药者如种麦，以邻以亩[8]。花时宴客，棚于路、彩于门、衣于壁、障于屏、缀于帘、簪于席、茵于阶者[9]，毕用之，日费数千勿惜。余昔在兖，友人日剪数百朵送寓所，堆垛狼藉[10]，真无法处之。

注释

① 芍药：见本书卷一《金乳生草花》注。

② 兖州：明代鲁王藩邸所在。今属山东省。

③ 须萼：花须、花萼。

④ 檀心：浅红色的花蕊。苏轼《黄葵》诗："檀心自成晕，翠叶森有芒。"

⑤ 羊脂：山羊或绵羊的油脂。又白色美玉名羊脂玉。此状花白而脂润。

⑥ 翮：鸟羽的茎。

⑦ 芙蓉：荷花。

⑧ 以邻：相连接。

⑨ 茵：席，垫。　阶：台阶。

⑩ 狼藉：散乱零落的样子。

【评品】　本文前半描绘兖州的芍药名种"一尺雪"，对其花瓣、花色、花蕊、花干与众不同的色泽、情状、质地都作了细致入微的刻画，并突出其为兖州特产独有及其独有的原因。后半用一系列排比，铺叙兖州芍药种植之多，芍药花饰之比比皆是。作者精心选用"棚"、"彩"、"衣"、"障"、"缀"、"簪"、"茵"几字，将其名词动用，分饰不同之物，遂能形象呈现出花饰不仅无处不在，而且千姿百态。

菊　海

兖州张氏期余看菊[1]，去城五里。余至其园，尽其所为园者而折旋之[2]，又尽其所不尽为园者而周旋之，绝不见一菊，异之³。移时⁴，主人导至一苍莽空地，有苇厂三间⁵，肃余入⁶，遍观之，不敢以菊言，真菊海也！厂三面，砌坛三层，以菊之高下高下之。花大如瓷瓯⁷，无不球，无不甲⁸，无不金银荷花瓣，色鲜艳，异凡本⁹，而翠叶层层，无一早脱者。此是天道，是土力，是人工，缺一不可焉。

兖州缙绅家风气袭王府¹⁰，赏菊之日，其桌、其炕、其灯、其炉、其盘、其盒、其盆盎、其肴器、其杯盘大觥、其壶、其帏、其褥、其酒、其面食、其衣服花样¹¹，无不菊者。夜烧烛照之，蒸蒸烘染，较日色更浮出数层。席散，撤苇帘以受繁露。

| 注释 |

① 期余：邀请我。

② "余至"二句：谓将其园里园外走个遍，不见菊影。折旋，来回转圈。

③ 异之：对这一现象（邀观菊，而园内外竟无菊）不解，而觉怪异。

④ 移时：过了一会。

⑤ 苇厂：苇席大棚。厂，露舍、棚屋。

⑥ 肃：敬请，迎候。

⑦ 瓷瓯：烧瓷制成的盆或杯。

⑧ 甲：此喻花瓣如铠甲。

⑨ 异凡本：迥然不同于一般的花本。

⑩ 缙绅：见本书卷一《日月湖》注。

⑪ 盉：大腹敛口的盆。　觥：一种古代的饮酒器皿。

【评品】　本文的写法与上文《一尺雪》有相同之处。所不同者，本文开头，作者故作狡狯，观菊海，走遍园内园外，绝不见菊影，为下文铺垫。作者将菊海种植成功的原因归之于"是天道，是土力，是人工，缺一不可焉"。若所指天道为天时物理，则是不刊之论。后半描绘兖州赏菊风气之盛，以致日常生活用品"无不菊者"。这恐怕也是张氏菊海之所以能形成的外部人文条件吧。

曹　山 [1]

万历甲辰 [2]，大父游曹山 [3]，大张乐于狮子岩下 [4]。石梁先生 [5] 戏作山君檄讨大父 [6]，祖昭明太子语 [7]，谓"若以管弦 [8]，污我岩壑"。大父作檄骂之，有曰："谁云鬼刻神镂，竟是残山剩水！" [9] 石篑先生嗤石梁曰 [10]："文人也，那得犯其锋！不若自认，以'残山剩水'四字摩崖勒之。" [11] 先辈之引重如此。曹石宕为外祖放生池 [12]，积三十余年，放生几百千万，有见池中放光如万炬烛天，鱼虾荇藻附之而起 [13]，直达天河者。余少时从先宜人至曹山庵作佛事 [14]，以大竹箩贮西瓜四 [15]，浸宕内。须臾，大声起岩下，水喷起十余丈，三小舟缆断，颠翻波中，冲击几碎。舟人急起视，见大鱼如舟，口欲四瓜 [16]，掉尾而下 [17]。

① 曹山：在会稽县东南。清悔堂老人《越中杂识》云："会稽曹山，有水旱两宕，皆昔人伐石之所，玲珑透秀，巧夺天工。明陶望龄读书其中，有畅鹤园、烟萝洞诸胜。水宕蓄巨鱼，皆盈丈，郡人游观者无虚日。"

② 万历甲辰：1604 年。

③ 大父：见本书卷一《砎园》注。

④ 大张乐：大规模地布陈乐班演奏。张岱在《琅嬛文集・越山五佚记・曹山》中也曾提到其祖父游山时盛携声伎而引起"笔墨官司"。

⑤ 石梁先生：陶奭龄，字公望，又字君奭，号石梁，会稽人。陶承学之第四子，陶望龄之弟。万历癸卯（1603）举于乡。与刘宗周讲学于阳明洞。

⑥ 山君：山神。　檄：一种用于宣示、声讨的文体。

⑦ 祖：仿效。　昭明太子：萧统（501—531），字德施，南兰陵（今江苏常州）人，梁武帝长子。曾招聚文学之士编选先秦至梁各体诗文为《文选》三十卷，是我国最早的一部文学总集，对后世文学颇有影响。卒谥昭明，史称昭明太子。其《七契》设君子与逸士相互驳诘辩难，逸士有"轻荡游观，非予所耽，得性行乐，从好山南"云云。

⑧ 若：你。

⑨ 鬼刻神镂：犹言鬼斧神工。　残山剩水：假山和人工池塘。杜甫《陪郑广文游何将军山林》："剩水沧江破，残山碣石开。"

⑩ 石篑先生：见本书卷二《花石纲遗石》。

⑪ 摩崖：山石崖壁上镌刻的文字。　勒：雕刻。

⑫ 外祖：张岱外祖父陶兰风。　放生池：佛家以不杀生为善举，故于池中放养

收赎的龟鱼螺蚌等物，称放生池。始于梁武帝。

⑬ 荇藻：河湖池塘中生长的水生植物。

⑭ 先宜人：张岱之母陶氏。封建时代妇人因丈夫或子孙而得的一种封号。明清以五品官以上的妻或母可封为宜人。　佛事：佛教徒依法进行供佛、诵经、施佛、拜忏、追福等活动。

⑮ 竹籝：竹篾所编的笼子、篓子。

⑯ 歠：衔，啜，吸吮。

⑰ 掉尾：摆尾。

【评品】　本文前半叙作者祖父游山张乐而引起的一场笔墨官司，词锋相较，你来我往，逞能争胜，最是文人韵事；后半述放生池放生积三十余年后，巨鱼如舟，一朝觅食，掀浪翻船，出没倏然。所见情事，虽不无夸张，几近怪诞，却也令人惊异。可与《琅嬛文集·越山五佚记·曹山》参看。

齐景公墓花樽[1]

霞头沈金事宦游时[2]，有发掘齐景公墓者，迹之[3]，得铜豆三[4]，大花樽二。豆朴素无奇。花樽高三尺，束腰拱起，口方而敞，四面戟楞[5]，花纹兽面，粗细得款⁶，自是三代法物⁷。归乾刘阳太公，余见赏识之，太公取与严⁸，一介不敢请⁹。及宦粤西¹⁰，外母归余斋头¹¹，余拂拭之，为发异光。取浸梅花，贮水，汗下如雨，逾刻始收，花谢结子，大如雀卵。余藏之两年，太公归自粤西，稽复之¹²，余恐伤外母意，亟归之。后为驵侩所啖¹³，竟以百金售去，可惜！今闻在歙县某氏家庙¹⁴。

注释

① 齐景公：名杵臼，齐庄公弟。好治宫室，聚狗马，厚赋重刑。齐相晏婴时时进谏，在位五十八年卒。墓在今山东淄博市南鼎足山。　花樽：有美丽花纹的酒樽。

② 霞头：据《越中杂识·寓贤》："忠肃（宋神宗朝沈焕，字天明，官至枢密副使，谥忠肃）后裔，今聚西郭门外之霞头，其家祠亦在焉。"　沈金事：沈炼，字纯甫，号青霞。详本书卷七《冰山记》注。金事，官名。明代提刑按察使司正官。　宦游：古代士人为求官或赴任而离家、离京，四处奔波。

③ 迹之：跟踪他，追究他。

④ 豆：古代盛肉或其他食品的器皿。

⑤ 戟楞：棱角尖凸分明。

⑥ 得款：样式得宜。

⑦ 三代：夏、商、周。　法物：帝王仪仗队所用的器物。宗教的器物亦称法物。

⑧ 归乾刘阳太公：似当作"归刘乾阳太公"。据张岱《明於越三不朽名贤图

赞》：刘乾阳，名毅，字健甫，山阴人，万历十七年（1589）会试第六名。官广西右布政，督学山东。又张岱《祭外母刘太君文》称："方伯公留心于竹头木屑，有陶晋公之风，凡其一楮一箧，决不敢轻以予人。" 取与严：索取给与严格。

⑨ 一介：一人，一个。此为作者自谦之称。 不敢请：不敢求。

⑩ 宦粤西：为官广西。指任广西右布政使。

⑪ 外母：岳母。此指张岱岳母刘太君；其生平详《祭外母刘太君文》。刘乾阳为其公爹。

⑫ 稽复之：稽查它。

⑬ 驵侩（zǎng kuài）：原指牲畜交易的经纪人。后泛指市场经纪人。 啖：利诱。

⑭ 歙县：今属安徽。

【评品】 本文记叙齐景公墓花樽这一文物发掘的情况及作者得而复失的经过，表达了作者的惋惜之情。对花樽外形的描绘，寥寥数笔，其高、其形、其纹、其品位，皆一清二楚。述其浸梅花所结子"大如雀卵"之事，也颇神异。

71

西湖香市

西湖香市，起于花朝[1]，尽于端午[2]。山东进香普陀者日至[3]，嘉湖进香天竺者日至[4]，至则与湖之人市焉[5]，故曰香市。

然进香之人市于三天竺，市于岳王坟[6]，市于湖心亭[7]，市于陆宣公祠[8]，无不市，而独凑集于昭庆寺[9]。昭庆寺两廊故无日不市者，三代八朝之古董，蛮夷闽貊之珍异[10]，皆集焉。至香市，则殿中边甬道上下、池左右、山门内外[11]，有屋则摊，无屋则厂[12]，厂外又棚，棚外又摊，节节寸寸。凡胭脂簪珥[13]、牙尺剪刀[14]，以至经典木鱼、孩儿嬉具之类[15]，无不集。

此时春暖，桃柳明媚，鼓吹清和[16]，岸无留船，寓无留客，肆无留酿。袁石公所谓"山色如娥，花光如颊，温风如酒，波纹如绫"[17]，已画出西湖三月。而此以香客杂来，光景又别：士女闲都[18]，不胜其村妆野妇之乔画[19]；芳兰芗泽[20]，不胜其合香芫荽之薰蒸[21]；丝竹管弦，不胜其摇鼓欲笙之聒帐[22]；鼎彝光怪[23]，不胜其泥人竹马之行情；宋元名画，不胜其湖景佛图之纸贵[24]。如逃如逐，如奔如追，撩扑不开，牵挽不住。数百十万男男女女、老老少少，日簇拥于寺之前后左右者，凡四阅月方罢[25]。恐大江以东，断无此二地矣。

崇祯庚辰三月，昭庆寺火。是岁及辛巳、壬午洊饥[26]，民强半饿死[27]。壬午虏鲠山东[28]，香客断绝，无有至者，市遂废。辛巳夏，余在西湖，但见城中饿莩异出[29]，扛挽相属[30]。时杭州刘太守梦谦[31]，汴梁人，乡里抽丰者多寓西湖[32]，日以民词馈送[33]。有轻薄子改古诗诮之曰："山不青山楼不楼，西湖歌舞一时休。暖风吹得死人臭，还把杭州送汴州。"[34]可作西湖实录。

注释

① 花朝：农历二月十五日为百花生日，号花朝节。也有为二月二、二月十二的说法。浙间风俗，以为春序正中，百花争望之时最堪游赏。

② 端午：农历五月初五日。

③ 普陀：今浙江省舟山市普陀区。在舟山群岛东南部，岛上有普陀山。唐大中十二年，日本僧人慧锷最初于此留观音像建寺。佛教徒因《华严经》有善财参拜观音于普陀洛迦之说，遂称普陀。后与峨嵋、五台、九华并列为我国佛教四大名山。

④ 嘉湖：浙江嘉兴湖州地区。 天竺：杭州灵隐寺南天竺山中，有上、中、下三天竺寺。

⑤ 市：交易，贸易。亦指代市场、集市。

⑥ 岳王坟：在杭州栖霞岭下。南宋孝宗隆兴元年，岳飞冤案得以昭雪，改葬于此，追谥"武穆"。宁宗时，追封"鄂王"。

⑦ 湖心亭：见本书卷三《湖心亭看雪》注。

⑧ 陆宣公祠：在杭州西湖孤山，祠因祭祀唐德宗朝名相陆贽（谥宣公）而建。"盖自陆少保炳为（明）世宗乳母之子，揽权怙宠，自谓系出宣公，创祠祀

之。"（《西湖梦寻·陆宣公祠》）

⑨ 昭庆寺：在旧城西钱塘门外，后晋天福年间，吴越王钱镠建。详见《西湖梦寻·昭庆寺》。

⑩ 蛮夷：古代对北南少数民族的贬称。　闽：此指居住在福建的少数民族。貊：古称居住在我国东北地区的少数民族。

⑪ 甬道：庭院中间的正道。

⑫ 厂：棚屋，露舍。

⑬ 簪：用以绾住并别在头发上的首饰。　珥：耳饰。

⑭ 牙尺：象牙制的尺子。

⑮ 孖（yá）儿：吴越方言，称呼儿童。

⑯ 鼓吹：此泛指音乐。

⑰ "袁石公"四句：袁石公，袁宏道。见本书卷一《葑门荷宕》注。引文见袁宏道《初至西湖记》。

⑱ 闲都：娴雅优美。都，优美。《诗·郑风·有女同车》："彼美孟姜，洵美且都。"

⑲ 不胜：文中指比不过。　乔画：乔装打扮。

⑳ 芗：通"香"。

㉑ 芫荽（yán suī）：胡荽，俗名香菜。

㉒ 欱：吮吸。此作吹奏讲。　聒帐：众声齐作，通宵达旦，称聒帐。

㉓ 鼎彝：古代宗庙祭祀之青铜礼器。为国之重器。

㉔ 纸贵：《晋书·左思传》载：西晋左思苦思殚虑作成《三都赋》，张华为之延誉，于是豪贵之家竞相传写，洛阳为之纸贵。后用以代指著作风行。

㉕ 四阅月：经过四个月。阅，经历。

㉖ 崇祯庚辰、辛巳、壬午：分别为崇祯十三、十四、十五年。　洊：再次。

㉗ 强半：过半。

㉘ 虏鲠山东：指清兵入侵关内。鲠，通梗，祸患。

㉙ 饿殍：饿死的人。　舁：扛，抬。

㉚ 相属：相连续。

㉛ 刘梦谦：罗山（今河南信阳）人，崇祯七年进士，十三年任杭州太守。《西
湖梦寻·苏公堤》谓："太守刘梦谦与士夫陈生甫辈时至。二月，作胜会于苏
堤。城中括羊角灯、纱灯几万盏，遍挂桃柳树上，下以红毡铺地，冶童名妓，
纵饮高歌。夜来万蜡齐烧，光明如昼。湖中遥望堤上万蜡，湖影倍之。箫管笙
歌，沉沉昧旦。传之京师，太守镌级。"

㉜ 抽丰：旧称找关系、走门路，向人求取财物。

㉝ "日以"句：每日以包揽诉讼所得的钱行贿。

㉞ "山不青山"四句：套改南宋林升《题临安郡》诗："山外青山楼外楼，西
湖歌舞几时休。暖风吹得游人醉，直把杭州作汴州。"

【评品】　文章介绍西湖香市，从香市每年的起讫日期、起因开头，
在众多西湖景点的香市中，重点详述昭庆寺，其内外栉比鳞次的摊
位、琳琅满目的货物应有尽有。然后用"市于……市于""不胜……
不胜"一系列前后对比的排比句式，突出昭庆寺香市的人众、货物、
歌乐，具有村、俗、朴、野的特色，而其人众之多、历时之长、场面

之热闹，江东独有。作者之擅长夸张铺排盛大热闹场面，可见一斑。最后写由于天灾人祸，香市迅速衰败。"城中饿殍异出，扛挽相属"的惨象与上文形成盛衰的强烈反差。即便民生涂炭如此，内忧外患交集，太守大人还是每天受贿不误。结尾的打油诗不仅是实录，而且是莫大的讽刺。其因奢华贪贿而被降官，罪有应得。

鹿苑寺方柿

萧山方柿[1]，皮绿者不佳，皮红而肉糜烂者不佳，必树头红而坚脆如藕者，方称绝品。然间遇之，不多得。余向言西瓜生于六月[2]，享尽天福；秋白梨生于秋，方柿、绿柿生于冬，未免失候[3]。丙戌[4]，余避兵西白山[5]，鹿苑寺前后有夏方柿十数株。六月歊暑[6]，柿大如瓜，生脆如咀冰嚼雪，目为之明，但无法制之，则涩勒不可入口[7]。土人以桑叶煎汤，候冷，加盐少许，入瓮内，浸柿没其颈，隔二宿取食，鲜磊异常。余食萧山柿多涩，请赠以此法。

| 注释 |

① 萧山：县名。今为浙江杭州市辖区。县西一里，有萧山，晋高士许询隐此，萧然自放，故以为名。

② 向言：一向认为。

③ 失候：不得其时。错过时机。

④ 丙戌：顺治三年（1646）。该年清兵陷浙东。

⑤ 西白山：《绍兴府志·地理志四》载，西白山又名太白峰，在诸暨县东九十里，连跨三邑。在剡曰西白，在东阳曰北白。

⑥ 歊（xiāo）：炽热。

⑦ 涩勒：苦涩。

【评品】 作者自称"老饕，遂为诸物董狐。"本文介绍萧山方柿。据《萧山县志稿·物产》："柿有三品：绿柿、方顶柿、漆柿。"文中所谓"方柿"疑即方顶柿。先述如何挑选绝品，正因为是绝品，故不可多得；再以西瓜、秋梨之"得时"反衬冬之方柿之"失候"；然后叙写避乱之际，盛夏之时，得夏方柿，脆爽如冰雪，然苦于无法脱涩，幸得当地人教以脱涩的方法。作者详录之，以飨读者。

西湖七月半

西湖七月半[1]，一无可看，止可看看七月半之人。看七月半之人，以五类看之。其一，楼船箫鼓[2]，峨冠盛筵[3]，灯火优傒[4]，声光相乱，名为看月而实不见月者，看之。其一，亦船亦楼，名娃闺秀[5]，携及童娈[6]，笑啼杂之，环坐露台[7]，左右盼望，身在月下而实不看月者，看之。其一，亦船亦声歌，名妓闲僧[8]，浅斟低唱，弱管轻丝[9]，竹肉相发[10]，亦在月下，亦看月，而欲人看其看月者，看之。其一，不舟不车，不衫不帻[11]，酒醉饭饱，呼群三五，跻入人丛[12]，昭庆、断桥[13]，嚣呼嘈杂，装假醉，唱无腔曲[14]，月亦看，看月者亦看，不看月者亦看，而实无一看者[15]，看之。其一，小船轻幌[16]，净几暖炉，茶铛旋煮[17]，素瓷静递，好友佳人，邀月同坐，或匿影树下，或逃嚣里湖[18]，看月而人不见其看月之态，亦不作意看月者，看之。

　　杭人游湖，巳出酉归[19]，避月如仇，是夕好名，逐队争出，多犒门军酒钱[20]，轿夫擎燎[21]，列俟岸上[22]。一入舟，速舟子急放断桥[23]，赶入胜会。以故二鼓以前[24]，人声鼓吹，如沸如撼，如魇如呓[25]，如聋如哑，大船小船一齐凑岸，一无所见，止见篙击篙，舟触舟，肩摩肩，面看面而已。少刻兴尽，官府席散，皂隶喝道去[26]，轿夫叫船上人，怖以关门，灯笼火把如列星，一一簇拥而去。岸上人亦逐队赶门，渐稀渐薄，顷刻散尽矣。吾辈始舣舟近岸[27]，断桥石磴始凉，席其上，呼客纵饮。此时，月如镜新磨，山复整妆，湖复颒面[28]。向之浅斟低唱者出，匿影树下者亦出，吾辈往通声气[29]，拉与同坐。韵友来[30]，名妓至，杯箸安[31]，竹肉发。月色苍凉，东方将白，客方散去。吾辈纵舟，酣睡于十里荷花之中，香气拍人，清梦甚惬。

注释

① 七月半：农历七月十五为中元节，又称鬼节。白天祭祀，夜晚赏月。

② 楼船：有叠层的大船。

③ 峨冠：高帽。古代峨冠博带为士大夫的服饰。

④ 优傒：土著的声伎。傒，对南方土人的贱称。

⑤ 名娃：名门小姐。　闺秀：本指有才华的女子。后专指小姐。

⑥ 童娈：容貌姣好的小童。

⑦ 露台：楼船上的平台。

⑧ 闲僧：据吴自牧《梦粱录》，七月十五日，僧尼放假，称解制日。是日，官家富户在寺庙大做佛事，不做佛事的僧侣称"闲僧"。

⑨ 弱管轻丝：轻吹管乐，柔抚丝弦。

⑩ 竹肉相发：箫笛声伴着歌唱声。竹，指管乐器。肉，指歌喉。《晋书·孟嘉传》："丝不如竹，竹不如肉。"

⑪ 不帻：不戴头巾。

⑫ 跻：此处同"挤"。

⑬ 昭庆：寺名。见本书卷七《西湖香市》注。　断桥：又名段桥。在里外西湖的分界上。一说因孤山来路至此而断绝得名。

⑭ 无腔曲：不成腔调、随便吟唱的曲子。

⑮ "月亦看"四句：这些是既看月，又看赏月和不赏月的人，好像什么都看，实际是什么都不看的人。

⑯ 轻绲：轻柔细薄的幔帐。

⑰ 茶铛（chēng）：平底的煮茶锅。　旋煮：临时、即时煮。

⑱ 逃嚣：逃避喧嚣。　里湖：苏堤以内的西湖。

⑲ 巳：上午九时至十一时。　酉：下午五时至七时。

⑳ 犒：用酒食钱财慰劳。　门军：守城门的军士。因杭州旧有城墙，西湖在钱

塘门涌金门外，故有门军。

㉑ 擎燎：高举火把。

㉒ 列俟：排列等候。

㉓ 速：催促。　放：放舟，行船。

㉔ 二鼓：二更。夜晚九时至十一时。

㉕ 如魇如呓：像梦中发出的叫声，又像在说梦话。魇，梦魇，做噩梦惊叫。

㉖ 皂隶：古指贱役之奴，后指衙役。

㉗ 舣舟：将船靠岸。

㉘ 颒（huì）面：洗脸。

㉙ 往通声气：用言语沟通感情。

㉚ 韵友：诗友，高雅的朋友。

㉛ 箸：筷子。

【评品】　七月半杭州有月夜倾城出游赏月的风俗。这篇游记构思新巧，不落俗套。题为《西湖七月半》，却偏偏不写西湖月色，而着力描写杭州月影湖光中的世态众生相。在互相比照中，刻画了他们赏月的不同处所、方式、场面，披露了他们不同的赏月心态。对那些俗不可耐，却偏要附庸风雅的豪门富户作了辛辣的讽刺。作者别具匠心地安排了几组反衬：平时避月如仇，反衬是夕的列队争出，趋"月"若鹜，是好名；铺陈二更前的喧闹嘈杂，反衬夜阑更深后的雅静清幽；用众人顷刻兴尽争先离去，反衬吾辈兴始高，意方浓。美丑既分，雅俗自明。作者的句式运用，长短自如，灵活多变。所绘情景，所状人物，穷形极状，写真传神。本文作为张氏小品的代表作之一，当之无愧。

及时雨

壬申七月[1]，村村祷雨，日日扮潮神海鬼，争唾之。余里中扮《水浒》，且曰：画《水浒》者，龙眠、松雪近章侯[2]，总不如施耐庵[3]，但如其面勿黛[4]，如其髭勿鬣[5]，如其兜鍪勿纸[6]，如其刀杖勿树，如其传勿杜撰[7]，勿弋阳腔[8]，则十得八九矣。于是分头四出，寻黑矮汉，寻梢长大汉，寻头陀[9]，寻胖大和尚，寻茁壮妇人，寻姣长妇人，寻青面，寻歪头，寻赤须，寻美髯，寻黑大汉，寻赤脸长须，大索城中。无则之郭、之村、之山僻、之邻府州县，用重金聘之，得三十六人。梁山泊好汉，个个呵活[10]，臻臻至至[11]，人马称娖而行[12]，观者兜截遮拦[13]，直欲看杀卫玠[14]。

五雪叔归自广陵[15]，多购法锦宫缎[16]，从以台阁者八[17]：雷部六[18]，大士一[19]，龙宫一，华重美都[20]，见者目夺气亦夺。盖自有台阁，有其华无其重，有其美无其都，有其华重美都，无其思致，无其文理。轻薄子有言："不替他谦了也，事事精办。"

季祖南华老人喃喃怪问余曰[21]："《水浒》与祷雨有何义味[22]？近余山盗起，迎盗何为耶？"[23]余俯首思之，果诞而无谓[24]，徐应之曰[25]："有之。天罡尽，以宿太尉殿焉[26]。用大牌六，书'奉旨招安'者二，书'风调雨顺'者一，'盗息民安'者一，更大书'及时雨'者二[27]，前导之。"观者欢喜赞叹，老人亦匿笑而去[28]。

| 注释 |

① 壬申：崇祯五年（1632）。

② 龙眠：北宋著名画家李公麟（1049—1106），字伯时，安徽舒城人。官至朝奉郎，居龙眠山，因号龙眠居士。擅绘人物鞍马及历史故事，运笔如行云流水，善用白描。　松雪：赵孟頫（1254—1322），字子昂，号松雪道人，湖州（今属浙江）人。宋宗室，入元，累官至翰林学士承旨，封魏国公，谥文敏。诗文书画均为名家。山水取法董源，人物、鞍马师法李公麟，开元代画风。章侯：见本书卷三《白洋潮》注及卷六《水浒牌》注。

③ 施耐庵：元末明初小说家，相传为钱塘（今浙江杭州）人，《水浒传》作者。

④ 黛：青黑色石粉颜料，古代女子用来画眉。

⑤ 鬣（liè）：兽颈毛。

⑥ 兜鍪：古代将士作战时戴的头盔。

⑦ 杜撰：臆造，虚构，谓没有根据地编造。

⑧ 弋阳腔：又叫弋腔，一种古代戏曲的声腔。系宋元南戏流传至江西弋阳后，与当地方言、民乐结合后，并吸取北曲演变而成的。特点是：一人徒歌，众人帮腔；采用滚调演唱形式；只用打击乐节制帮衬。

⑨ 头陀：多指行脚乞食的僧人。

⑩ 呵活：呼之欲出。

⑪ 臻臻至至：齐全，完备。

⑫ 称娖（chuò）：行列整齐貌。《后汉书·中山简王传》："今五国各官骑百人，称娖前行。"此形容所觅三十六人扮演水浒英雄行色之壮观。

⑬ 兜截：包抄。

⑭ 看杀卫玠：卫玠（286—312），字叔宝，晋安邑（今山西运城）人。风姿秀异，"总角乘羊车入市，见者皆以为玉人，观之者倾都。"（《晋书·卫玠传》）好谈玄理，官至太子洗马。后避乱移家建业（今南京）。人闻其名，围观如堵，二十七岁遂卒。时人遂有"看杀卫玠"之说。

⑮ 五雪叔：《越中园亭记》称其为张五泄（诸暨五泄，水泻似雪），张岱叔祖张汝懋之子。　广陵：郡名，治所在今江苏扬州市。

⑯ 法锦：古代西南少数民族地区产的一种丝织品。

⑰ 台阁：宋代百戏之一种。周密《武林旧事·迎新》载："以木床铁擎为仙佛鬼神之类，驾空飞动，谓之台阁。"详见本书卷四《杨神庙台阁》。

⑱ 雷部：众火神之部。《夜航船·天文部·谢仙》："《国史》：祥符中，岳州玉仙观为天火所焚，唯留一柱，有'谢仙火'三字，倒书而刻之。何仙姑云：'谢仙，雷部，司掌火。'"

⑲ 大士：菩萨的统称。

⑳ 都：优美貌。《诗·郑风·有女同车》："彼美孟姜，洵美且都。"

㉑ 南华老人：见本书卷三《陈章侯》注。

㉒ 有何义味：有什么道义上的内在含义和联系。

㉓ 迎盗何为：此将水浒诸英雄指为盗贼。

㉔ 诞而无谓：荒诞而没有道理。

㉕ 徐应之：慢慢地回答道。

㉖ "天罡尽"二句：天罡，即北斗星。《水浒传》写水泊梁山有一百零八将聚义。故事以"洪太尉误走妖魔"开始，放出龙虎山伏魔殿中锁镇的三十六员天罡星、七十二座地煞星，共一百零八个魔君。以"宋公明神聚蓼儿洼"结尾。宿太尉，宿元景，《水浒传》中取材于北宋徽宗朝的一个实有历史人物。故事中他曾奉旨前往招安梁山好汉，最后到楚州打探宋江消息，并上奏宋江在蓼儿洼显灵的也是他。殿，殿后，押后。

㉗ 及时雨：《水浒传》中水泊梁山义军的首领宋江外号"山东及时雨"。谓其如大旱之及时雨，普惠民众。此处语意双关。

㉘ 匿笑：暗笑偷笑。

【评品】　祷雨而演戏，是民间风俗，江浙尤盛，既娱鬼神又娱民众。作者酷爱《水浒》，故以扮潮神海鬼以祷雨则民众争唾之，反衬将祷农事中的及时雨与演《水浒》故事中的"及时雨"结合起来的祷雨，深得人心，以致"观者兜截遮拦，直欲看杀卫玠"。从中反映风俗所尚和水浒之深入人心。他认为龙眠、松雪固然是画中圣手，却总不如施耐庵笔下的人物传神鲜活。从"如……勿……"的几个排比句中，可见作者崇尚本色传神的审美情趣。为了演员扮相的逼真，舞台演出效果的轰动，祷雨的筹划者根据《水浒》所描绘的三十六员天罡星各自的身份、身材、性别、外貌、外号等特征，苦苦寻来。作者用了一系列排比的"寻"字句、"之"字句，来表现他们无论城乡，四处寻觅演员，务求酷似；行头布景，不惜重金，"事事精办"的认真态度。并在与一般台阁演出的对比中，见出作者追求思致文理的艺术情趣。最后从其季祖的责问中可看出明末时局不稳，反抗四起，而作者的答词，可谓巧于应对。

山艇子

龙山自巇花阁而西皆骨立[1]，得其一节，亦尽名家。山艇子石，意尤孤孑，壁立霞剥，义不受土。大樟徙其上，石不容也，然不恨石，屈而下，与石相亲疏。石方广三丈，右坳而凹[2]，非竹则尽矣，何以浅深乎石[3]。然竹怪甚，能孤行，实不藉石[4]。竹节促而虮叶毸毸[5]，如猬毛、如松狗尾，离离矗矗[6]，捎捩攒挤[7]，若有所惊者。竹不可一世，不敢以竹二之。或曰：古今错刀也[8]。或曰：竹生石上，土肤浅，蚀其根，故轮囷盘郁[9]，如黄山上松。山艇子樟，始之石，中之竹，终之楼，意长楼不得竟其长[10]，故艇之。然伤于贪[11]，特特向石[12]，石意反不之属，使去丈而楼，壁出，樟出，竹亦尽出。竹石间意，在以淡远取之。

① 龙山：见本书卷一《硚园》注。 巘花阁：在筠芝亭松峡下。详见本书卷八《巘花阁》。

② 坳：山间平地。

③ 何以浅深乎石：用什么表现石之深浅呢?

④ 藉：枕垫。

⑤ 毦：毛整齐貌。

⑥ 离离：分披繁茂状。

⑦ 捎捩：芟杀，拗折。 攒挤：挤集貌。

⑧ 错刀：以黄金错文的钱币名。此状竹。

⑨ 轮囷（qūn）：屈曲貌。

⑩ 竟：尽，终。

⑪ 伤于贪：指樟"意长"不止。

⑫ 特特：特意，特地。

【评品】 山艇子石，拳拳一石耳；樟、竹，普通树木也，而作者皆"人"之。作者笔下的山艇子石"意尤孤子"，"义不受土"；大樟不为石所"容"，然"不恨石，屈而下，与石相亲疏"；竹"能孤行"，"离离蠱蠱，捎捩攒挤，若有所惊者"。如此写来，状物绘形摄神，极富艺术个性。不仅如此，作者还刻画出了它们之间的相互关系：或独立，或枕藉，或不容，或限制，无不相得益彰。令人联想到生活中各色人等的丰富个性及其相互之间的关系，又何尝不如是。所以此文不独描绘景致如画，生趣盎然，而且深蕴哲理。

悬杪亭[1]

余六岁随先君子读书于悬杪亭[2]，记在一峭壁之下，木石撑距[3]，不藉尺土[4]，飞阁虚堂[5]，延骈如栉[6]。缘崖而上，皆灌木高柯，与檐甍相错[7]。取杜审言"树杪玉堂悬"句[8]，名之"悬杪"，度索寻橦，大有奇致。后仲叔庐其崖下[9]，信堪舆家言[10]，谓碍其龙脉，百计购之，一夜徙去[11]，鞠为茂草[12]。儿时怡寄[13]，常梦寐寻往。

| 注释 |

① 悬杪亭：谓亭子有似乎建筑于树梢上的视觉效果而得名。

② 先君子：张岱已故父亲张耀芳。见本书卷一《木犹龙》注。

③ 撑距：支撑、顶拄。

④ 藉：凭借。

⑤ 飞阁虚堂：形容堂阁造型灵动似凌空而建，无所依傍。

⑥ 延骈：并列延伸。　栉：密如梳齿。

⑦ 檐甍：屋檐、砖饰。　错：交错。

⑧ 杜审言：初唐诗人，字必简，襄阳人，迁居河南巩县，杜甫的祖父。以五律见长。本句见其《蓬莱三殿侍宴咏终南山应制》。

⑨ 仲叔：见本书卷二《焦山》注。　庐：筑室。

⑩ 堪舆家：即俗称观察地形地貌，相看风水者。

⑪ 徙：迁移。

⑫ 鞠：养育。

⑬ 怡寄：欢愉之情的寄托。

【评品】　作者追忆儿时就读其中的悬杪亭，对其的建构特点、命名出处、毁圮原因一一加以交待，可见其记忆之深刻。而儿时的美好记忆如今化为梦境的叹惋之情，则令人回味无穷。

雷　殿

雷殿在龙山磨盘冈下¹，钱武肃王于此建蓬莱阁²，有断碣在焉。殿前石台高爽，乔木萧疏。六月，月从南来，树不蔽月。余每浴后拉秦一生、石田上人、平子辈坐台上³，乘凉风，携肴核⁴，饮香雪酒⁵，剥鸡豆⁶，啜乌龙井水⁷，水凉冽激齿。下午着人投西瓜浸之，夜剖食，寒栗逼人，可雠三伏⁸。林中多鹘⁹，闻人声辄惊起，磔磔云霄间¹⁰，半日不得下。

① 龙山：见本书卷三《龙喷池》注。雷殿在龙山之西。

② 钱武肃王：钱镠（852—932），字具美，小名婆留，临安人。唐乾符二年从军，乾宁二年，董昌在越州自称罗平国王。次年钱镠出兵破越州，擒斩董昌，因功授镇海、镇东等军节度使。907 年立吴越国，定都杭城。后梁龙德三年，封为吴越国王。辖一军十三州，共八十六县，版图相当于现浙江省全部和无锡以东的江苏南部及福建福州北部地区。以保境安民为国策，注重兴修水利，发展海上交通，对吴越境内的经济发展作出贡献。卒谥武肃王。 蓬莱阁：在府治大厅后卧龙山上，吴越钱武肃王建。因元稹《以州宅夸于乐天》诗"我是玉皇香案吏，谪居犹得住蓬莱"句而得名。淳熙元年武肃八世孙钱端礼，以资政殿大学士知绍兴府，乃修之，又特揭于梁间云："定乱安国功臣，镇海、镇东两军节度使，检校太师侍中兼中书令，食邑一万户，实封六百户，吴越王钱镠建。"（《越中杂识》）

③ 秦一生：见本书卷一《天砚》注。 上人：指持戒严格，精于佛学的高僧。平子：作者的兄弟，与作者一起学琴于王本生，一起读书于西湖屿嵝山房。

④ 肴核：肉类、果类食物。

⑤ 香雪酒：绍兴黄酒之一种，呈琥珀色，度数较浓。制法详韩奕《易牙遗意》卷上。

⑥ 鸡豆：即芡实，可食。

⑦ 啜：饮，吃。 乌龙井：在卧龙山顶，水甚清冽。

⑧ 雠：匹敌。此作抵御讲。

⑨ 鹘：猛禽隼，似鹰而小。

⑩ 磔磔：鹘的鸣叫声。

【评品】　本文为作者回忆携弟及友人于盛夏月夜浴后在雷殿纳凉、饮酒、品茶、啖食、赏景的种种惬意情趣。

龙山雪[1]

　　天启六年十二月[2]，大雪深三尺许。晚霁[3]，余登龙山，坐上城隍庙山门[4]，李岕生、高眉生、王畹生、马小卿、潘小妃侍[5]。万山载雪，明月薄之[6]，月不能光，雪皆呆白。坐久清冽，苍头送酒至[7]，余勉强举大觥敌寒[8]，酒气冉冉，积雪欲之[9]，竟不得醉。马小卿唱曲，李岕生吹洞箫和之，声为寒威所慑，咽涩不得出。三鼓归寝[10]。马小卿、潘小妃相抱从百步街旋滚而下，直至山趾，浴雪而立。余坐一小羊头车[11]，拖冰凌而归。

| 注释 |

① 龙山：见本书卷一《砎园》。

② 天启六年：1626 年。天启，明熹宗朱由校的年号。

③ 霁：雨雪停后天晴。

④ 城隍庙：绍兴府城隍庙"在卧龙山西南之巅。神为唐初越州总管庞玉，从太宗力战有功，出任越州，威望甚著，惠泽在民。及卒，邦人怀之，祀为城隍神"（《越中杂识》）。城隍，道教所传守护、保佑城池的土地神。人们祭祀它，多为祷雨、求福、禳灾。

⑤ 李岕山、高眉生：俱属张岱家中所蓄"梯仙班"声伎。（见本书卷四《张家声传》）　王畹生：属"吴郡班"艺人、名妓玉燕之妹。善画兰。　马小卿、潘小妃：同属张家"苏小小班"艺人。小卿，十二岁，扮咬脐（见本书卷四《严助庙》），"过剑门"一节说："主人精赏鉴，延师课戏，童手指千，佼僮到其家谓'过剑门'，焉敢草草！"

⑥ 薄：逼近。

⑦ 苍头：见本书卷三《栖霞》注。

⑧ 觥（gōng）：古代一种兽角制的酒器。

⑨ 欶：吸吮。

⑩ 三鼓：晚上十一时至一时。

⑪ 羊头车：明姜南《瓠里子笔谈·羊头车》："自镇江以北，有独轮小车，凡百乘载皆用之。一人挽之于前，一人推之于后，虽千里亦可至矣。"

【评品】　作者《龙山观雪》诗云："昔日王元章，携家九里住。绕屋种梅花，三百六十树。日食一树钱，梅实为生计。一当大雪时，炉峰石上憩。四望遂狂呼，世界白玉砌。急足走高岗，凌空欲飞去。今上龙山巅，所见亦无异。楼台十万家，波棱起檐际。尨赭鞭白虹，突屼如汤沸。松是白龙髯，竹做琅玕碎。云母满车输，堆垛没山髻。撒盐万灶空，观涛八月至。同云千万重，前山都覆被。人鸟尽迷蒙，山河合大地。愿作混沌观，用填缺陷世。"诗中所状为龙山白天雪景，末二句表达作者济世情怀。本文则记雪夜游龙山，酒曲佐兴的情景。昼雪夜霁，两者各具其美，诗文相形成趣。"大雪深三尺许"者在冬暖少雪的吴越极为罕见。因寒，大觥酒"竟不得醉"；因寒，吹唱之"声为寒威所慑，咽涩不得出"。描述真实，读来犹觉寒气逼人。

庞公池[1]

庞公池岁不得船，况夜船，况看月而船。自余读书山艇子[2]，辄留小舟于池中，月夜，夜夜出，缘城至北海坂，往返可五里[3]，盘旋其中。山后人家，闭门高卧，不见灯火，悄悄冥冥，意颇凄恻。余设凉簟[4]，卧舟中看月，小傒船头唱曲[5]，醉梦相杂，声声渐远，月亦渐淡，嗒然睡去[6]。歌终忽寤，含糊赞之，寻复鼾齁[7]。小傒亦呵欠歪斜，互相枕藉[8]。舟子回船到岸，篙啄丁丁[9]，促起就寝。此时胸中浩浩落落，并无芥蒂[10]，一枕黑甜，高春始起[11]，不晓世间何物谓之忧愁。

| 注释 |

① 庞公池：在绍兴府城内，卧龙山下。庞公，即被祀为绍兴城隍神的庞玉。

详本书卷七《龙山雪》注。

② 山艇子：在卧龙山蕨花阁西。

③ 可：大约。

④ 凉簟：凉席。

⑤ 小傒：小僮仆。此专指艺童。

⑥ 嗒（tà）然：沮丧的样子。此状酣睡貌。

⑦ 鼾齁（hān hōu）：打鼾。齁，鼾声。

⑧ 枕藉：互相依枕而卧。

⑨ 啄：撑篙时篙杆与船帮磨戛。

⑩ 芥蒂：极小的梗塞物。喻心中嫌隙不快。

⑪ 高舂：日影西斜近黄昏。

【评品】　本文记叙作者月夜泛舟庞公池，盘旋卧游，赏月听曲的情景。其中醉梦相杂，主仆同睡，若睡似醒，时睡时醒，"胸中浩浩落落，并无芥蒂"的境界描摹极生动传神。

品山堂鱼宕 [1]

二十年前，强半住众香国 [2]，日进城市，夜必出之。品山堂孤松箕踞 [3]，岸帧入水⁴。池广三亩，莲花起岸，莲房以百以千⁵，鲜磊可喜。新雨过，收叶上荷珠煮酒，香扑烈⁶。门外鱼宕，横亘三百余亩，多种菱芡⁷。小菱如姜芽，辄采食之，嫩如莲实，香似建兰⁸，无味可匹。深秋，橘奴饱霜⁹，非个个红绽不轻下剪。季冬观鱼¹⁰，鱼艓千余艘¹¹，鳞次栉比¹²，罱者夹之¹³，罞者扣之¹⁴，籁者罦之¹⁵，翼者撒之¹⁶，罩者抑之，罜者举之¹⁷，水皆泥泛，浊如土浆。鱼入网者围围¹⁸，漏网者唅唅¹⁹，寸鲵纤鳞²⁰，无不毕出。集舟分鱼，鱼税三百余斤，赤睄白肚²¹，满载而归。约吾昆弟，烹鲜剧饮²²，竟日方散²³。

| 注释 |

① 鱼宕：鱼荡，鱼池。

② 强半：多半。　众香国：《维摩诘经》卷下《香积佛品》十："有国名众香，佛号香积。"后来诗文中多用以喻百花盛开的境界。此指张岱父亲张耀芳（号大涤）之园苑名。

③ 箕踞：伸两足，手据膝，状若箕形的坐姿，为傲慢不敬之姿，此指傲踞。

④ 岸帧：见本书卷一《越俗扫墓》注。此状松枝叶下垂入水。

⑤ 莲房：莲蓬。

⑥ 扑烈：扑鼻浓烈。

⑦ 菱：水生草名，果实俗称菱角。　芡：水生植物。俗称鸡头种子名芡实，可供食用或入药。

⑧ 建兰：见本书卷一《金乳生草花》注。

⑨ 橘奴：见本书卷五《樊江陈氏橘》注。

⑩ 季冬：农历十二月。

⑪ 鱼艓：渔舟。艓，轻舟。

⑫ 鳞次栉比：形容排列之稠密，如鱼鳞梳齿

⑬ 罱（lǎn）：捕鱼或捞河泥水草的工具。

⑭ 罛（gū）：大渔网。

⑮ 簎（cè）：以叉刺取鱼鳖。 罨（yǎn）：从上盖下的渔网。俗称撒网。

⑯ 罠（yuǎn）：捕鱼兽的网。

⑰ 罣（guà）：悬挂。《淮南子·说林训》："钓者静之，罛者扣舟，罩者抑之，罣者举之，为之异，得鱼一。"

⑱ 圉圉（yǔ yǔ）：困而未舒的样子。

⑲ 噞噞（yǎn yǎn）：鱼在水面张口呼吸的样子。

⑳ 鲲：小鱼。

㉑ 睮（yú）：鱼目。

㉒ 剧饮：痛饮，畅饮。

㉓ 竟日：终日。

【评品】　祁彪佳《越中园亭记》："众香国：张长公大涤君开园中堰，以品山名其堂，盖千岩万壑，至此俱披襟相对，恣我月旦耳。季真半曲，方干一岛，映带左右，鉴湖最胜处也。"作者读书在品山堂，文中所述，并未"品"山、"品"堂，却"品"鱼宕。夏秋之时，莲、菱、橘，各呈其美，以饱口福。冬时则观捕鱼。作者运用排比句式、

铺陈手法，详细描绘各式捕鱼工具、不同的捕捞方法以及鱼之入网者与漏网者的不同情态，读来犹如目睹亲历。

松花石[1]

松花石，大父舁自潇江署中[2]。石在江口神祠，土人割牲餕神，以毛血洒石上为恭敬，血渍毛氄[3]，几不见石。大父舁入署，亲自祓濯[4]，呼为"石丈"，有《松花石纪》。今弃阶下，载花缸，不称使[5]。余嫌其轮囷臃肿[6]，失松理[7]，不若董文简家峍错二松橛[8]，节理槎枒[9]，皮断犹附，视此更胜。大父石上磨崖铭之曰[10]："尔昔鬣而鼓兮[11]，松也；尔今脱而骨兮，石也；尔形可使代兮，贞勿易也；尔视余笑兮，莫余逆也。"其见宝如此。

| 注释 |

① 松花石：张岱《夜航船·物理部·物类相感》："松化为石"。《乾隆绍兴府志·古迹志》："松化石，石长一丈，大数十围。永嘉松化石，宋时童贯起民夫数千，舁至汴京。至越而汴京失守，遂弃。今在董中峰宅。石断为二。"（下文叙及）

② 大父：见本书卷一《砎园》。 潇江署：潇江源出湖南九嶷山，北流零陵入湘江。潇江署或为湖南永州（零陵）公署。 舁：众人抬。

③ 毵（sān）：毛细长貌。

④ 祓濯：洗涤。

⑤ 不称使：不好使，使用时不称心。

⑥ 轮囷：屈曲貌。

⑦ 失松理：没有松树的纹理。

⑧ 董文简：董玘，字文玉，浙江上虞人。弘治十八年举会试第一，廷对第二，以榜眼授翰林编修。尝因反对宦官刘瑾，出为成安县令。刘瑾诛，还旧职，后迁礼部左侍郎，摄尚书椽。嘉靖元年主持顺天府乡试，五年主会试。尝讲学东山，建中峰书院，四方从学者甚众，人称中峰先生。晚年建宅于戢山之麓。卒后，赠礼部尚书，谥文简。著有《中峰文集》，为文庄雅，得西汉之体。　茁错：粗壮，屈曲。　橛：树木残根。

⑨ 节理：树的节杈、纹理。　槎枒：错杂不齐貌。

⑩ 摩崖：在山崖岩石上镌刻诗或铭文。

⑪ 鬣（liè）：兽类颈上长毛。此状松枝叶。

【评品】　本文记作者家中所传的松化石。松化石者，亦松亦石，松经亿万年风化而似石者也。土人将其作为割牲飨神的祭台。其祖宝而爱之，"舁入署，亲自祓濯，呼为'石丈'"，并为之作《松花石纪》。而作者则"嫌其轮囷臃肿，失松理"，"载花缸，不称使"，故弃之。而赏识董玘家宋代所遗松花石，虽断而为二，仍"节理槎枒"。人之审美好恶迥异，常有如是。

闰中秋

崇祯七年闰中秋[1]，仿虎丘故事[2]，会各友于蕺山亭[3]。每友携斗酒、五簋、十蔬果、红毡一床[4]，席地鳞次坐[5]。缘山七十余床，衰童塌妓[6]，无席无之。在席者七百余人，能歌者百余人，同声唱"澄湖万顷"[7]，声如潮涌，山为雷动。诸酒徒轰饮[8]，酒行如泉。夜深客饥，借戒珠寺斋僧大锅煮饭饭客[9]，长年以大桶担饭不继[10]。命小傒岕竹、楚烟于山亭演剧十余出[11]，妙入情理，拥观者千人，无蚊虻声，四鼓方散[12]。

月光泼地如水，人在月中，濯濯如新出浴。夜半，白云冉冉起脚下，前山俱失，香炉、鹅鼻、天柱诸峰[13]，仅露髻尖而已，米家山雪景仿佛见之[14]。

| 注释 |

① 崇祯七年：1634 年。 闰中秋：闰八月中秋。闰月是用作调整农历、阳历之时差，方便人类劳作生产的计时形式。设置闰月，既能准确反映寒暑变迁，又可以保证一年四季节气变化的相对稳定。闰八月每十九年出现一次。

② 仿虎丘故事：像袁宏道《虎丘》所载，每年中秋，邀集文人至虎丘赏月、饮酒、听乐。虎丘，见本书卷一《葑门荷宕》注。

③ 蕺山：见本书卷六《绍兴灯景》注。

④ 簋（guǐ）：见本书卷一《钟山》注。

⑤ 鳞次：如鱼鳞排列有序。

⑥ 衰童塌妓：疲惫的戏童艺妓。

⑦ 澄湖万顷：曲名。见传奇《浣纱记》第三十出《采莲》。

⑧ 轰饮：畅饮、狂饮。

⑨ 戒珠寺：在蕺山南麓。原为晋王羲之故宅，后舍为戒珠寺。门外墨池、鹅池尚存。

⑩ 长年：见本书卷三《禊泉》注。　不继：接续不上。

⑪ 小傒：童仆。此指小艺伎。　芥竹、楚烟：见本书卷四《张氏声伎》注。

⑫ 四鼓：深夜一时至三时。

⑬ 香炉：见本书卷五《炉峰月》注。　鹅鼻：刻石山，又名鹅鼻山，在会稽县东南五十里。"昔秦始皇以三十七年东游之会稽，取钱唐岑石，长丈四尺，广六尺，厚尺六寸，使李斯撰文，刻于石上。"（《越中杂识》）　天柱诸峰：在秦望山稍北，在会稽县东南四十里，两山相并，而天柱略低。

⑭ 米家山：北宋米芾、米友仁父子所创的山水画派，强调写意，以连点成片的画法，构成云烟变灭，生意无穷的意境。世称"米氏云山"、"米家山水"。

【评品】　本文记述一次闰中秋绍兴的蕺山聚会，规模虽不如虎丘故事，却也颇有可观。"每友携斗酒、五簋、十蔬果、红毡一床，席地鳞次坐。缘山七十余床，衰童塌妓，无席无之。在席者七百余人，能歌者百余人"，"诸酒徒轰饮，酒行如泉"场面固然盛大；"小傒芥竹、楚烟于山亭演剧十余出"，"声如潮涌，山为雷动"，"拥观者千人"，情景也十分热闹；而真正的诗情画意，却在"月光泼地如水，人在月中，濯濯如新出浴"之时，在"白云冉冉起脚下，前山俱失，香炉、鹅鼻、天柱诸峰，仅露髻尖"，所仿佛的"米家山雪景"之中。"月光……如新出浴"的比喻想象，清新生动至极。

愚公谷[1]

无锡去县北五里为铭山[2]。进桥，店在左岸，店精雅，卖泉、酒水坛、花缸、宜兴罐、风炉、盆盎、泥人等货[3]。愚公谷在惠山右[4]，屋半倾圮[5]，惟存木石。惠水涓涓，由井之涧，由涧之溪，由溪之池、之厨、之湢[6]，以涤、以濯、以灌园、以沐浴、以净溺器，无不惠山泉者，故居园者福德与罪孽正等[7]。

愚公先生交游遍天下，名公巨卿多就之，歌儿舞女、绮席华筵、诗文字画，无不虚往实归[8]。名士清客至则留，留则款[9]，款则饯[10]，饯则赆[11]。以故愚公之用钱如水，天下人至今称之不少衰。愚公文人，其园亭实有思致文理者为之，礧石为垣[12]，编柴为户，堂不层不庑[13]，树不配不行[14]。堂之南，高槐古朴，树皆合抱，茂叶繁柯，阴森满院。藕花一塘，隔岸数石，治而卧。土墙生苔，如山脚到涧边，不记在人间。园东逼墙一台，外瞰寺，老柳卧墙角而不让台，台遂不尽瞰，与他园花树故故为亭、台意特特为园者不同[15]。

① 愚公谷：在江苏无锡锡山下。愚公，邹迪光，字彦吉，无锡人，号愚公。万历进士，官至副使提学湖广。罢官后，卜筑锡山下，极园亭歌舞之胜。善绘山水，力追宋、元，在大、小米及黄、倪之间。一树一石，刻意求佳，故能秀逸出群，脱尽时格。兼工诗文，有《郁仪楼集》、《调象庵集》、《石语斋集》、《文府滑稽》等。

② 铭山：即无锡锡山，在无锡市西郊，是无锡惠山东峰脉断处突起的小峰。相传周秦时产锡，故名。汉初锡竭，以此县名无锡。

③ 盎：古代一种口小腹大的盆。　泥人：无锡惠山泥人。以独特的艺术造型、鲜明的民族民间色彩和浓郁的江南乡土气息而被誉为"无锡三宝"之一。

④ 惠山：在今江苏无锡市郊。古称华山、历山。唐以后始称惠山或作慧山。山有九峰，蜿蜒若龙，又称九龙山。山中惠山泉，亦称陆子泉，相传经唐代茶圣陆羽品题而得天下第二泉之名，山也因此俗称惠泉山。　右：西边。

⑤ 倾圮：坍塌。

⑥ 湢（bì）：又作"偪"，浴室。

⑦ 福德与罪孽：引惠泉水为涧溪池、用以灌园利民为福德；以净溺器，污染泉水则为罪孽。

⑧ 虚往实归：空手去，满载归。形容收获多多。

⑨ 款：款待。

⑩ 饯：饯行，设酒食送别。

⑪ 赆：以财物赠行者。

⑫ 礌：石多貌。此作"垒"讲。　垣：矮墙。

⑬ 不层不庑：不分层、不建廊庑。庑，堂下周围的房子。

⑭ 不配不行：单株不成行。

⑮ 故故：与下文"特特"同，强调故意，特意。均为故逞工巧，不尚自然之意。

【评品】　文章前半以惠山泉为重点，状其于愚公谷无所不在，无处不用。作者就此议论道："故居园者福德与罪孽正等"。后半写愚谷先生其人、其园。其人虽辞官归隐，却交游遍天下，豪奢好客，一如其旧。其园林朴拙不雕，天然野趣，与一般"他园花树故故为亭、台意特特为园者"不同，确实是"文人""有思致文理者为之"。也投合作者不尚工巧、推崇自然朴拙的审美意趣。这或许正是愚公善绘山水，追踪大小米及黄、倪的审美情趣在园林构想营建上的体现。

定海水操[1]

定海演武场在招宝山海岸[2]。水操用大战船、唬船、蒙冲、斗舰数千余艘[3]，杂以鱼艓轻舻[4]，来往如织。舳舻相隔[5]，呼吸难通，以表语目，以鼓语耳[6]，截击要遮[7]，尺寸不爽[8]。健儿瞭望，猿蹲桅斗[9]，哨见敌船，从斗上掷身腾空溺水，破浪冲涛，顷刻到岸，走报中军，又踊跃入水[10]，轻如鱼凫。水操尤奇在夜战，旌旗干橹皆挂一小镫，青布幕之，画角一声，万蜡齐举，火光映射，影又倍之。招宝山凭槛俯视，如烹斗煮星，釜汤正沸。火炮轰裂，如风雨晦冥中电光翕焱[11]，使人不敢正视；又如雷斧断崖石，下坠不测之渊，观者褫魄[12]。

| 注释 |

① 定海：旧县名，在浙江省东北部、舟山群岛南部，明代为定海卫。

② 招宝山：位于宁波市镇海区东北部，古称侯涛山，又名鳌柱山。侯涛即由"波涛汹涌，惊浪拍天"得名；鳌柱皆因山巅原建有"插天鳌柱塔"；招宝则是"南舶所经，百珍交集"，寓有"招财进宝"之意。位于山顶的威远城是明嘉靖三十九年为抵御倭寇扰攘，都督卢镗与海道副使谭纶率军民用条石筑建的城堡。

③ 唬船：又称叭唬船。明、清时代闽、浙的小型战船。明李盘《金汤借箸十二筹》记载，唬船长约四丈，宽约一丈，底龙骨直透前后；舷面两旁设长板，每边有八桨或十桨，桨手面向船尾，列坐划桨；有风则竖桅张布帆航驶。行动迅速，便于追逐、哨探。戚继光抗倭曾用此船。清代唬船有河、海之分，海唬船大者长八丈多，宽一丈五尺，深约七尺。　蒙冲：又作艨冲、艨艟。中国古代具有良好防护的进攻性快艇。刘熙《释名·释船》载："外狭而长曰蒙冲，以冲突敌船也。"以生牛皮蒙船覆背，两厢开掣棹孔，左右前后有弩窗矛穴，使敌不得近，矢石不能败。　斗舰：古战船。《通典》卷一百六十："斗舰，船上设女墙，可高三尺，墙下开掣棹孔。船内五尺，又建棚，与女墙齐。棚上又建女墙，重列战敌，上无覆背，前后左右树牙旗、幡帜、金鼓，此战船也。"《三国志·吴书·周瑜传》言："乃取蒙冲斗舰数十艘，实以薪草，膏油灌其中。"

④ 鱼艒：见本书卷七《品山堂鱼宕》注。　艑：见本书卷一《莽门荷宕》注。

⑤ 舳：船后舵。　舻：船头。

⑥ "以表"二句：以旗语、鼓点传递信息和命令。

⑦ 要遮：迎头遮拦。

⑧ 不爽：不差。

⑨ 猿蹲：如猿状下蹲（避敌弓矢）。　桅斗：桅杆顶端的可站立人瞭望的方形箱斗状物。

⑩ 趵：跳跃。

⑪ 翕焱：火焰奄忽，闪烁。

⑫ 褫（chǐ）：剥夺。

【评品】　明中叶以后，倭寇在东南沿海为患日甚，烧杀抢掠，无所不为，海防日益吃紧。本文描绘定海水操的场面，作者对瞭望健儿动作矫捷，熟谙水性，身手不凡的描写，尤见精彩。结尾三组比喻，生动再现了凭栏俯视夜战的场景：奇异壮观，令人惊心动魄。

阿育王寺舍利[1]

阿育王寺，梵宇深静，阶前老松八九棵，森罗有古色。殿隔山门远[2]，烟光树樾，摄入山门，望空视明，冰凉晶沁。右旋至方丈门外[3]，有娑罗二株[4]，高插霄汉。便殿供旃檀佛[5]，中储一铜塔，铜色甚古，万历间慈圣皇太后所赐[6]，藏舍利子塔也。舍利子常放光，琉璃五彩，百道迸裂，出塔缝中，岁三四见。凡人瞻礼舍利，随人因缘现诸色相[7]。如墨墨无所见者[8]，是人必死。昔湛和尚至寺，亦不见舍利，而是年死。屡有验。

次早，日光初曙，僧导余礼佛，开铜塔，一紫檀佛龛供一小塔，如笔筒六角，非木非楮[9]，非皮非漆，上下戤定[10]，四围镂刻花楞梵字。舍利子悬塔顶，下垂摇摇不定，人透眼光入楞内，复眠眼上视舍利[11]，辨其形状。余初见三珠连络如牟尼串[12]，煜煜有光。余复下顶礼[13]，求见形相，再视之，见一白衣观音小像，眉目分明，髭鬓皆见[14]。秦一生反复视之[15]，讫无所见[16]，一生遑遽[17]，面发赤，出涕而去。一生果以是年八月死，奇验若此。

| 注释 |

① 阿育王寺：在浙江宁波鄞县宝幢镇，我国佛教"中华五山"之一，属禅宗。晋太康三年（282），刘萨诃于此得塔基一座，高一尺四寸，高七寸，内悬宝磬，中缀舍利。传是阿育王所造八万四千塔之一，内藏舍利传为佛祖遗骨，为中外佛徒崇敬膜拜。东晋义熙元年（405）建亭供奉此塔，南朝宋元嘉二年（425）始建寺院，梁普通三年（522）赐额阿育王寺。

② 山门：庙门。原称"三门"，佛寺一般三门并立，两小夹一大，象征三解脱门。

③ 方丈：寺院住持的居所。也用以指称住持。

④ 娑罗：树名。见本书卷一《日月湖》注。

⑤ 旃檀佛：相传释迦牟尼在世时拘睒弥国优填王欲见无从，乃用旃檀木仿释迦的形容造像，谓之旃檀佛。旃檀，即檀香。

⑥ 万历：明神宗朱翊钧的年号。　慈圣皇太后：孝定李太后，神宗生母。神宗即位，上尊号曰"慈圣皇太后"。

⑦ 因缘：指现象得以产生和存在的原因和条件。　色相：形状相貌表现于外而可见者。

⑧ 墨墨：形容极昏暗。

⑨ 楮：纸。

⑩ 皻（mán）：皮。此似以皮蒙覆之意。

⑪ 眎（shì）：古"视"字。此眎眼，据下文或为眯眼之意。

⑫ 牟尼串：佛祖释迦牟尼的珠串。

⑬ 顶礼：指跪下，两手伏地，以头顶着所尊敬的人的脚，是佛教徒最高的敬礼。也喻极其崇拜。

⑭ 鬋鬘（jiǎn mán）：鬓毛额发。

⑮ 秦一生：张岱好友。见本书卷一《天砚》注。

⑯ 讫：完结，终了。

⑰ 遑遽：惊惧不安。

【评品】　阿育王寺是禅宗名刹，以寺中有舍利塔而著称。本文详细描绘铜塔及舍利之形状，尤着意于舍利子之灵验，以湛和尚、秦一生例证之。

过剑门

　　南曲中妓[1]，以串戏为韵事[2]，性命以之[3]。杨元、杨能、顾眉生、李十、董白以戏名[4]，属姚简叔期余观剧[5]。傒僮下午唱《西楼》[6]，夜则自串[7]。傒僮为兴化大班[8]，余旧伶马小卿、陆子云在焉，加意唱七出，戏至更定[9]，曲中大咤异。杨元走鬼房问小卿曰[10]："今日戏，气色大异，何也?"小卿曰："坐上坐者余主人。主人精赏鉴，延师课戏[11]，童手指千[12]，傒僮到其家谓'过剑门'，焉敢草草!"杨元始来物色余[13]。《西楼》不及完，串《教子》[14]。顾眉生：周羽，杨元：周娘子，杨能：周瑞隆。杨元胆怯肤栗[15]，不能出声，眼眼相觑，渠欲讨好不能[16]，余欲献媚不得，持久之，伺便喝采一二，杨元始放胆，戏亦遂发。嗣后曲中戏，必以余为导师，余不至，虽夜分不开台也。以余而长声价[17]，以余长声价之人、而后长余声价者，多有之。

| 注释 |

① 南曲中妓：演唱南昆戏曲的艺妓。南京有朱市妓与曲院妓之分，后者因擅唱曲而地位较高。详本卷《王月生》注。

② 见本书卷四《不系园》注。　韵事：风雅的事。

③ 性命以之：视若生命，全身心投入之。

④ 杨能、李十、董白：据作者本书卷四《牛首山打猎》，均称之为"姬侍"。顾眉生：见本书卷四《牛首山打猎》注。 李十：见本书卷四《牛首山打猎》注。 董白：见本书卷四《牛首山打猎》注。

⑤ 属：告请。 姚简叔：姚允在，字简叔，会稽人。工山水人物，遒劲不凡。作者在《柳麻子说书》诗中曾称誉："波臣写照简叔画"。在《祭周戬伯文》中视其为字画知己。在《石匮书后集·妙艺列传》谓其"下笔淡远，一洗化工习气，其摹仿古人，见其临本，直可乱真……四方鉴赏家，得其片纸，如获拱璧。"详见本书卷五《姚简叔画》。 期：约。

⑥ 傒僮：此指戏班的小演员。 《西楼》：传奇剧本《西楼记》，明袁晋作。写御史于鲁之子于鹃与西楼歌妓穆素徽相恋，在西楼同歌《楚江情》，事为于鲁所阻，将素徽逐出。相国公子乘隙以巨款买之为妾，穆不从，备受虐待。于鹃中状元后，在侠士胥表的帮助下，两人终成眷属。据《书隐丛书》等书记载，此剧为作者自况，袁晋曾为与人争夺一妓女，被其父送官下狱，《西楼记》即在狱中写成。

⑦ 自串：自演。

⑧ 兴化：今属江苏县名。 大班：戏班。

⑨ 更定：见本书卷三《湖心亭看雪》注。

⑩ 鬼房：旧称戏台的上下场门为鬼门道。戏台后连着鬼门道的屋子即为鬼房。

⑪ 延师课戏：聘请老师教授和考核唱演戏曲。

⑫ 童手指千：语出《汉书·货殖传》。孟康注："童，奴婢也。古者无空手游口，皆有作务，作务须手指，以别马牛蹄角也。"颜师古注："手指，谓有巧伎者，指千则人百。"一童十指，千指则百童。此指戏班傒童之多。

⑬ 物色：访求。

⑭ 《教子》：《周羽教子寻亲记》，又称《寻亲记》、《教子寻亲》，南戏剧目。宋元人作，原本佚。明人多有改编者，今仅存王錂改编本。叙北宋时黄河决堤，保正黄德借机勒索秀才周羽钱财，其妻郭氏遂向富豪张敏借债赎役。张敏垂涎郭氏美色，欲强行霸占，乃遣人杀死黄德后移尸于周家门首，使周羽获判死罪。郭氏鸣冤，因缺乏凶证，新太守改判周羽发配邕州。郭氏因已怀有身孕，为保全腹中骨肉，毁容以拒张敏逼婚。后其子周瑞隆高中进士，除授吴县县令。郭氏命其弃官寻亲，父子相认。范仲淹任开封府尹，茶坊私访，探清张敏劣迹，将其绳之以法。周羽一家终得团圆，并获朝廷封赏。

⑮ 肤栗：皮肤战栗。状紧张得张嘴不能出声。

⑯ 渠：他。　讨好：此指博得观众喝彩。

⑰ 长：增加，增长。　声价：名声和身价。

【评品】　由于主人鉴赏之精、要求之严，以至于戏班专业演员都将演出视为"过剑门"。正因为过于紧张"胆怯肤栗"，以至连名演员临场都"不能出声，眼眼相觑"。只是当气氛缓和宽松之后，演员才能发挥正常水平，这也是演出的一般规律。本文从命题到行文，都流露出作者的得意之情，结尾处人己互涨身价虽是调侃，却也近实。

冰山记

　　魏珰败[1]，好事者作传奇十数本[2]，多失实，余为删改之，仍名《冰山》[3]。城隍庙扬台，观者数万人，台址鳞比，挤至大门外。一人上，白曰："某杨涟。"[4]口口诤谇曰[5]："杨涟！杨涟！"声达外，如潮涌，人人皆如之。杖范元白[6]，逼死裕妃[7]，怒气忿涌，噤断嚘喑[8]。至颜佩韦击杀缇骑[9]，嗷呼跳蹴[10]，汹汹崩屋。沈青霞缚橐人射相嵩[11]，以为笑乐，不是过也。

　　是秋，携之至兖，为大人寿[12]。一日，宴守道刘半舫[13]，半舫曰："此剧已十得八九，惜不及内操、菊宴，及逼灵犀与囊收数事耳。"[14]余闻之，是夜席散，余填词，督小傒强记之。次日，至道署搬演[15]，已增入七出，如半舫言。半舫大骇异，知余所构，遂诣大人，与余定交。

| 注释 |

① 魏珰：魏忠贤（1568—1627），明河间肃宁（今属河北）人。万历时入宫为宦官。熹宗即位，升为司礼秉笔太监兼提督宝和三店。以声色犬马媚帝。天启三年掌东厂印。与熹宗乳母客氏勾结，参阅奏章，逐斥言官，专权擅政，迫害东林党人。次年，杨涟疏劾其二十四大罪状，魏大中等七十余人又交章论其不法。其遂兴大狱，杀杨涟、左光斗、魏大中等，大臣被罢逐者数十人。自朝廷

至地方，广置死党，遍建生祠，称九千岁。思宗即位，被贬，闻逮治令，自缢死。

② 传奇：此指明嘉靖以后的南曲戏曲剧本。由宋元南戏发展而来，但篇幅较长，不限出数，情节更为曲折复杂，各类脚色都可以唱。

③《冰山》：剧名。庄一拂《古典戏曲存目汇考》卷十《今乐考证》、《远山堂曲品》均曾著录陈开泰的《冰山记》。祁彪佳《远山堂曲品》称陈开泰《冰山记》"传时事而不牵蔓，正是炼局之法"。陈著今佚，其内容为抨击魏阉擅权，歌颂东林党人。张岱的《冰山记》，作为其挚友的祁彪佳的《远山堂曲品》却未见著录，疑即据陈本改编（张岱自言"删改之"）。今亦佚。冰山，喻一时显赫，不可久恃的权势。王仁裕《开元天宝遗事》云："人有劝（张）彖令修谒（杨）国忠，可图显荣。彖曰：'尔辈以谓杨公之势，依靠如太山；以吾所见，乃冰山也。'"

④ 白曰：自白道。　杨涟：（1572—1625），字文孺，号大洪，湖广应山（今属湖北）人，万历进士。天启二年任礼部都给事中，四年进左副都御史。上疏劾魏忠贤二十四大罪状，次年下狱，受酷刑死。

⑤ 口口：指众人学舌，口口相传。　诤谑：告知。

⑥ 范元白："范"，据张岱《琅嬛文集·古今义烈传自序》："酖杀裕妃，杖杀万燝。"则当作"万"（或系绍兴方言"范"、"万"音同致误）。万燝，字阉夫，又字元白（见清查继佐《罪惟录·万燝传》），江西新建人。万历四十四年进士，仕至屯田郎中。上书劾魏忠贤，被魏忠贤矫诏杖杀。《明史》有传。

⑦ 逼死裕妃：《明史纪事本末》卷七十一载："裕妃张氏方妊，膺册封礼。（熹宗乳母）客氏谮于上，绝饮食，闭禳道中，偶天雨，匍匐掬檐溜数口而绝。"

此述《冰山记》中的剧情。

⑧ 嗫断：中止了沉默不言。　嘐嘈：高声呼笑。

⑨ 颜佩韦：（？—1626），吴县（今属苏州）人。天启六年（1626）魏忠贤派缇骑赴苏州逮东林党人周顺昌。苏州士众数万人抗议，骑尉出语不逊，众益愤，殴毙一人，巡抚毛一鹭走匿得免。事后，颜佩韦等五人挺身自首，以保全乡里，遂被杀。吴人感其义，合葬五人于虎丘旁。　缇骑：明代锦衣卫校尉。除掌禁卫、仪仗外，专司侦查、缉捕官民。

⑩ 噪呼：欢笑叫喊。　跳蹴：蹦跳。

⑪ 沈青霞：沈炼（1507—1557），字纯甫，号青霞。会稽人。嘉靖进士。性刚正，嫉恶如仇。任锦衣卫经历时，上书劾权相严嵩为"天下权邪"，列其十大罪状。帝怒，杖之数十，谪佃保安，"里长老问知炼状，咸大喜，遣其子弟从学。炼稍与语忠义大节……日相与詈嵩父子以为常。常束刍为偶人三，目为林甫、桧及嵩而射之。语稍稍闻，嵩父子衔之。"（《明史纪事本末》卷五十四）严嵩父子大恨，终将其名列入白莲教案中，斩于宣化。　橐人，扎的偶人。橐，无底的袋子。　相嵩：宰相严嵩。

⑫ "是秋"三句：据张岱《家传》鲁宪王藩邸即在山东兖州。作者携戏搬演，为其父贺寿。大人，张岱父亲。见本书卷一《木犹龙》注。

⑬ 守道刘半舫：刘荣嗣，字敬仲，号半舫，曲周（今属河北）人。万历四十四年进士，历官工部侍郎，有《半舫集》。曾为张岱《古今义烈传》作序。张岱《家传》载"监军半舫刘公"当即其人。守道，官名。明布政司设左右参政、左右参议，而以右参政、右参议分守各道，督察州县。

⑭ 内操：指在内廷授甲操练宦官。始于明正德年间。天启时，魏忠贤擅权，

操练宦官多至万人。"衷甲出入，恣为威虐。"（《明史·魏忠贤传》），廷臣屡谏，忠贤矫旨切责，终未罢废。　逼灵犀：指妓女萧灵犀被卖与魏忠贤心腹兵部尚书崔呈秀为妾之事。见《梼杌闲评》卷四十五。　囊收：一网打尽的意思。据《明史·宦官传》载："方忠贤败时，庄烈帝纳廷臣言，将定从逆案。大学士韩爌、李标、钱龙锡不欲广搜树怨，仅以四五十人上……帝曰：'岂皆不知，特畏任怨耳。'阅日，召入便殿，案有布囊，盛章疏甚夥，指之曰：'此皆奸党颂疏，可案名悉入。'"

⑮ 道署：守道的官署。

【评品】　本文前半记叙作者所修改的以魏忠贤为题材的传奇《冰山记》演出时，人山人海的盛况和观众义愤填膺的情景，可见忠奸褒贬，自在人心，非权势所能强；后半记叙作者携剧至兖州，为其父寿，听取意见，连夜增饰，次日即能搬演，并获得激赏的情景。作者酷爱戏曲，熟谙演技，故删改增饰，得心应手。而作者的自得之意，也流露于字里行间。

8

龙山放灯 [1]

万历辛丑年 [2]，父叔辈张灯龙山，剡木为架者百 [3]，涂以丹艧 [4]，帨以文锦 [5]，一灯三之 [6]。灯不专在架，亦不专在磴道 [7]，沿山袭谷，枝头树杪无不灯者 [8]，自城隍庙门至蓬莱岗上下 [9]，亦无不灯者。山下望如星河倒注，浴浴熊熊 [10]；又如隋炀帝夜游，倾数斛萤火于山谷间，团结方开，倚草附木，迷迷不去者 [11]。好事者卖酒，缘山席地坐。山无不灯，灯无不席，席无不人，人无不歌唱鼓吹。男女看灯者，一入庙门，头不得顾，踵不得旋，只可随势潮上潮下，不知去落何所，有听之而已 [12]。庙门悬禁条：禁车马，禁烟火，禁喧哗，禁豪家奴不得行辟人 [13]。父叔辈台于大松树下，亦席，亦声歌，每夜鼓吹笙簧与宴歌弦管，沉沉昧旦 [14]。十六夜，张分守宴织造太监于星宿阁 [15]，傍晚至山下，见禁条，太监忙出舆笑曰："遵他，遵他，自咱们遵他起！"却随役 [16]，用二卟角扶掖上山 [17]。夜半，星宿阁火罢，宴亦遂罢。灯凡四夜，山上下糟丘肉林 [18]，日扫果核蔗滓及鱼肉骨蠡蜕 [19]，堆砌成高阜，拾妇女鞋挂树上，如秋叶。相传十五夜，灯残人静，当垆者正收盘核 [20]，有美妇六七人买酒，酒尽，有未开瓮者。买大罍一 [21]，可四斗许 [22]，出袖中蔗果 [23]，顷刻罄罍而去。疑是女人星，或曰酒星。又一事：有无赖子于城隍庙左借空楼数楹 [24]，以姣童实之，为"帘子胡同"。是夜，有美少年来狎某童，剪烛媵酒㉖，媟亵非理㉖，解襦㉗，乃女子也，未曙即去，不知其地、其人，或是妖狐所化。

| 注释 |

① 龙山：见本书卷一《砎园》注。

② 万历辛丑：万历二十九年（1601）。

③ 剡（yǎn）：削。

④ 丹腹（huò）：油漆用的颜料。

⑤ 帨（shuì）：古代佩巾。此作动词笼罩用。

⑥ 一灯三之：一灯三架。

⑦ 磴：石阶。

⑧ 树杪：树梢。

⑨ 城隍庙：在卧龙山西南之巅。庙神为唐初越州总管庞玉。

⑩ 浴浴熊熊：即煜煜熊熊。火光照耀状。

⑪ "隋炀帝"五句：《隋书·炀帝纪》："大业十二年，上于景华宫征求萤火，得数斛，夜出游山放之，光遍岩谷。"斛，古代量器，也作量词。团结，指块结状。

⑫ 听之：随之。

⑬ 辟人：驱除行人。

⑭ 昧旦：天未全明时。

⑮ 张分守：据《越中杂识·名宦》："张明道，罗田人，继汤绍恩为守，无所更张，务与民休息……越俗，上元灯火甚盛，太守偕郡僚，角巾步市中观灯，

不以为异。"或即系此人。分守，分守道。明代将布政司所属府县分数道，定期派参政或参议巡视，所分者为布政使之事，所守者乃一道之责，故名。 织造太监：明太祖洪武初建织造局于苏州。永乐间，改派中官监督，司礼监有苏州织造太监一名，驻苏州。专管织造，为明代官办的手工业之一。

⑯ 却随役：去掉随从仆役。

⑰ 丱（guàn）角：儿童束发成两角的样子。此指童仆。

⑱ 糟丘肉林：犹言酒池肉林。形容穷奢极欲，轰饮饕餮。酿酒所余的糟滓堆积成的山丘称糟丘。

⑲ 蠡蛤：蛤、蚶等的硬壳。

⑳ 当垆者：卖酒者。垆，放酒坛的土墩。辛延年《羽林郎》："胡姬年十五，春日独当垆。"

㉑ 罍（léi）：古代盛酒器。

㉒ 可：大约。

㉓ 蓏（luǒ）：瓜果等蔓生植物的果实。

㉔ 楹：厅堂前柱。此作量词，间。

㉕ 剪烛：剪去烧尽的烛心。 殢（tì）：病酒，困酒。

㉖ 媟亵：放荡狎戏。

㉗ 襦：短衣，短袄。

【评品】　本文在泛写绍兴灯景的基础上，专写作者父叔辈在龙山张灯近于奢靡的歌舞升平的盛况。作者极擅描述鼎沸的热闹场面。其手法，如"山无不灯，灯无不席，席无不人，人无不歌唱鼓吹"是排比兼顶针的修辞格；如"山上下糟丘肉林，日扫果核蔗滓及鱼肉骨蠡蜕，堆砌成高阜，拾妇女鞋挂树上，如秋叶"是夸张；"山下望如星河倒注，浴浴熊熊；又如隋炀帝夜游，倾数斛萤火于山谷间，团结方开，倚草附木，迷迷不去者"则是典故、想象、夸张、比喻兼而用之。结尾女人星、酒星和妖狐的传说，则又从另一角度渲染了灯会之盛：以至于天星、妖狐俱不耐寂寞，而化身幻形以参与之。

王月生

　　南京朱市妓，曲中羞与为伍[1]；王月生出朱市，曲中上下三十年，决无其比也。面色如建兰初开[2]，楚楚文弱[3]，纤趾一牙[4]，如出水红菱。矜贵寡言笑[5]，女兄弟、闲客多方狡狯，嘲弄哈侮[6]，不能勾其一粲[7]。善楷书，画兰、竹、水仙，亦解吴歌[8]，不易出口[9]。南京勋戚大老力致之[10]，亦不能竟一席。富商权胥得其主席半晌[11]，先一日送书帕[12]，非十金则五金，不敢亵订[13]。与合卺[14]，非下聘一二月前，则终岁不得也。好茶，善闵老子[15]，虽大风雨、大宴会，必至老子家啜茶数壶始去。所交有当意者，亦期与老子家会。一日，老子邻居有大贾[16]，集曲中妓十数人，群诨嘻笑[17]，环坐纵饮。月生立露台上，倚徙栏楯[18]，眠娗羞涩[19]，群婢见之皆气夺[20]，徙他室避之。月生寒淡如孤梅冷月，含冰傲霜，不喜与俗子交接；或时对面同坐起，若无睹者。有公子狎之，同寝食者半月，不得其一言。

一日口嗫嚅动[21]，闲客惊喜，走报公子曰："月生开言矣!"哄然以为祥瑞[22]，急走伺之，面赪[23]，寻又止，公子力请再三，謇涩出二字曰："家去。"[24]

| 注释 |

① 曲中：妓坊的通称。当时南京妓家有"朱（珠）市"妓和"曲院"妓之分，朱市妓身份较低，"曲中羞与为伍"；曲院妓即所谓"倡兼优"者，擅长于戏曲演唱，其中艺术水平较高者即为"名妓"。本书卷七《过剑门》一则记载："南曲中妓，以串戏为韵事，性命以之。杨元、杨能、顾眉生、李十、董白以戏名。"

② 建兰：见本书卷一《金乳生草花》注。

③ 楚楚：鲜明貌。

④ 一牙：形容脚的纤小。

⑤ 矜贵：矜持，尊贵。

⑥ 女兄弟：姐妹。此指其他歌妓。　咍（hāi）：嗤笑。

⑦ 勾：勾起，博得。　一粲：一笑。粲，露齿而笑。

⑧ 吴歌：江南吴地的民歌。《晋书·乐志》载："吴歌杂曲，并出江南。东晋以来，稍有增广。"

⑨ 不易出口：不轻易开唱。

⑩ 勋戚：功臣皇族。　大老：辈高望重者。　力致之：竭力邀请到她。

⑪ 胥：官府的小吏。　主席：此指作为主宾出席宴会。　半晌：半天。

⑫ 书帕：明代官场行贿，常以绢帕包装新刻图书，藏金银其中。此指请帖

定金。

⑬ 亵订：随便轻狎地预订。

⑭ 合卺（jǐn）：旧时婚礼饮交杯酒。把瓠分成两个瓢，叫卺。新婚夫妇各持一瓢饮酒。此指在王月生处宿夜。

⑮ 闵老子：闵汶水，居南京桃叶渡。研究茶道数十年，是王月生和作者的挚友。见本书卷三《闵老子茶》。

⑯ 大贾：巨商。

⑰ 群谇（suì）：聚众喧闹。谇，问讯，数说。

⑱ 倚徙栏楯（shǔn）：斜倚栏杆而徘徊。纵为栏，横为楯。

⑲ 眠娗：腼腆。

⑳ 气夺：慑于声威而胆怯气馁。

㉑ 嗫嚅：欲言又止。

㉒ 祥瑞：吉祥的征兆。

㉓ 赪（chēng）：浅红色。

㉔ 蹇涩：原指步履艰难，此指费力地说出。

【评品】　关于王月生，本书《燕子矶》、《牛首山打猎》、《柳敬亭说书》中均有涉及，足见其与张岱交谊绝非一般。此外张岱《张子诗秕》卷三《曲中妓王月生》（本书明言其出身为珠市妓，并非出于曲中，应是后迁至旧院曲中）诗云："金陵佳丽何时起，余见两事非常理。乃欲取之相比伦，俗人闻之笑见齿。今来茗战得异人，桃叶渡口闵老子。钻研水火七十年，嚼碎虚空辨渣滓。白瓯沸雪发兰香，色似梨花透高低。舌闻幽沁味同谁，甘酸都尽橄榄髓。及余一晤王月生，恍见此茶能语矣。蹴三致一步咨移，狷洁幽闲意如水。依稀择粉解新篁，一茎秋兰初放蕊。縠雾犹嫌弱不胜，尖弓适与湘裙委。一往神情可奈何，解人不得多流视。余惟对之敬畏生，君谟嗅茶得其旨。但以佳茗比佳人，自古何人见及此。犹言书法在江声，闻者喷饭满其几。"诗以佳茗喻佳人，情韵清雅脱俗。

关于王月生的生平及结局诸书记载不一，可互参。《板桥杂记》卷中载："王月，字微波。母胞生三女：长即月，次节，次满，并有殊色。月尤慧妍，善自修饰，颀身玉立，皓齿明眸，异常妖冶，名动公卿。桐城孙武公昵之，拥致栖霞山下雪洞中，经月不出。己卯岁牛女渡河之夕，大集诸姬于方密之侨居水阁。四方贤豪，车骑盈闾巷。梨园子弟，三班骈演。阁外环列舟航如堵墙。品藻花案，设立层台，以坐状元。二十余人中，考微波第一，登台奏乐，进金屈卮。南曲诸姬皆色沮，渐逸去。天明始罢酒。次日，各赋诗纪其事。余诗所云'月中仙子花中王，第一姮娥第一香'者是也。微波绣之于蜕巾，不去手。武公益婉娈，欲置为侧室。会有贵阳蔡香君名如蘅，强有力，以三千金啖其父，夺以归。武公悒悒，遂娶葛嫩也。香君后为安庐兵备道，携月赴任，宠专房。崇祯十五年五月，大盗张献忠破庐州府，知府郑履祥死节，香君被擒。搜其家，得月，留营中，宠压一寨。偶以事忤献忠，断其头，函（一作蒸）置于盘，以享群贼。嗟乎！等死也，月不及嫩矣，悲夫！"

余瑞紫《张献忠陷庐州记》则记其结局云："次日初八……只见张亦出门外，黄伞公案，左右剑戟如林，叫带过蔡道来。蔡头扎包头，身衣蓝绸褶，绫袜朱履，不跪，直两头走，以手摩腹，曰：'可问百姓？'八大王责曰：'我不管你，只是你做个兵备道，全不用心守城，城被我破了，你就该穿大红朝衣，端坐堂上，怎么引个妓妾避在井中？'蔡道无言可答，其妾王月手牵蔡道衣襟不放，张叫砍了罢。数贼执蔡道于田中杀之，王月大骂张献忠，遂于沟边一枪刺死，尸立不仆，移时方倒。"（按：蔡道名汝弼，字香君，四川举人，善诗词，最儒雅风流。以千金赎南京旧院名妓王月为妾。官于庐，遂于衙后作花园居焉。城陷时两人同避井中。贼以绳引上。八贼见月貌美，初七日夜欲污之。王月大骂，遂被刺死）

本文殆同一篇王月生小传。文章起始，即以反衬突出王月生之卓异不群。然后以比喻描绘其容貌仪态及才能技艺，描绘其性格与身价，在对比中突出其冷傲以对世俗、热情以待"当意"的性格。结尾对公子之戏狎一节，动作对话、情态细节描绘似小说家笔墨，极其生动传神。

张东谷好酒

余家自太仆公称豪饮[1]，后竟失传，余父余叔不能饮一蠡壳[2]，食糟茄[3]，

| 卷八 | 陶庵梦忆注评

面即发赪[4]。家常宴会，但留心烹饪[5]，庖厨之精，遂甲江左[6]。一簋进[7]，兄弟争啖之立尽，饱即自去，终席未尝举杯。有客在，不待客辞，亦即自去。

山人张东谷[8]，酒徒也，每悒悒不自得[9]。一日起谓家君曰："尔兄弟奇矣！肉只是吃，不管好吃不好吃；酒只是不吃，不知会吃不会吃。"[10]二语颇韵[11]，有晋人风味[12]。而近有伧父载之《舌华录》[13]，曰："张氏兄弟赋性奇哉！肉不论美恶，只是吃；酒不论美恶，只是不吃。"字字板实[14]，一去千里，世上真不少点金成铁手也。东谷善滑稽，贫无立锥，与恶少讼，指东谷为万金豪富，东谷忙忙走诉大父曰[15]："绍兴人可恶，对半说谎[16]，便说我是万金豪富！"大父常举以为笑。

| 注释 |

① 太仆公：见本书卷一《筜芝亭》注。

② 蠡（lí）壳：瓠瓢，葫芦做的小酒杯。

③ 糟茄：用酒浸渍的茄子。清顾仲《养小录》卷中云："以霜天小茄肥嫩者，去蒂萼，勿见水，布拭净，入瓷盆，如法拌匀，虽用手，不许揉捺。三日后，茄作绿色，入罐，原糟水浇满封。月许，可用。色翠绿，味美，佳品也。"

④ 赪（chēng）：见本书卷八《王月生》注。

⑤ 但：只。

⑥ 甲：居首位。 江左：今江浙一带。

⑦ 簋（guǐ）：古代圆口两耳的盛食器具。见本书卷一《钟山》注。

⑧ 山人：山居者，多指隐士。

⑨ 悒悒：愁闷不乐貌。

⑩ 家君：张岱的父亲张燿芳，见本书卷一《木犹龙》注。

⑪ 韵：雅而有味。

⑫ 晋人风味：指清韵有情趣。

⑬ 伧父：鄙贱的人。 《舌华录》：明曹臣撰。根据汉至明代近百种子史文集和自己当时所见所闻，博采上古传说时代至明末人物约一千一百八十位（警言隽语千余条），厘分九卷十八门。书名"舌华"，盖取佛经"舌本莲花"之意；亦即潘之恒序语所谓："舌根于心，言发为华。"

⑭ 板实：此指呆板、拘滞。

⑮ 大父：见本书卷一《砎园》。

⑯ 对半：绍兴方言，对面。

【评品】 文章以作者之父叔辈不能饮酒，反衬张东谷之好饮；又以张东谷之口语与伧父曹臣改写的书面语相比较，作者认为东谷之言，俗而实韵；伧父之语，板实而无情韵，斥之为"点金成铁"。从中可见作者的审美情趣。

楼　船

家大人造楼¹，船之²；造船，楼之。故里中人谓船楼，谓楼船³，颠倒之不置⁴。是日落成，为七月十五，自大父以下⁵，男女老稚靡不集焉⁶。以木排数重搭台演戏，城中村落来观者，大小千余艘。午后飓风起，巨浪磅礴，大雨如注，楼船孤危，风逼之几覆，以木排为戙⁷，索缆数千条，网网如织，风不能撼。少顷风定，完剧而散。越中舟如蠡壳⁸，局蹐篷底看山⁹，如矮人观场¹⁰，仅见鞋靸而已¹¹，升高视明，颇为山水吐气。

注释

① 家大人：张岱父亲张燿芳。张岱《家传》载其"庚辰（1580）以来，遂兴土木，造楼船一二，教习小僕，鼓吹剧戏。"

② 船之：以船为型。

③ 楼船：有叠层的大船。

④ 颠倒之不置：不理会其颠倒与否。

⑤ 大父：见本书卷一《硚园》注。

⑥ 靡不集焉：无不聚集在此。

⑦ 戙（dòng）：系船缆的桩。

⑧ 蠡壳：见本卷《张东谷好酒》注。

⑨ 局蹐：萎缩恐惧貌。局，同"跼"，屈曲。蹐，小步而行。

⑩ 矮人观场：矮子看戏，由于看不见舞台，只能随声附和。后多用于己无真见，附和他人。

⑪ 鞋靸（sǎ）：鞋子。靸，小孩的鞋。

本文以船而楼之，楼而船之起始，颇含戏谑。再记其父造楼船，搭台演戏，以示节庆，城中村里，观者云集，大小舟船千余艘汇聚的盛况。后叙飓风骤之，暴雨倾盆，巨浪滔天的险况，和以木椎、缆绳连接转危为安的经过。结尾抒写作者感受，突出楼船能"登高视明"的好处，全文比喻生动，对比鲜明。

阮圆海戏[1]

阮圆海家优[2]，讲关目[3]，讲情理，讲筋节[4]，与他班孟浪不同[5]。然其所打院本[6]，又皆主人自制，笔笔勾勒，苦心尽出，与他班卤莽者又不同。故所搬演，本本出色，脚脚出色，出出出色[7]，句句出色，字字出色。余在其家看《十错认》、《摩尼珠》、《燕子笺》三剧[8]，其串架斗笋[9]、插科打诨[10]、意色眼目[11]，主人细细与之讲明。知其义味，知其指归[12]，故咬嚼吞吐，寻味不尽。至于《十错认》之龙灯、之紫姑，《摩尼珠》之走解、之猴戏[13]，《燕子笺》之飞燕、之舞象、之波斯进宝，纸札装束[14]，无不尽情刻画，故其出色也愈甚。阮圆海大有才华，恨居心勿静，其所编诸剧，骂世十七，解嘲十三，多诋毁东林[15]，辩宥魏党[16]，为士君子所唾弃，故其传奇不之著焉。如就戏论，则亦镞镞能新[17]，不落窠臼者也[18]。

① 阮圆海：阮大铖（约1587—1646），安庆怀宁（今属安徽）人，字集之，号圆海、石巢、百子山樵。万历进士。历官行人、户科给事中。初阿附魏忠贤，与东林党人为敌。崇祯时名入逆案，削职，流寓南京谋仕进。因复社声讨，闭门谢客。明亡，以马士英荐，任弘光朝兵部尚书。专诋毁东林党人。南京失陷后，降清。随清军入闽，死于仙霞岭。一说为清军所杀。其人极奸佞，却颇有才华，尤善词曲。所作传奇戏曲有《春灯谜》、《燕子笺》、《双金榜》、《牟尼合》、《忠孝环》、《桃花笑》、《井中盟》、《狮子赚》、《赐恩环》、《老门生》十种，前四种今存，以《燕子笺》为代表作。合称《石巢传奇四种》。诗文有《咏怀堂全集》。

② 家优：家养的戏班。

③ 关目：戏曲术语，泛指情节的构思安排。

④ 筋节：以筋肉、关节喻剧情发展转折承接处。

⑤ 孟浪：鲁莽，疏略。

⑥ 所打院本：所用的脚本。

⑦ 出出出色：每一出戏都十分出彩。

⑧ 《十错认》：又名《春灯谜》。宇文博学携次子宇文彦，韦节度使携长女赴任，同泊黄河驿。时值元宵，彦与改扮男装之韦女均上岸观灯，猜灯谜时相识，并互写诗笺交换而去。夜半回船，韦女误入彦舟，不愿说出真姓名，被彦母收为义女。彦亦误入韦女舟，亦不愿说出真姓名，被韦父投入水中，后又误作獭贼，押狱中。后彦兄宇文羲高中，更名为李文义，授巡方御使，将彦释出，但互不知为兄弟。彦改名卢更生应试高中，适韦节度使主考。韦将次女许

李文義，又作主将李文義之妹（实为韦之长女）许更生。花烛之夜，彼此相认，始知韦节度之两女嫁宇文博学之两子。剧中情节皆用误会巧合结构，事事皆错，共有十件，故名。阮大铖崇祯间作此剧，意言自己是误上人船，非有大过，欲东林党人对他怜而恕之。　《摩尼珠》：又名《牟尼合》。写梁武帝之孙萧思远与妻荀氏、子佛珠一家遭官府迫害，历经苦难，冤案终得昭雪的离合故事。全剧以一对牟尼珠为线索，由合到分，由分到合，来绾系主人公的命运，成为主人公命运的象征物，最终以牟尼合璧分别收束全剧。"演萧思远被害，事属撮撰。亦因己在逆案，故借思远寓意，言定入逆案者乃冤情也。"（《曲海总目提要》卷十一）　《燕子笺》：写唐代扶风秀士霍都梁赴长安赶考，在曲江池畔巧遇宦家小姐郦飞云，思慕而成诗。不巧，诗被燕子衔走，落于郦飞云绣楼。天雄节度使贾南仲之子贾于佶，眠花宿柳，不学无术，考场舞弊，换取了霍都梁的考卷，得中状元。贾于佶向郦飞云求婚，郦父要当场考试，贾于佶丑态百出，钻狗洞逃走。霍都梁与郦飞云终成眷属。剧本情节曲折，文笔华丽，以燕子传笺作关目，故名。一说，此剧影射明末东林党与魏忠贤阉党之争。

⑨ 串架斗笋：喻情节的过渡承接转折。斗，斗拱。笋，同"榫"，榫头。

⑩ 插科打诨：演剧时掺入诙谐之语和滑稽动作，引人发笑。

⑪ 意色眼目：表情眼神。

⑫ 指归：旨意，意向。

⑬ 走解：骑者在马上表演技艺。古代百戏之一。此与下文之猴戏、飞燕、舞象均指戏中刻画动物形象的舞蹈身段。

⑭ 纸扎装束：道具服装。

⑮ 东林：东林党。万历中，无锡人顾宪成革职还乡，与同乡高攀龙及武进人钱一本等，在无锡东林书院讲学，评论时政。时人称之为东林党。他们以清流自居，反对横征暴敛，要求撤回矿盐税使；主张改革朝政，澄清吏治，任用贤能。引起不少朝臣的应合，也招致权宦魏忠贤及权贵的攻击迫害。魏党作《东林点将录》、《同志录》等，按名逐斥捕杀。杨涟、左光斗、黄尊素、周顺昌、高攀龙等先后遇害。崇祯时惩治魏忠贤及其党羽，东林党人所受迫害才告终止。

⑯ 辩宥：辩解，原谅。

⑰ 锒锒：挺拔貌。《世说新语·赏誉》载："谢镇西（尚）道：'敬仁（王修）文学锒锒，无能不新。'"

⑱ 不落窠臼：不落俗套。

【评品】 阮大铖人品卑劣为士林所不齿，而其文才确是明末之佼佼者，诗文戏曲，款款精能，戏曲修养，尤为深湛。章太炎先生曾评曰："大铖五言古诗，以王孟意趣，而兼谢客之精练。律诗微不逮，七言又次之。然榷论明代诗人，如大铖者少矣。潘岳、宋之问险诈不后于大铖，其诗至今尤存。君子不以人废言也。"陈寅恪《柳如是别传》："圆海人品，史有定评，不待多论。往岁读咏怀堂集，颇喜之，以为可与严惟中之钤山，王修微之樾馆两集，同是有明一代诗什之佼佼者。"作者在文中指出："其所编诸剧，骂世十七，解嘲十三，多诋毁东林，辩宥魏党，为士君子所唾弃，故其传奇不之著焉。"然"阮圆海大有才华”，作者作为内行就戏论戏，详述其精心调教“家优”，对剧中的“串架斗笋、插科打诨、意色眼目，主人细细与之讲明。知其义味，知其指归”，所以演员演出时能“咬嚼吞吐，寻味不尽”。故其“所搬演，本本出色，脚脚出色，出出出色，句句出色，字字出色”。连用五个“出色”，盛赞其剧本之讲究、演出之精细、道具之出色，自是卓异不群，不落窠臼。作者所评，可谓不以人废言。

嶰花阁

嶰花阁在筠芝亭松峡下[1]，层崖古木，高出林皋[2]，秋有红叶。坡下支壑回涡，石跗棱棱[3]，与水相距[4]。阁不槛、不牖，地不楼、不台，意政不尽也。五雪叔归自广陵[5]，一肚皮园亭[6]，于此小试。台之，亭之，廊之，栈道之，照面楼之，侧又堂之、阁之，梅花缠折旋之，未免伤板，伤实[7]，伤排挤，意反踟蹰[8]，若石窟书砚。隔水看山，看阁，看石麓，看松峡上松，庐山面目反于山外得之[9]。五雪叔属余作对，余曰：“身在襄阳袖石里[10]，家来辋口扇图中。”[11]言其小处。

注释

① 筠芝亭：详见本书卷一《筠芝亭》。

② 林皋：山林与高地。

③ 石蚳：蚳指型的石柱。　楞楞：棱角分明。

④ 距：同“拒”。抗拒。

⑤ 五雪叔：又称张五泄。其人应是曾同知扬州的张岱二叔张联芳。详卷四《及时雨》注。　广陵：郡名。治所在今江苏扬州。

⑥ 一肚皮：满脑子，一门心思。

⑦ 伤板：失于呆板，无灵气。　伤实：不空灵。

⑧ 踘蹭：见本书卷六《楼船》注。

⑨ 庐山面目：苏轼《题西林壁》：“不识庐山真面目，只缘身在此山中。”

⑩ 襄阳：宋代著名书画大家米芾，号襄阳漫士。性爱石，行住坐卧不离。其绘画擅长枯木竹石，尤工水墨山水。以书法中的点入画，用大笔触水墨表现烟云风雨变幻中的江南山水，人称米氏云山，富有创造性。

⑪ 辋口：唐代著名诗人和画家王维，晚年在蓝田辋口得宋之问蓝田别墅，改筑辋川别业。山环舍下，风景奇胜，作《辋川集》诗二十首，又自画别业山水，号《辋川图》。

【评品】　祁彪佳《越中园亭记》：“巘花阁在张五泄（即本文所云作者五雪叔，以浙江诸暨名山五泄为号）君宅后，即龙山之南麓也。石壁稜峙，下汇为小池。飞栈曲桥，逶迤穿渡，为亭为台，如簇花叠锦。想‘金谷’当年，不过尔尔。”作者在本文中有意对巘花阁做了前后对比：先前“不槛、不牖”，“不楼、不台”，故“意政不尽也”；后来“台之，亭之，廊之，栈道之”，又“堂之，阁之，梅花缠折旋

范与兰

范与兰七十有三[1]，好琴，喜种兰及盆池小景。

建兰三十余缸[2]，大如簸箕。早舁而入[3]，夜舁而出者，夏也；早舁而出，夜舁而入者，冬也；长年辛苦，不减农事[4]。花时，香出里外，客至坐一时，香袭衣裾，三五日不散。余至花期至其家，坐卧不去，香气酷烈，逆鼻不敢嗅[5]，第开口吞欲之[6]，如沆瀣焉[7]。花谢，粪之满箕[8]，余不忍弃，与与兰谋曰："有面可煎，有蜜可浸，可火可焙[9]，奈何不食之也？"[10]与兰首肯余言[11]。

与兰少年学琴于王明泉[12]，能弹《汉宫秋》、《山居吟》、《水龙吟》三曲[13]。后见王本吾琴[14]，大称善，尽弃所学而学焉，半年学《石上流泉》一曲[15]，生涩犹棘手[16]。王本吾去，旋亦忘之，旧所学又锐意去之，不复能记忆，究竟终无一字，终日抚琴，但和弦而已。

所畜小景，有豆板黄杨[17]，枝干苍古奇妙，盆石称之。朱樵峰以二十金售之，不肯易，与兰珍爱，"小妾"呼之。余强借斋头三月，枯其垂一干，余懊惜，急舁归与兰。与兰惊惶无措，煮参汁浇灌，日夜摩之不置[18]，一月后枯干复活。

① 范与兰：见本书卷二《绍兴琴派》注。

② 建兰：见本书卷一《金乳生草花》注。

③ 舁（yú）：共同抬东西。

④ 不减农事：不比农活轻松。

⑤ 逆鼻：扑鼻。

⑥ 第：只。　欱（hè）：吸吮。啜。

⑦ 沆瀣（hàng xiè）：露气。

⑧ 粪之满箕：像粪土一样丢弃满簸箕。

⑨ 焙：置物品于器皿中用微火慢慢烘烤。

⑩ 奈何：怎么。

⑪ 首肯：同意，答应。

⑫ 王明泉：明后期绍兴著名琴师。详见本书卷三《绍兴琴派》。

⑬《汉宫秋》：琴曲名。又名《秋扇吟》。传为班婕妤所作。表现其失宠于汉成帝，侍太后于长信宫事。存谱有八至十三段不等。琴调如怨如慕，如泣如诉。《山居吟》：琴曲名。宋末毛敏仲作。最早见于《神奇秘谱》。"山居吟"者，深居山林，与世相忘，大山为屏，清流为带，天地为庐，草木为衣，表达山林隐士超尘脱俗、淡然忘世的情趣。此曲琴曲虽短，但音调苍古恬静，节奏起伏跌宕。　《水龙吟》：相传为诸葛亮所作琴曲。《水龙吟》通过对龙归沧海的描写，喻诸葛亮的凌云之志。后世传谱中言此曲"其意沧大高广，有九霄之音"。又有言其曲"雅调耸豁，清韵泠泠，令人可近而不可远，可仰而不可玩者矣"。

⑭ 王本吾：与王侣鹅、王明泉同为明末琴师浙派绍兴支派的代表人物。张岱分别向王本吾、王侣鹅学过琴艺。详见本书卷三《绍兴琴派》。

⑮ 《石上流泉》：琴曲名。相传为春秋伯牙所作，以寄情山水，结盟泉石为主题，表达对自然山水的情怀以及对人生哲理的感悟。以石泉之一动一静，衍方与圆、仁与智其相辅相成之理，道出大自然的智慧与山水之清音。《乐仙琴谱》载："此曲石上流泉名者，盖取石静似仁，泉动似智，动不憾静，静不碍动，动而不括故乐，静而有常故寿。非深得仁智者，岂能知之。"唐代即有此曲名。存谱共八段。

⑯ 生涩：不流畅。 棘手：不顺手，不熟练。

⑰ 豆板黄杨：黄杨树之一种。为常绿小灌木，生长极缓，多作观赏盆景用。

⑱ 不置：不止，不停。

【评品】 文章起始，即言明范氏平生三好。首先描绘其所种之兰，兰香之浓烈和经久不散，突出其植育、呵护之精心和不辞辛劳。特别提出自己对落花后期食用的建议，凸显惜花之情；然后叙述其学琴之经历，颇似邯郸学步，旧学尽弃，新学未成，终致一无所成；最后通过二十金不售、"小妾"呼之、参汁灌枯叶、日夜摩之等数事，"强借"、"懊惜"、"急昇"、"惊惶无措"等数语彰显主、客对盆景的宝爱。结尾枯干复活，颇有天道酬勤之意。

蟹　会[1]

　　食品不加盐醋而五味全者[2]，为蚶、为河蟹[3]。河蟹至十月与稻粱俱肥，壳如盘大，坟起[4]，而紫螯巨如拳[5]，小脚肉出，油油如蝤蛑[6]。掀其壳，膏腻堆积[7]，如玉脂珀屑[8]，团结不散，甘腴虽八珍不及[9]。一到十月，余与友人兄弟辈立蟹会，期于午后至，煮蟹食之，人六只，恐冷腥，迭番煮之。从以肥腊鸭[10]、牛乳酪[11]。醉蚶如琥珀，以鸭汁煮白菜如玉版[12]。果蓏以谢橘[13]，以风栗，以风菱。饮以玉壶冰[14]，蔬以兵坑笋[15]，饭以新余杭白[16]，漱以兰雪茶[17]。由今思之，真如天厨仙供，酒醉饭饱，惭愧惭愧！

注释

① 蟹会：食蟹聚会。

② 五味：指酸、甜、苦、辣、咸五种味道。

③ 蚶：贝壳类软体动物，生活在浅海沙滩中，有魁蚶、毛蚶、泥蚶等品种。其肉味甘，性温。能补脾益气，补血。

④ 坟起：指蟹壳穹形中间鼓起，如坟状。

⑤ 螯：甲壳动物第一对变形的步足。末端两歧，开合如钳，用以夹取食物，并作攻防用。

⑥ 蟪蝘（yǐn yǎn）：蚰蜒。节肢动物，形似蜈蚣。俗称"钱串子"，古时称"草鞋虫"，有的地方称"香油虫"。

⑦ 膏腻：此指蟹黄和蟹油。

⑧ 玉脂：白玉脂膏。 珀屑：琥珀的碎末。琥珀，松柏树脂的化石，色黄褐或红褐，易燃，燃烧时有香气。

⑨ 八珍：八种珍稀食品。各朝代、各类食物所指不一。如清代有所谓山八珍：驼峰、熊掌、猴脑、猩唇、象拔（象鼻）、豹胎、犀尾、鹿筋；海八珍：燕窝、鱼翅、大乌参、鱼肚、鱼骨、鲍鱼、海豹、狗鱼（娃娃鱼）；禽八珍：红燕、飞龙（产于东北山林中的一种叫榛鸡的鸟）、鹌鹑、天鹅、鹧鸪、彩雀（可能是孔雀）、斑鸠、红头鹰；草八珍：猴头（菌）、银耳、竹荪、驴窝菌、羊肚菌、花菇、黄花菜、云香信（香菇中的一种）。

⑩ 腊鸭：冬季用盐腌制后风吹日晒干的鸭子。

⑪ 牛乳酪：见本书卷四《乳酪》。

⑫ 玉版：笋的别名，以其肉洁白如玉而得名。宋惠洪《冷斋夜话·东坡作偈戏慈云长老》言：苏轼"尝要刘器之同参玉版和尚……至廉泉寺烧笋而食，器之觉笋味胜，问此笋何名，东坡曰：'即玉版也。此老师善说法，要能令人得禅悦之味。'于是器之乃悟其戏。"宋陆游《村舍小酌》诗云："玉版烹雪笋，金苞擘双柑。"

⑬ 蓏（luǒ）：瓜类等蔓生植物的果实。 谢橘：《越中杂识》："余姚谢氏园皆产橘。" 风栗：《夜航船·物理部·果品》载："风栗，以皂荚水浸一宿，取出晾干，篮盛，挂当风时时摇之。"

⑭ 玉壶冰：此指酒名。宋叶梦得《浣溪沙·送卢倅》词："荷叶荷花水底天，

玉壶冰酒酿新泉，一欢聊复记他年。"

⑮ 兵坑笋：会稽县兵坑所产的笋。

⑯ 新余杭白：新收获的浙江余杭县所产的稻米。《康熙会稽志》卷六："余杭白，粒圆而白，俗传种自余杭来，故名。"

⑰ 兰雪茶：见本书卷三《兰雪茶》注。

【评品】 作者系美食家。其描绘十月蟹之肥美，从壳、螯、脚，写到膏、肉，结以"甘腴虽八珍不及"；再写蟹会食蟹的方法，辅菜、饮料、主食，一一介绍，殆同导食。结尾点明写作之时为历经劫难和沧桑巨变之后。由今思昔，犹如梦中追忆，可谓百味俱陈。

露　兄

崇祯癸酉[1]，有好事者开茶馆，泉实玉带[2]，茶实兰雪[3]，汤以旋煮[4]，无老汤[5]，器以时涤[6]，无秽器，其火候、汤候，亦时有天合之者。余喜之，名其馆曰"露兄"，取米颠"茶甘露有兄"句也[7]。为之作《斗茶檄》[8]，曰："水淫茶癖[9]，爰有古风[10]；瑞草雪芽[11]，素称越绝[12]。特以烹煮非法[13]，向来葛灶生尘[14]；更兼赏鉴无人，致使羽《经》积蠹[15]。迩者择有胜地[16]，复举汤盟[17]，水符递自玉泉[18]，茗战争来兰雪[19]。瓜子炒豆，何须瑞草桥边[20]；橘柚查梨，出自仲山圃内[21]。八功德水[22]，无过甘滑香洁清凉；七家常事[23]，不管柴米油盐酱醋。一日何可少此，子猷竹庶可齐名[24]；七碗吃不得了，卢仝茶不算知味[25]。一壶挥麈[26]，用畅清谈；半榻焚香[27]，共期白醉。"[28]

| 注释 |

① 崇祯癸酉：崇祯六年（1633）。

② 泉实玉带：水为玉带泉水。据本书卷三《阳和泉》："玉带泉在阳和岭。"以其名不雅驯，后改名为阳和泉。

③ 兰雪：见本书卷三《兰雪茶》。

④ 旋煮：当即烹煮。

⑤ 老汤：熬煮鸡、鸭、肉类的陈旧汤汁。此指陈水。

⑥ 以时：按时。　涤：清洗，洗涮。

⑦ 米颠：米芾（1051—1107），见本书卷七《闰中秋》注。本文所引全诗已佚。仅剩残句："饭白云留子，茶甘露有兄。"（意为茶香甜美味，堪与甘露相伯仲。见《全宋诗》卷十八。）

⑧ 檄：见本书卷六《曹山》。

⑨ 水淫：南齐何佟之的绰号。《南史·何佟之传》："性好洁，一日之中洗涤者十余遍，犹恨不足，时人号为水淫。"　茶癖：指茶圣陆羽。宋代陶谷《清异录·茗荈·甘草癖》："草中之甘无出茶卜者，宜目陆氏（陆羽）为甘草癖。"

⑩ 爰：句首语气词，此作"于是"讲。

⑪ 瑞草雪芽：均为越茶名。本书卷三《兰雪茶》王十朋有"龙山瑞草，日铸

雪芽"誉之。

⑫ 素称：一向被称为。　越绝：越地独有的佳品。

⑬ 特：只。　非法：不得法。不合要领。

⑭ 葛灶：葛洪炼丹之灶。葛洪（284—364），为东晋道教学者、著名炼丹家、医药学家。字稚川，自号抱朴子，晋丹阳郡句容（今江苏句容县）人。他曾受封为关内侯，后隐居罗浮山炼丹。著有《神仙传》、《抱朴子》、《肘后备急方》、《西京杂记》等。其中丹书《抱朴子·内篇》具体描写了炼制金银丹药等多方面有关化学的知识，也介绍了许多物质的性质和变化。

⑮ 羽《经》：陆羽的《茶经》。陆羽（733—804），唐复州竟陵（今湖北天门）人。一名疾，字鸿渐，自称桑苎翁，又号东冈子。自幼好学，性淡泊，闭门著书，不愿为官。安史之乱后，尽心于茶的研究，撰成《茶经》一书。后人为了纪念陆羽在茶业上的功绩，祀他为"茶圣"。《茶经》是世界上第一部茶叶专著，分上、中、下三卷，包括茶的本源、制茶器具、茶的采制、煮茶方法、历代茶事、茶叶产地等十章。　积蠹：长满书蠹虫。

⑯ 迩者：近来。

⑰ 汤盟：此指茶会。

⑱ 水符：即调水符牌。《苏轼诗集》卷五载：爱玉女洞中水，既至两瓶，恐后复取而为使者见绐（欺骗），因破竹为契，使寺僧藏其一，以为往来之信，戏谓之调水符。

⑲ 茗战：关于茶品高下之争。参见本书卷三《兰雪茶》。

⑳ 瑞草桥：瑞草溪为张岱堂弟燕客所凿，亭亦为其所筑，在龙山支麓。桥当架于瑞草溪上。详见本书卷八《瑞草溪亭》。

㉑ 仲山圃：字仲山人士的园圃。未详确指何人。

㉒ 八功德水：指具有八种殊胜功德之水。又作八支德水、八味水、八定水。佛之净土有八功德池，八功德水充满其中。《夜航船·地理部·八功德水》："一清、二冷、三香、四柔、五甘、六净、七不噎、八除病。北京西山、南京灵谷，皆取此义。"

㉓ 七家常事：吴自牧《梦粱录·鲞铺》："盖人家每日不可缺者，柴米油盐酱醋茶。"

㉔ 子猷竹：晋裴启《语林》："王子猷（徽之）尝暂寄人空宅住，便令种竹。或问：'暂住何烦尔?'啸咏良久，直指竹曰：'何可一日无此君。'"

㉕ "七碗"二句：唐代诗人卢仝《走笔谢孟谏议寄新茶》诗："一碗喉吻润，两碗破孤闷，三碗搜枯肠，唯有文字五千卷。四碗发轻汗，平生不平事，尽向毛孔散。五碗肌骨清，六碗通仙灵，七碗吃不得也，唯觉两腋习习清风生。"

㉖ 挥麈（zhǔ）：晋人清谈时，每执麈（古人谓鹿之一种）之尾，以为谈助。

㉗ 半榻：榻，狭长而较矮的床，亦泛指床。

㉘ 白醉：浮白酒醉。此谓温暖如醉。

【评品】　作者素有"水淫茶癖"之名。本文为茶馆题名"露兄"。赞誉其水、茶、火、器俱佳，茶之美堪与甘露相伯仲。并为作《斗茶檄》，激赏之情倍加。不仅语涉诙谐，情关幽默，而且用典精切。文章结尾"一壶挥麈，用畅清谈；半榻焚香，共期白醉"后人衍为茶联"一壶茗叶道禅味，半榻熏香养性灵"，道出品茶的禅趣与诗意。

闰元宵

崇祯庚辰闰正月[1]，与越中父老约重张五夜灯[2]，余作张灯致语曰："两逢元正[3]，岁成闰于摄提之辰[4]；再值孟陬[5]，天假人以闲暇之月。《春秋传》详记二百四十二年事[6]，春王正月，孔子未得重书[7]；开封府更放十七、十八两夜灯，乾德五年，宋祖犹烦钦赐[8]。兹闰正月者，三生奇遇[9]，何幸今日而当场；百岁难逢，须效古人而秉烛[10]。况吾大越，蓬莱福地[11]，宛委洞天[12]。大江以东，民皆安堵[13]；遵海而北，水不扬波。含哺嬉兮[14]，共乐太平之世界；重译至者[15]，皆言中国有圣人。千百国来朝，白雉之陈无算[16]；十三年于兹，黄耇之说有征[17]。乐圣衔杯[18]，宜纵饮屠苏之酒[19]；较书分火，应暂辍太乙之藜[20]。前此元宵，竟因雪妒[21]，天亦知点缀丰年[22]；后来灯夕，欲与月期，人不可蹉跎胜事[23]。六鳌山立，只说飞来东武，使鸡犬不惊[24]；百兽室悬[25]，毋曰下守海澨，唯鱼鳖是见[26]。笙箫聒地[27]，竹椽出自柯亭[28]；花草盈街，禊帖携来兰渚[29]。士女潮涌，撼动蠡城[30]；车马雷殷[31]，唤醒龙屿[32]。况时逢丰穰[33]，呼庚呼癸[34]，一岁自兆重登[35]；且科际辰年[36]，为龙为光[37]，两榜必征双首[38]。莫轻此五夜之乐，眼望何时？试问那百年之人，躬逢几次？敢祈同志，勿负良宵。敬藉赫蹄[39]，喧传口号。"

| 注释 |

① 崇祯庚辰：崇祯十三年（1640）。

② 五夜灯：据明刘侗《帝京景物略》，唐玄宗时灯节乃从十四日起至十六日，连续三天。宋太祖时追加十七、十八两日，成"五夜灯"。《武林旧事·元夕》载："至五夜，则京尹乘小提轿，诸舞队次第簇拥前后，连亘十余里锦绣填委，箫鼓振作，耳目不暇给。"

③ 两逢元正：即闰正月，一年连着有两个正月。元正，正月初一。

④ "岁成"句：摄提，摄提格之简称。古人将天宫分为子、丑、寅等十二宫，依岁星（木星）在天空运转所指方位来纪年。岁星指向寅宫的那年称为寅年，别名摄提格。此处不是用以指寅年，而是指正月。因夏历以寅月为正月。

⑤ 孟陬（zōu）：正月。古代十二个月均有别名，正月的别名为陬。孟，开端。正月是一年的开端，故名。屈原《离骚》："摄提贞于孟陬兮，惟庚寅吾以降。"

⑥《春秋传》：《春秋》，鲁国的纪年史，起于鲁隐公元年迄于鲁哀公十四年西狩获麟，凡二百四十二年。传为孔子据鲁史修订而成。宋胡安国传春秋撰有《春秋传》三十卷，为元明儒家所崇。

⑦ "春王"二句：《春秋隐公元年》："元年春，王正月。"意谓隐公的始年，为周王的正月，表示孔子尊王室大一统的思想。但此后二百余年，也没有闰正月，故称"孔子未得重书"。

⑧ "开封府"三句：《夜航船·天文部·买灯》"上元张灯，止三夜，其十七、十八，始于钱镠王入贡疏买两夜灯。宋太祖乾德五年正月有诏：'上元张灯，旧止三夜。朝廷无事，区宇乂安，方当年谷之丰登，宜纵士民之行乐。其令开

封府更放十七、十八两夜灯。'"乾德五年，967 年。

⑨ 三生：佛教语，指前生、今生、来生。

⑩ 秉烛：秉烛夜游，行乐及时之意。《古诗十九首》："生年不满百，常怀千岁忧。昼短苦夜长，何不秉烛游。"

⑪ 蓬莱福地：蓬莱为传说中的海上神仙所居住的三山之一，属会稽郡。宋王十朋《会稽风俗赋》："应天上之玉衡，直海中之蓬莱。"

⑫ 宛委洞天：宛委，山名。在会稽县东南十五里，又名石匮山，玉笥山。相传夏禹开宛委山，得赤珪如日，碧珪如月。王十朋《会稽风俗赋》："射堂丰凶之的，宛委日月之珪。" 洞天、福地，均为道家所谓神仙所居之地。有三十六洞天、七十二福地之说。

⑬ 大江以东：指今江浙一带。 安堵：安居。

⑭ 含哺嬉兮：天真纯朴地嬉游。《庄子·马蹄》："夫赫胥氏之时，民居不知所为，行不知所之。含哺而熙，鼓腹而游。"含哺，指婴儿。

⑮ 重译：辗转翻译。《汉书·平帝纪》：元始元年"越裳氏重译献白雉一，黑雉二。"注："译谓传言也。道路绝远，风俗殊隔，故累译而后乃通。"

⑯ 白雉：白色的野鸡。古代迷信以白雉为祥瑞。 无算：不计其数。

⑰ "十三年"二句：十三年，为崇祯当政以来的十三年。黄耇（gǒu）：老人。《诗·小雅·南山有台》："乐只君子，遐不黄耇。"《汉书·孔光传》载太后诏："《书》曰：'无遗耇老'，国之将兴，尊师而重傅。"《北史·魏孝文帝纪》："诏国老黄耇以上，假中散大夫。"有征，有依据。

⑱ 乐圣：嗜酒。《三国志·魏志·徐邈传》："平日醉客谓酒清者为圣人，浊者为贤人。"杜甫《饮中八仙歌》："衔杯乐圣称世贤。"

⑲ 宜：适合，适宜。　屠苏：药酒名。古代风俗，于农历正月初一饮屠苏酒。屠苏是一种草名，一说屠苏是古代的一种房屋，在其中所酿的酒，称为屠苏酒。《夜航船·天文部·屠苏酒》："屠苏，庵名。汉时有人居草庵造酒。除夕以药囊浸酒中，辟除百病，故元日饮之。"

⑳ "较书"二句：《刘向别传》载刘向校书天禄阁。夜暗，独坐颂书。有老人，黄衣，植青藜杖，叩阁而入，吹杖端烟燃，与向说开辟以前，向因受五行洪范之文。至曙而去，曰："我太乙之精，天帝闻卯金（即刘）之子有博学者，下而观焉。"乃出竹牒天文地理之书，悉以授之。较书，同"校书"，校勘书籍。暂辍，暂停。

㉑ 雪妒：雪因妒忌元宵之灯火如昼而自天降（所以上一年未能赏月张灯）。

㉒ 点缀丰年：降瑞雪以兆丰年。

㉓ 蹉跎：耽误，虚度。　胜事：难得的、美好的事情。

㉔ "六鳌"三句：六鳌，《列子·汤问》："龙伯之国，有大人。举足不盈数步而暨五山之所，一钓而连六鳌，合负而趣，归其国。"又鳌山暗用宋元元宵节的典故，宋元元宵节灯会堆叠彩灯为山形，称为鳌山。向子谭《鹧鸪天·上元词》："紫禁烟花一万重，鳌山宫阙隐晴空。"东武，汉时属琅琊郡。《艺文类聚》卷八引《吴越春秋》："范蠡作城讫，怪山自至。怪山者，琅琊东武海中山也，一夕自来，百姓怪之，故曰怪山。"怪山又有龟山、塔山、宝林山、飞来山等名。为会稽城内八山之一。鸡犬不惊，原意形容行军纪律严明，连鸡狗都没有受到惊动。也指平安无事。宋彭龟年《止堂集·寿张京尹十首》："翁见一笑大欢足，鸡犬不惊仁意多。"

㉕ 百兽室悬：室内悬挂各种珍兽美食。

㉖ "毋曰"二句：谓不要抱怨下放出守海滨（指会稽郡），只见鱼鳖。海澨，海滨。

㉗ 聒（guō）地：声音震地。聒，杂音烦人。

㉘ 柯亭：见本书卷二《表胜庵》注。

㉙ 禊帖：东晋王羲之所书《兰亭序》因记兰亭聚会修禊事，故称禊帖。禊，旧时民俗。三月上旬巳日于水滨洗濯，祓祛不祥，清除宿垢，称禊。《兰亭序》："永和九年，岁在癸丑，暮春之初，会于会稽山阴之兰亭，修禊事也。"兰渚：在山阴县西南二十五里，兰亭所在。

㉚ 蠡城：《吴越春秋》："勾践自吴返，范蠡筑城西北。"即会稽城。

㉛ 雷殷：此状车马声如响雷轰鸣。

㉜ 唤醒龙屿：形容车马声之大，惊醒卧屿之龙。龙屿，今浙江象山县有龙屿村，此似指会稽府山卧龙山。

㉝ 丰穰：丰收。

㉞ 呼庚呼癸：此指向天乞贷丰收。春秋时，吴王夫差与晋鲁等国会盟。吴大夫申叔仪向鲁大夫公孙有山氏乞粮，答曰："梁则无矣，粗则有之，若登首山以呼，曰：'庚癸乎？'则诺。"庚，西方，主谷；癸，北方，主水。因军中缺粮，故用隐语乞粮。（见《左传·哀公十三年》）

㉟ 重登：丰收。

㊱ 科际辰年：逢庚辰年开科。

㊲ 龙光：谓有文采。《北史·文苑传·序》："雕琢琼瑶，剑削杞梓，并为龙光，俱称鸿翼。"

㊳ 两榜：唐代进士试分甲、乙科，称两榜。明清则以进士会试、举人乡试为

甲、乙榜，称两榜。榜首则为科考第一名。

㊴ 赫蹄：同"赫蹏"。西汉末年流行的一种小幅薄纸。《汉书·赵皇后传》载，光奏："（籍）武发箧中有裹药二枚，赫蹏书。"

【评品】 这是崇祯十三年作者因绍兴闰元宵重张五夜灯而作的"张灯致语"。因是骈文，所以大量用典。是时，内忧外患交困，明王朝已在风雨飘摇之中，而作者却依然歌舞升平，说什么"大江以东，民皆安堵；遵海而北，水不扬波"，苟且偷安，效古人而秉烛夜游。文恬武嬉，士子耽于安乐如此，明朝安得不亡？

合采牌

余作文武牌[1]，以纸易骨，便于角斗，而燕客复刻一牌[2]，集天下之斗虎、斗鹰、斗豹者，而多其色目、多其采[3]，曰"合采牌"。余为之作叙曰："太史公曰[4]：'凡编户之民[5]，富相什则卑下之，伯则畏惮之，千则役，万则仆，物之理也。'[6] 古人以钱之名不雅驯[7]，缙绅先生难道之[8]，故易其名曰赋、曰禄、曰饷[9]，天子千里外曰采[10]。采者，采其美物以为贡，犹赋也[11]。诸侯在天子之县内曰采[12]，有地以处其子孙亦曰采[13]，名不一，其实皆谷也，饭食之谓也。周封建多采则胜[14]，秦无采则亡[15]。采在下无以合之，则齐桓、晋文起矣[16]。列国有采而分析之，则主父偃之谋也[17]。由是而亮采，服采，好官不过多得采耳[18]。充类至义之尽，窃亦采也，盗亦采也，鹰虎豹由此其选也[19]。然则奚为而不禁[20]？曰：小役大[21]，弱役强，斯二者天也[22]。《皋陶谟》曰：'载采采'[23]，微哉、之哉、庶哉！"[24]

| 注释 |

① 牌：赌博用具。以质地分，有纸牌、牙牌、竹牌、骨牌；以玩法分，有合采、文武牌等。

② 燕客：见本书卷一《天砚》注。

③ 色目：种类、名目。

④ 太史公曰：引文见《史记·货殖列传》。

⑤ 编户之民：编入户籍的平民。

⑥ "富相什"五句：谓经济条件每相差十倍，就得低人一等，相差得越多，地位越卑下，以至由惧怕到被役使而至奴仆。这是合乎事理的。伯，百。

⑦ 雅驯：（文辞）典雅。

⑧ 缙绅：见本书卷一《日月湖》注。　难道：难于启齿。

⑨ "故易"句：所以改钱名为赋、为（俸）禄、为（俸）饷。

⑩ 天子千里外曰采：古代天子王城之外，每五百里为界，由近及远分侯、甸、男、采、卫、蛮、夷、镇、藩九畿（见《周礼·夏官·大司马》）。

⑪ 犹赋也：就是交赋贡品。

⑫ 诸侯在天子县内曰采：《礼记·王制》："天子之县内诸侯，禄也。"

⑬ 有地处其子孙亦曰采：《礼记·礼运》："大夫有采，以处其子孙。"

⑭ 周封建多采则胜：《汉书·诸侯王表》："昔周监（鉴）于二代，三圣制法，立爵五等，封国八百，同姓五十有余。"作者认为周朝因多分封诸侯大夫采邑而享国约八百年。

⑮ 秦无采则亡：秦废除分封制，实行郡县制，所以二世即亡。

⑯ "采在下"二句：在周之时，王室陵夷，诸侯崛起。诸侯大夫食采邑而不贡赋，无以号令合一，便出现了春秋五霸之首：齐桓公、晋文公，挟天子以令诸侯。

⑰ "列国"二句：主父偃（前？—前127），汉临淄人。初习纵横家言，后乃学《易》、《春秋》百家之说，汉武帝时官至中大夫。提出分封诸侯及其子孙采邑，以削弱诸侯王势力的"推恩法"，"诸侯得推恩分子弟，以地侯之。"（《史记·主父偃传》）

⑱ "由是"二句：因此推而广之，辅助办事的近臣和好官也可多得采邑。 亮采，辅助办事。亮谓信，采谓事。《尚书·皋陶谟》："亮采有邦。"服采：古代帝王之近臣。《尚书·酒诰》："矧惟尔事，服休服采。"疏："郑玄以服休为燕息之近臣，服采为朝祭之近臣。"

⑲ "充类"四句：推而广之到极点，偷、盗者都可分封采邑，因其本质与列王诸侯官吏并无二致；鹰和虎豹都可入选（切合正文"斗虎、斗鹰斗豹者"之牌）。充类至义之尽，把同类事物加以比照推论到尽头。《孟子·万章下》："夫谓非其有而取之者，盗也，充类至义之尽也。"

⑳ 然则奚为而不禁：那么为什么不禁止呢？

㉑ 小役大：《孟子·离娄上》："天下无道，小役大，弱役强，斯二者，天也。"

役：受役于。

㉒ 斯二者天也：这两种情况是天理也。

㉓《皋陶谟》曰：《尚书·皋陶谟》云："皋陶曰：都，亦行有九德，亦言其人有德，乃言曰：载采采。"《传》："载行采事也。称其人有德，必言其所行某事某事以为验。"

㉔ 微：入微。　之：至。　庶：近。

【评品】　本文系作者为其堂弟燕客所制"合采牌"而作的序。是借"采"字本义，而游戏文字，"考证"赌博何以称"采"、"得采"，再衍生发挥的一篇史论、政论。其中"周封建多采则胜，秦无采则亡"，赞赏分封制，贬抑郡县制的观点，是柳宗元《封建论》的倒退，可见作者史观、史识的局限。"由是而亮采，服采，好官不过多得采耳。充类至义之尽，窃亦采也，盗亦采也"云云，不仅深切"合采"二字，而且借题发挥揭露深刻。末引《皋陶谟》"微哉，之哉，庶哉"，更将愤世嫉俗之情，宣泄得酣畅淋漓。

瑞草溪亭

瑞草溪亭为龙山支麓[1]，高与屋等。燕客相其下有奇石[2]，身执畚臿[3]，为匠石先[4]，发掘之。见土輂土[5]，见石礱石[6]，去三丈许，始与基平，乃就其上建屋。屋今日成，明日拆，后日又成，再后日又拆，凡十七变而溪亭始出。

盖此地无溪也，而溪之，溪之不足，又潴之[7]、壑之[8]，一日鸠工数千指[9]，索性池之[10]，索性阔一亩，索性深八尺。无水，挑水贮之，中留一石如案，回潴浮峦[11]，颇亦有致。燕客以山石新开，意不苍古，乃用马粪涂之，使长苔藓，苔藓不得即出，又呼画工以石青石绿皴之[12]。一日左右视，谓此石案焉可无天目松数棵盘郁其上，遂以重价购天目松五六棵，凿石种之。石不受锸[13]，石崩裂，不石不树，亦不复案[14]，燕客怒，连夜凿成砚山形，缺一角，又輂一礌石补之[15]。燕客性卞急，种树不得大，移大树种之，移种而死，又寻大树补之。种不死不已，死亦种不已，以故树不得不死，然亦不得即死。溪亭比旧址低四丈，运土至东多成高山，一亩之室，沧桑忽变。见其一室成，必多坐看之，至隔宿或即无有矣。故溪亭虽渺小，所费至巨万焉。

燕客看小说："姚崇梦游地狱[16]，至一大厂[17]，炉韝千副[18]，恶鬼数千，铸泻甚急[19]，问之，曰：'为燕国公铸横财。'[20]后至一处，炉灶冷落，疲鬼一二人鼓橐[21]，奄奄无力，崇问之，曰：'此相公财库也。'崇瘘而叹曰[22]：'燕公豪奢，殆天纵也。'"燕客喜其事，遂号"燕客"。二叔业四五万[23]，燕客缘手立尽[24]。甲申[25]，二叔客死淮安，燕客奔丧，所积薪俸及玩好币帛之类又二万许，燕客携归，甫三月又辄尽[26]，时人比之"鱼弘四尽"焉[27]。溪亭住宅，一头造，一头改，一头卖，翻山倒水无虚日。有夏耳金者[28]，制灯剪彩为花，亦无虚日。人称耳金为"败落隋炀帝"[29]，称燕客为"穷极秦始皇"[30]，可发一粲[31]。

① 龙山：见本书卷一《砎园》注。

② 燕客：见本书卷一《天砚》注。

③ 虆臿：盛土之器和锄。

④ 为匠石先：率各路工匠。匠石，石姓的工匠。见《庄子·徐无鬼》。此指一般工匠。

⑤ 輂（jú）：车土。

⑥ 甃（zhòu）：砌砖石。

⑦ 潴（zhū）：水停积处。此指凿陂塘蓄水。

⑧ 墅：开凿沟。

⑨ 鸠：集。 指：计。左右。

⑩ 索性：干脆。

⑪ 回潴：水受阻成漩涡。 浮峦：石出水面如浮动的山峦。

⑫ 石青石绿：国画中涂抹石色的矿物质颜料。 皴（cūn）：皴法。国画中用侧笔蘸颜料染檫所画山石树木轮廓，以显示脉络纹理和凹凸相背的一种绘法。

⑬ 石不受锸：石头经受不起锸的凿铲。

⑭ 不复案：不再成案几的形状。

⑮ 礐（què）石：磐石。

⑯ 姚崇：（650—721），字元之，祖籍江苏吴兴，定居陕州硖石（今属陕西陕县硖石乡）。姚崇任武则天、睿宗、玄宗三朝宰相，是一位杰出的政治家。他敢于革新，一心辅佐玄宗，力除弊政，襄成"开元盛世"。

⑰ 大厂：大工场。

⑱ 鞴（bèi）：风箱。

⑲ 铸泻：浇铸。

⑳ 燕国公：张说（667—730），唐代文学家，政治家。字道济，一字说之。原籍范阳（今河北涿县），世居河东（今山西永济），徙家洛阳。武后朝张说年才弱冠，对策第一，授太子校书。累官至凤阁舍人。因忤旨流配钦州，中宗朝召还。睿宗朝同中书门下平章事。玄宗开元初，因不附太平公主，罢知政事。复拜中书令，封燕国公。官至尚书左仆射。与许国苏颋齐名，俱有文名，人称"许燕大手笔"，公元730年病逝，谥号文贞。唐李亢《独异志》上载：玄宗朝宰相卢怀慎无疾暴终。夫人崔氏不让儿女号哭，称其夫"清俭而廉洁"，"四方赂遗，毫发不留"。而同时为相的张燕公"纳货山积，其人尚在。奢俭之报，岂虚也哉？"认为其夫"命未终"，到半夜，卢公复生，说："理固不同，冥司有三十炉，日夕鼓橐，为说铸横财，我无一焉，恶可匹哉？"言讫复绝。

㉑ 橐：鼓风用的皮囊。

㉒ 寤：醒悟。

㉓ 二叔：张岱二叔张联芳，见本书卷二《焦山》注。

㉔ 缘手：顺手。缘，沿着。

㉕ 甲申：崇祯十七年（1644）。

㉖ 甫：才，刚。

㉗ 鱼弘四尽：《南史·鱼弘传》载：鱼弘尝谓人曰："我为郡有四尽：水中鱼鳖尽，山中獐鹿尽，田中米谷尽，村里人庶尽。人生但欢乐，富贵在何时？"

㉘ 夏耳金：浙江绍兴人，善制灯，"剪采为花，巧夺天工，罩以冰纱，有烟笼

　　　│ 卷八 │　　　陶庵梦忆注评

芍药之致。"（详见本书卷四《世美堂灯》）

㉙ 隋炀帝：凿运河，下龙船，筑隋堤，种杨柳，在长安、洛阳、江都集萤火，作灯烛（故用以取笑夏耳金），穷奢极欲，致起义蜂起，国亡身死。

㉚ 秦始皇：实施暴政，大兴土木（故喻燕客），穷极民力，二世而秦亡。

㉛ 一粲：一笑。

【评品】　作者《瑞草溪亭》诗云："记昔岩上土，仿佛与檐齐。十年事开凿，约有三丈低。刓龙取尺木，敲骨碎玻璃。手握巨灵斧，削铁如削泥。昨日为高阜，今日成深溪。转眼变沧海，举足已荒迷。草木无常位，更置敢跛蹊？苔藓时拂乱，常使变贞姜。近来得休息，奔石如驯蜺。亭台静而媚，列障为之闺。清樾湿千尺，空翠非强题。咄嗟破混沌，山灵合笑啼。既成无斧凿，造化不及稽。何事秦人拙，驱山如牧羝。"本文则以瑞草溪亭为例，刻画亭主燕客其人。由瑞草溪亭之今日造，明日拆，边造边改，沧桑而"忽"变，"忽"字可谓点睛之笔，作者连用几个"索性"、几个"一头……一头"排比句式，以见其为人之卞急，任性而为，随意而行。引张燕公的故事，一则点明"燕客"之号的由来，二则类比两人之奢豪。引出下文溪亭造价巨万及燕客数万资财，三月辄尽，表现其奢豪和挥金如土。文章亦谑亦讽，结尾尤甚。

琅嬛福地[1]

陶庵梦有夙因[2]，常梦至一石厂[3]，峭壑岩覆[4]，前有急湍洄溪，水落如雪，松石奇古，杂以名花。梦坐其中，童子进茗果，积书满架，开卷视之，多蝌蚪、鸟迹、霹雳篆文[5]，梦中读之，似能通其棘涩[6]。闲居无事，夜辄梦之，醒后忆思[7]，欲得一胜地仿佛为之。

郊外有一小山，石骨棱砺[8]，上多筠篁[9]，偃伏园内[10]。余欲造厂，堂东西向，前后轩之[11]，后礌一石坪[12]，植黄山松数棵，奇石峡之[13]。堂前树娑罗二[14]，资其清樾[15]。左附虚室[16]，坐对山麓，磳磳齿齿[17]，划裂如试剑，匾曰"一丘"。右踞厂阁三间[18]，前临大沼，秋水明瑟，深柳读书，匾曰"一壑"。缘山以北，精舍小房[19]，绌屈蜿蜒[20]，有古木，有层崖，有小涧，有幽篁，节节有致。山尽有佳穴，造生圹[21]，俟陶庵蜕[22]，碑曰"呜呼有明陶庵张长公之圹"。圹左有空地亩许，架一草庵，供佛，供陶庵像，迎僧住之奉香火。大沼阔十亩许，沼外小河三四折，可纳舟入沼。河两崖皆高阜，可植果木，以橘、以梅、以梨、以枣，枸菊围之。山顶可亭[23]。山之西鄙，有腴田二十亩，可秫可秔[24]。门临大河，小楼翼之，可看炉峰、敬亭诸山[25]。楼下门之，匾曰"琅嬛福地"。缘河北走，有石桥极古朴，上有灌木，可坐、可风、可月。

① 琅嬛福地：传说中的神仙洞府。晋张华游洞宫，有人将其引至一处，大石中开，别有天地，宫室嵯峨，每室各陈奇书，藏有历代史、万国志等。华历观其书，皆汉以前事，多所未闻者。问其地，曰："琅嬛福地也。"华才出，门自闭。（见元伊世珍《琅嬛记》）福地，指神仙所居之地。道家有三十六洞天、七十二福地之说。亦指吉祥降福之地。

② 夙因：即宿因，前世或旧有的因缘。

③ 厂：露舍，棚屋。

④ 峪窅岩窦：低洼不平貌。窅，凹下。

⑤ 蝌蚪：蝌蚪书、蝌蚪文。古代作书，以刀刻或漆书于竹简木椟之上。因用漆书写，下笔时漆多，收尾时漆少，故笔画多头大尾小，形如蝌蚪，故称。鸟迹：《淮南子·说山训》："见鸟迹而知著书，以类取之。"因以鸟迹喻书法。霹雳篆文：篆书，大篆小篆的统称。大篆，也叫"籀书"，字体多重叠，春秋战国时通行于秦国。小篆，秦统一后，对籀文进行简化，以小篆为正字，形体匀圆齐整。因秦代所遗篆书多见于刻石，故称"霹雳篆文"。李商隐《李贺小传》："长吉将死时，忽昼见一绯衣，驾赤虬，持一版，书若太古篆，或霹雳石文者。"

⑥ 通其棘涩：读懂、贯通晦涩难懂、扞格难通的文字。

⑦ 仁思：凝神聚思。

⑧ 棱砺：形容山石棱角分明。

⑨ 筼筜：竹林。

⑩ 偃伏：卧倒，倒伏。

⑪ 轩之：盖长廊或小室。

⑫ 礧：此指堆聚石块。

⑬ 峡之：垒两山夹之，形同峡谷。

⑭ 娑罗：树名。见本书卷一《日月湖》注。

⑮ 资：供给。　清樾：见本书卷一《筠芝亭》注。

⑯ 左：东，右，西。

⑰ 磴磴齿齿：形容石阶棱磴。

⑱ 踞：占据。

⑲ 精舍：佛寺，学舍。此指后者。

⑳ 绌屈：屈曲。

㉑ 生圹：生时自造的墓穴。

㉒ 蜕：道教谓人之死亡如蝉之蜕壳。

㉓ 亭：以及下文的"风"、"月"，均作动词用，即筑亭、纳风、赏月。

㉔ 秫：黏高粱，可以做烧酒，有的地区泛指高粱。　秔（jīng）：一种黏性较小的稻。同"粳"。萧统《陶渊明传》："公田悉令吏种秫，曰：'吾常得醉于酒，足矣。'妻子固请种秔，乃使二顷五十亩种秫，五十亩种秔。"

㉕ 炉峰：见本书卷五《炉峰月》注。　敬亭：未见于乾隆本《绍兴府志》。疑为祁彪佳《越中园亭记》所载云门山。或因该山上有王子敬（王献之）山亭而得名。又山阴县南十里有亭山，山形独立如亭，故名。未知孰是。

【评品】　本文记叙作者欲依照宿昔梦中琅嬛福地的胜境营建生圹的

经过。先在郊外寻得一块仿佛梦中的山水胜地，然后详细描述了经营园中楼室轩堂的位置及园内外景色的计划打算：山石层崖，棱礄有致，河沼溪涧，点缀缠绕；花木果树，掩映围护，楼阁厅堂，错落其间。梦耶？真耶？"琅嬛福地"，终系一梦；自营生圹，并未成真。

补遗

鲁 王

福王南渡[1]，鲁王播迁至越[2]，以先父相鲁先王[3]，幸旧臣第[4]。岱接驾，无所考仪注[5]，以意为之。踏脚四扇[6]，氍毹藉之[7]，高厅事尺，设御座，席七重，备山海之供。鲁王至，冠翼善[8]，玄色，蟒袍玉带，朱玉绶。观者杂沓[9]，前后左右，用梯、用台、用凳，环立看之，几不能步，剩御前数武而已[10]。传旨："勿辟人。"岱进，行君臣礼，献茶毕，安席，再行礼。不送杯箸，示不敢为主也。趋侍坐。书堂官三人[11]，执银壶二，一斟酒，一折酒[12]，一举杯，跪进上。膳一肉簋[13]，一汤盏，盏上用银盖盖之，一面食，用三黄绢笼罩，三臧获捧盘加额[14]，跪献之。书堂官捧进御前，汤点七进，队舞七回，鼓吹七次，存七奏意[15]。是日演《卖油郎》传奇[16]，内有泥马渡康王故事[17]，与时事巧合[18]，睿颜大喜[19]。

二鼓转席[20]，临不二斋、梅花书屋[21]，坐木犹龙[22]，卧岱书榻，剧谈移时[23]。出登席，设二席于御坐傍，命岱与陈洪绶侍饮[24]，谐谑欢笑如平交。睿量宏，已进酒半斗矣，大犀觥一气尽。陈洪绶不胜钦，呕哕御座旁。寻设一小几，命洪绶书策[25]，醉捉笔不起，止之。剧完，饶戏十余出[26]，起驾转席，后又进酒半斗，睿颜微酡，进辇，两书堂官掖之，不能步。岱送至闾外，命书堂官再传旨曰："爷今日大喜，爷今日喜极！"君臣欢洽，脱略至此[27]，真属异数[28]。

| 注释 |

① 福王：朱由崧（1607—1646），明神宗孙、福王朱常洵长子，崇祯十六年袭福王。次年，李自成克北京，明亡。南逃，由凤阳总督马士英拥立于南京。先称监国，旋即称帝，号弘光。昏庸腐朽，任用非人，追逐声色。弘光元年（即顺治二年）清兵攻占南京，逃至芜湖依黄得功，不久被俘至北京，次年被杀。

② 鲁王：朱以海（？—1662），明太祖十世孙，崇祯十七年嗣鲁王位。弘光朝灭亡，为钱肃乐、朱大典等拥戴，1646 年监国于绍兴。浙东失守，为张煌言等簇拥辗转逃亡于舟山、厦门、金门等地。1654 年去监国号，康熙元年病卒于金门。

③ "以先父"句：张岱父张耀芳曾任鲁王朱寿镛长史，卒后追赠鲁国相。

④ 幸：临幸。古代以帝王亲临为幸。

⑤ 无所考仪注：无法参考相关的礼仪规定。仪注，礼节制度。

⑥ 踏脚：置于床前，车沿的踏板。

⑦ 氍毹（qú shū）：毛织地毯。 藉之：铺垫之。

⑧ 翼善：皇帝冠冕，由唐太宗考古法制定。后因其各。《明史·舆服志》："永乐三年更定，冠以乌纱冒之，折角向上，其后名翼善冠。"

⑨ 杂沓（tà）：繁多纷杂貌。

⑩ 武：半步。

⑪ 书堂官：明藩王府管理书信的官员。

⑫ 折酒：兑酒。

⑬ 篚：见本书卷一《钟山》注。

⑭ 臧获：见本书卷二《三世藏书》注。

⑮ 七奏：明代皇帝祭日时，奠玉帛、礼三献、乐七奏、舞八佾。

⑯《卖油郎》传奇：李玉据《醒世恒言》卷三《卖油郎独占花魁》故事改编为《占花魁》传奇。写宋朝卖油郎秦钟，为帮助在战乱中失散女儿的同乡辛善，不辞辛劳，积十两银子，去见其沦落风尘的女儿——花魁女辛瑶琴。直等到三更，瑶琴才大醉而归，秦钟端汤奉茶，服侍至天明方离去。后瑶琴遭恶少吴公子凌辱，被弃在雪地上挨冻，卖油郎仗义相救。萌生爱情。后瑶琴与做了官的父亲相聚，不嫌秦钟贫贱，与之成婚。

⑰ 泥马渡康王：传说康王赵构（即宋高宗）被金人押作人质，途中逃脱，至山东磁州，宿崔府君庙。夜梦神人告知追兵将至，惊醒后，庙外即有马驮渡河，后化作泥塑之马，而崔府君庙中泥马犹汗湿。因系传说，故有众多版本。

⑱ 与时事巧合：指鲁王也因避清兵而南渡逃至浙江。

⑲ 睿：古代臣下对君王、后妃的敬词。如文中睿颜、睿量等。

⑳ 二鼓：晚上九时至十一时。

㉑ 不二斋：见本书卷二《不二斋》注。　梅花书屋：见本书卷二《梅花书屋》注。

㉒ 木犹龙：见本书卷一《木犹龙》注。

㉓ 剧谈：畅谈。　移时：经历一段时间。

㉔ 陈洪绶：见本书卷三《白洋潮》注。

㉕ 书策：原指书册、书籍。此指写字作画。

㉖ 饶戏：江西弋阳腔之一支，流行于饶州府波阳、乐平、景德镇一带。

㉗ 脱略：放任，不拘礼节。

㉘ 异数：例外的情况。此指特殊的礼遇。

【评品】 本文详细记叙明亡之后鲁王朱以海逃难至绍兴，张岱以旧臣之子的身份接驾的情形。尽管接待的是落难王爷，张岱对能在府第接驾还是倍感荣幸。虽说是不依"仪注"，"以意为之"，也还是进茶，侍酒，陈佳肴，奏乐舞，演传奇，丝毫不敢怠慢的。所选曲目，也是精心选择，以取悦"睿颜"。社稷倾覆，民生涂炭，而鲁王观戏轰饮如旧，歌舞升平如旧，如此监国，焉能恢复。

苏州白兔

崇祯戊寅至苏州¹，见白兔，异之。及抵武林²，金知县汝砺宦福建³，携白兔二十余只归。己卯、庚辰⁴，杭州遍城市皆白兔，越中生育至百至千，此兽妖也。余少时不识烟草为何物，十年之内，老壮童稚妇人女子无不吃烟，大街小巷尽摆烟桌⁵，此草妖也。妇人不知何故，一年之内都着对襟衫，戴昭君套⁶，此服妖也。庚辰冬底，燕客⁷家琴砖十余块⁸，结冰花如牡丹、芍药，花瓣枝叶如绣如绘，间有人物、鸟兽，奇形怪状，十余砖底面皆满。燕客迎余看，至三日不消，此冰妖也。燕客误认为祥瑞[9]，作《冰花赋》，檄友人作诗咏之[10]。

注释

① 崇祯戊寅：1638 年。

② 武林：杭州的古称。

③ 金汝砺：浙江仁和（今杭州）人。崇祯七年进士。八年任福建海澄县知县（即文中"宦福建"）。后在南明福王弘光朝任给事中。

④ 己卯：崇祯十二年（1639）。 庚辰：崇祯十三年（1640）。

⑤ "余少时"四句：王逋《蚓庵琐语》载："予儿时尚不识烟为何物，崇祯末，我地遍处栽种，虽三尺童子莫不吃烟。"杨士聪《玉堂荟记》载："烟草产自闽中……崇祯初，重法禁之不止，末年遂遍地种矣。余儿时见食此者尚少，迨二十年后，男女老少，无不手一管，腰一囊。"

⑥ 昭君套：见本书卷四《牛首山打猎》注。

⑦ 燕客：见本书卷一《天砚》注。

⑧ 琴砖：一种用以支垫琴台（或琴桌）的空心砖。因空心，可磬然共鸣，以弘琴声。

⑨ 祥瑞：吉祥的征兆。

⑩ 檄：见本书卷六《曹山》注。此处用"檄"，突出燕客豪纵的性格。

草　妖

河北观察使袁茂林楷所记草妖尤异[1]：崇祯七年七月初一[2]，孟县民孙光显[3]，祖墓有野葡萄，草蔓延长丈许，今夏枝桠间忽抽新条，有似美人者，似达官者，有似龙、似凤、似麟、似龟、似雀、似鱼、似蝉、似蛇、似孔雀，有似鼠伏于枝者，有似鹦鹉栖于架者，架上有盏，盏中有粒，凤则苞羽具五彩，美人上下衣裳，裳白衣黄，面上依稀似粉黛，人间物象，种种具备。七月初八日，地方人始报闻，急使人取之，已为好事者撷尽，止得美人一、鹦鹉一、凤一，故述此三物尤悉[4]。余谓此草木之妖。适晤史云岫[5]，言汉灵帝中平元年，东郡有草如鸠雀、蛇龙、鸟兽之状[6]。若然，则余所臆度者更可杞忧[7]。此异宜上闻，县令以萎草不耐，恐取观不便，遂寝其事[8]。特为记之如左。

① 观察使：唐代有"观察处置使"，简称观察使，为一种监察官，后变为军事行政官职。明清称道员为观察使。　袁茂林楷：袁楷（1594—1662），字孝则，号茂林，明辽东经略袁应泰之子。万历四十年举人。二十八岁时，应泰殉难，楷徒跣赴京，上疏求白父冤，得赐祭葬荫谥。天启五年进士。任开封知府，公正判案，人称"照天烛"。后病归，明亡隐居不仕。著有《易揆》、《尚书补注》、《四书弋言》、《老子解》等，大都亡佚。

② 崇祯七年：1634 年。

③ 孟县：今属河南。

④ 尤悉：更为详细。

⑤ 史云岫：其兄史念冲为怀州知府，兄弟二人与明代书法大家王铎有交往，王铎有诗赠云岫。

⑥ "言汉"二句：《后汉书·灵帝纪》：中平元年（184），"郡国生异草，备龙蛇鸟兽之形。"

⑦ 臆度：猜测。　杞忧：传说杞国有人担心天塌而寝食不安（见《列子·天瑞》）。后世借指为不必要的忧虑。张岱此处反用其意。

⑧ 寝：停止进行。

【评品】　本文详述袁氏所记"草妖"之异：各种肖形之异、"栖所"之异、"着装"之异，并以史书所记汉末的"草妖"验证之。对本"宜上闻"的县令"恐取观不便，遂寝其事"暗含谴责，用"特为记之"表明自己的"臆度",恐非"杞忧"。本文当与"苏州白兔"参读。

祁世培[1]

乙酉秋九月[2]，余见时事日非，辞鲁国主[3]，隐居剡中[4]。方磐石遣礼币[5]，聘余出山，商确军务[6]，檄县官上门敦促。余不得已，于丙戌正月十一日[7]，道北山[8]，逾唐园岭，宿平水韩店[9]。余适疽发于背[10]，痛楚呻吟，倚枕假寐[11]。见青衣持一刺示余[12]，曰："祁彪佳拜！"余惊起，见世培排闼入[13]，白衣冠。余肃入[14]，坐定。余梦中知其已死，曰："世培尽忠报国[15]，为吾辈生色。"世培微笑，遽言曰："宗老此时不埋名屏迹[16]，出山何为耶？"余曰："余欲辅鲁监国耳。"因言其如此如此，已有成算[17]。世培笑曰："尔要做，谁许尔做？且强尔出，无他意，十日内有人勒尔助饷。"[18]余曰："方磐石诚心邀余共事，应不我欺。"世培曰："尔自知之矣。天下事至此，已不可为矣。尔试观天象。"拉余起，下阶西南望，见大小星堕落如雨，崩裂有声。世培曰："天数如此，奈何！奈何！宗老，尔速还山，随尔高手，到后来只好下我这着！"起，出门附耳曰："完《石匮书》。"[19]洒然竟去。余但闻犬声如豹，惊寤，汗浴背，门外犬吠嗥嗥，与梦中声接续。蹴儿子起[20]，语之。次日抵家，阅十日，镴儿被缚去[21]，果有逼勒助饷之事。忠魂之笃，而灵也如此。

| 注释 |

① 祁世培：祁彪佳，见本书卷一《木犹龙》注。

② 乙酉：清顺治二年（1645）。

③ 鲁国主：指时在绍兴，后（1646）称监国的朱以海。

④ 剡中：此指浙江嵊县西白山。本书卷七《鹿苑寺方柿》载："丙戌，余避兵西白山。"

⑤ 方磐石：方国安，见本书卷二《三世藏书》注。

⑥ 商确：即商榷。探讨、商量。

⑦ 丙戌：清顺治三年（1646）。

⑧ 北山：在绍兴城东三十余里。

⑨ 平水：绍兴城东二十五里，镇名。

⑩ 疽（jū）：中医指一种毒疮。

⑪ 假寐：不脱衣小睡。犹今之打瞌睡。

⑫ 刺：见本书卷五《于园》注。

⑬ 排闼（tà）：推门。

⑭ 肃入：迎入。

⑮ 尽忠报国：祁彪佳于顺治二年六月六日投水殉节。

⑯ 宗老：张岱字宗子。

⑰ 成算：早已做好的打算。

⑱ 勒尔助饷：强迫你出钱粮助军饷。

⑲ 石匮书：见本书《自序》注。

⑳ 蹴：踢。

㉑ 镳儿：张岱之子。

【评品】　祁彪佳及其从兄豸佳、熊佳俱为张岱至交。彪佳与张岱无论在诗文创作、戏曲演出、园林营造诸多方面俱为心心相印的知己。明亡之后，张岱坦陈自己"学节义不成"（《自为墓志铭》），虽"每欲引决"却终"因《石匮书》未成，尚视息人世"（《陶庵梦忆自序》）。他将备尝艰辛、呕心沥血所著的《石匮书》拟于南宋郑思肖的《心史》："必也寻三外野人（郑思肖），方晓我之衷曲。"（《自为墓志铭》）其心其事，彪佳深知。故彪佳自己明知国事不可为，却毅然赴难，毁家抗清，慨然殉节；而对张岱，则力阻其出山辅政，期以厚望，嘱其完成"石匮"一书。托梦之事，亦真亦幻，既表明两人的生死相交，又表明张岱日有所思（思挚友、思"石匮"），故夜有所梦：真而致梦，梦以证真。